HIPERDESCONEXIÓN

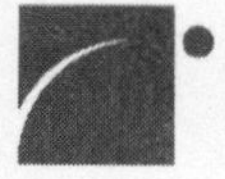

HIPERDESCONEXIÓN

Reconquista tu atención
Recupera tu memoria
Reconecta con tu vida

MARTA ROMO

Rocaeditorial

Primera edición: septiembre de 2025

Printed in Spain – Impreso en España

ISBN: 978-84-10442-65-8
Depósito legal: B-12050-2025

Compuesto en Grafime, S. L.

Impreso en Rotoprint by Domingo, S. L.
Castellar del Vallès (Barcelona)

RE 42658

Para mi hijo Alex, que representa todo lo que está por venir
y mi esperanza en el mañana, y para mi madre, Flory,
quien del ayer hizo sabiduría para la eternidad.
En su despedida me regaló la lección que dio origen
a este libro.

Índice

Me bajo de la vida

¡Ring! ¡Ring! ¡Ring!

Estiro el brazo como una zombi y golpeo a ciegas hasta acertar con el botón de posponer. «Cinco minutitos más...», murmuro sabiendo perfectamente que es una mentira piadosa que me cuento cada mañana. Para cuando reacciono al tercer ataque sónico del despertador, mi plan meticulosamente calculado de «Mañana me levanto temprano» se ha evaporado. Cojo el móvil prometiéndome a mí misma que será solo un minuto mientras estoy en el baño. ¡Zas!, he perdido veinte minutos, que se han esfumado junto con el contenido vacío que he consumido.

—¡Lucas! ¡Arriba! —grito desde el pasillo mientras intento ponerme los pantalones con una mano y lavarme los dientes con la otra. El bulto bajo las sábanas no se inmuta—. ¡Lucas! ¡Tenemos exactamente diecinueve minutos y treinta segundos para salir por la puerta!

Mi hijo emerge de su lío de sábanas y mantas con el pelo apuntando en cinco direcciones diferentes y esa mirada de

«¿Por qué me haces esto?» que ha perfeccionado a sus seis años.

—¿Por qué nunca me despiertas con tiempo, mamá? —pregunta con una lógica aplastante mientras se pone la camiseta del revés.

Le preparo un desayuno digno de una nominación a Madre del Año: cereales que prometen tener vitaminas y una loncha de jamón enrollada con arte abstracto. Mientras él mastica con la velocidad de un koala sedado, yo me visto seleccionando estratégicamente ropa que no requiera plancha pero que sea mona.

Un café exprés tan rápido que casi lo inhalo en vez de beberlo, y salimos disparados por la puerta. En el ascensor Lucas me informa de que hoy necesita llevar algo al cole para la nueva Unidad de Indagación. Respiro hondo, sonrío y le aseguro que ese «algo» lo tengo perfectamente controlado mientras revuelvo frenéticamente mi bolso buscando cualquier objeto que pueda pasar por material educativo.

Llegamos al coche justo cuando mi vecina —esa que siempre va impecable a las 8.30 de la mañana— me saluda con una sonrisa desconcertantemente fresca. Le devuelvo una mueca que pretende ser amistosa.

—¡Mierda, el atasco! —exclamo olvidando momentáneamente mi propósito de no maldecir delante del niño.

—¡Mierda! —repite Lucas con entusiasmo desde el asiento trasero.

—Eso no se dice, cariño. Solo mamá puede decirlo cuando conduce.

Nos unimos a la procesión de padres culpables frente al colegio. Todos con la misma expresión de «Llego tarde a trabajar pero intento que no se note que estoy estresado para no traumatizar a mi hijo». Beso a Lucas, le entrego un rotulador encontrado en el fondo del bolso como su «algo especial» y lo veo correr hacia la escalera con su mochila rebotando cómicamente.

Ahora, a trabajar. El GPS me indica los catorce kilómetros hasta la oficina con más de cincuenta minutos de atasco en los que contemplar parachoques ajenos mientras escucho un pódcast motivacional que no consigue su propósito de hacerme sentir mejor.

Llego quince minutos tarde a la primera reunión. Entro con ese andar sigiloso de quien cree que si camina como un ninja nadie notará su retraso, a pesar de que la sala tiene paredes de cristal y todos me han visto aparcar malamente.

—Perdón, tráfico —murmuro mientras doce pares de ojos me juzgan silenciosamente.

La mañana transcurre como un festival olímpico de multitareas: respondo emails durante las llamadas, asiento con falso entendimiento en reuniones donde he perdido el hilo hace veinte minutos y me pregunto quién demonios me ha llamado tres veces desde un número desconocido. ¿El colegio? ¿Mi madre? ¿El FBI?

Después de mi quinto café (con leche de avena ecológica, porque hay que compensar de alguna manera), recibo el email que todos tememos: «Tenemos que hablar. Esta tarde. Urgente», del cliente que siempre usa «urgente» como quien usa «hola».

Me como a velocidad supersónica una triste ensalada que se suponía era *superfood,* pero sabe a papel mojado con vinagre. Me anestesio de todo un ratito con mi móvil. Mastico el último trozo de pollo de dudosa procedencia mientras me conecto a la siguiente reunión virtual.

—¿Me oís bien? —pregunto por tercera vez a unos cuadrados en la pantalla en los que mis compañeros muestran sus frentes o, en algunos casos creativos, sus techos.

A lo largo de toda la videollamada, mi cerebro juega al

ping-pong entre «Debería estar prestando atención» y «Tengo 47 emails sin leer». Finalmente llega la temida reunión con el cliente.

—Después de reflexionar —dice con tono solemne—, creo que deberíamos volver al planteamiento inicial.

Contengo la necesidad de preguntarle si su «reflexión» no podría haber ocurrido antes de que yo pasara catorce horas rehaciendo su propuesta original y sonrío como si acabara de proponerme la idea más brillante del siglo.

A las 18.45 mi ordenador me lanza un mensaje motivacional: «¡Es hora de desconectar! Cuidar tu bienestar es un pilar en nuestra empresa». Como si mi bienestar no dependiera de terminar los doce pendientes que aún tengo. Apago la notificación con la misma determinación con la que ignoro el recordatorio diario de beber agua.

Llego a casa cuando el sol ya ha tirado la toalla, y lo único que anhelo es fundirme con el sofá en silenciosa comunión. Pero entonces escucho:

—¡Mamááá!

Lucas corre hacia mí como si no me hubiera visto en semanas, y por un momento fugaz, toda la fatiga se disuelve.

—¿Sabes qué, mamá? ¡Mi profesora dijo que mi rotulador era perfecto para nuestro proyecto de astronomía!

Mientras mi hijo me cuenta con detalle cósmico cómo su rotulador se convirtió en el protagonista inesperado de su clase, enciendo la televisión, eso sí, en inglés. «Educación pasiva —me digo—, dos pájaros de un tiro».

Busco con la mirada a mi marido, sentado con el cuello apoyado en el sillón, con su cara iluminada por el resplandor del móvil.

—Hola, amor de mi vida —dice sin levantar la vista—. Hoy llegaste... ¿temprano?

—Son las ocho de la noche, Borja.

—¿Ya? Vaya, el tiempo vuela cuando estás… haciendo cosas importantes.

Le lanzo una mirada que en otro tiempo habría encendido alarmas, pero ahora simplemente rebota en su campo de fuerza digital.

Preparo la cena más triste del mundo: algo congelado que promete sabores mediterráneos pero sabe exactamente a lo que es: desesperación con orégano.

Cenamos viendo las noticias: guerra, inflación, cambio climático…, el menú completo de la ansiedad servido en alta definición.

—Cariño, ¿puedes bañar a Lucas mientras yo… respiro? —pregunto a Borja, que asiente como si acabara de pedirle escalar el Everest.

Después de acostar a Lucas (no sin antes verificar que no hay monstruos bajo la cama, en el armario o acechando en la lámpara que proyecta sombras sospechosas), encuentro a Borja completamente KO en el sofá, roncando con el talento de una motosierra antigua.

—Por fin —suspiro mientras me dejo caer en mi rincón del sofá—. Mi momento.

Enciendo Netflix con la emoción de quien va a encontrarse con un viejo amigo. Navego entre opciones durante un tiempo vergonzosamente largo hasta seleccionar una serie que me permita desconectar mi cerebro por completo.

¡Pi! ¡Pi! ¡Pi!

Mi móvil me alerta con la sutileza de una ambulancia: «Terminar propuesta cliente».

Miro la televisión. Miro el móvil. Miro al infinito.

«Tal vez —pienso mientras abro el portátil con la energía de quien desactiva una bomba— en mi próxima vida seré una planta. Las plantas no tienen reuniones urgentes ni propuestas que rehacer…, no tienen que pensar, ni siquiera moverse».

Y así, con el sonido de fondo de Borja roncando como banda sonora, me sumerjo en la propuesta mientras mi serie se reproduce sola, como testigo mudo de otra noche de equilibrios imposibles.

Mañana será otro día. Y empezará exactamente igual.

¿Algo de esto suena familiar?

No estás solo. Muchos de nosotros vivimos alguna versión de esta historia: estamos tan ocupados haciendo cosas que no sabemos cómo parar, estamos tan saturados que necesitamos entretenimiento vacío, no pensar, no preocuparnos. Y también nos sentimos frustrados por perder la noción del tiempo después de un rato de *scrolling* con el móvil. Culpables por no ser buenos ejemplos para nuestros hijos con el ritmo que llevamos. Y agotados a pesar de descansar, porque nunca es suficiente.

Este era mi día a día hace un par de años (sin el café). Hasta que la vida me paró en seco y lo ralentizó todo. Fue en marzo de 2023, cuando nos dijeron que a mi madre, con deterioro cognitivo, tal vez alzhéimer, le quedaban tres meses de vida. Era cáncer de colon. Otra vez el maldito cáncer. Y al tiempo, otra bomba: el cáncer de mi hermana.

Pero ¿esta qué broma es?

Otra vez no, por favor.

En 2016 perdí a mi hermano por un cáncer fulminante. Ya sabía lo importante de cada instante cuando hay una cuenta atrás y un maldito cáncer.

Estas noticias hicieron clic en mi cerebro y tomé la determinación de exprimir esos meses con mi familia, en especial con mi hermana y mi madre, a la que decidimos cuidar nosotros en su casa. Afortunadamente, mi hermana ahora está preciosa, valiente y llena de energía. Mi madre se marchó en diciembre de

2023. Fueron casi nueve meses con ella, prácticamente todos los días. Nueve meses en los que me pude despedir y hacer el duelo antes de que se fuera. Nueve meses en los que ralenticé todo, en los que todo iba despacio y en los que pude entender muchas cosas. Vivir con la muerte en los talones de un ser tan querido me conectó radicalmente con mi profunda desconexión.

La muerte nos conecta curiosamente con la verdad. Nos resitúa en la vida. Das y quitas importancia a muchas cosas del mundo, todo queda en un mapa nuevo. Ser libre es la primera consecuencia de experimentar la verdad. Es como que todo te importa y a la vez todo te da igual. Ni el futuro ni el pasado te esclavizan. La vida es suficiente para estar contentísima.

Esos nueve meses con mi madre fueron la gestación de una nueva mentalidad y, de alguna manera, una nueva vida. Ha sido muy duro y, a la vez, ha sido un regalo. Gracias a ella, puedo dar a luz a este libro.

He de confesarte que aunque huyo de la vida acelerada y desconectada que tenía antes, en ocasiones me dejo llevar y tengo días horribles. Días en los que necesito desconectarme de mi vida. No es fácil cuando todo lo que nos rodea nos empuja al aceleramiento. Afortunadamente son poquitos días, cada vez menos, y aunque hacen ruido, puedo vivirlos con paz.

Esta es mi historia y mis motivos para darle un giro a todo y recuperar la conexión; estoy segura de que tú también tienes una historia y motivos de peso para elegir reconectarte de nuevo. Tal vez te sientes aislado socialmente, a pesar de estar rodeado de personas. O puede que seas testigo de cómo tus hijos pierden el tiempo y las ganas mientras hacen *scroll* con su móvil. O vivas con agotamiento permanente por estrés, siempre con prisas, y todo te resulte un gran esfuerzo, te cueste tomar decisiones o ser creativo.

Bienvenido a la era de la hiperdesconexión. Un momento y un espacio en el que necesitamos desconectarnos hasta de nuestra propia vida.

Últimamente escucho mucho esto de «No puedo con mi vida», «Necesito desconectar». ¿Seguro? Ya sé, me dirás que es una frase hecha, sin maldad. Que es solo una expresión, pero el lenguaje es poderoso. El lenguaje construye realidades. Y es una afirmación bien fuerte.

No somos como las máquinas, que si las desconectas se resetean. No. Nuestro cuerpo cuenta con varios mecanismos naturales, automáticos y cíclicos para reponerse del estrés, la oxidación y otros factores que afectan a nuestro equilibrio, como por ejemplo la red neuronal por defecto, la autofagia, la digestión o el sueño. Y curiosamente, todos los mecanismos de regeneración corporal diseñados para mantener la homeostasis suceden en reposo y necesitan tiempo. Se cuecen a fuego lento.

Por lo que no necesitamos desconectarnos de nuestra propia vida, ni siquiera de las redes sociales, para conectar con nosotros. Este no es el juego. Lo que realmente necesitamos es enfocar la única alternativa que tiene nuestro cerebro para salir de la hiperdesconexión: volver a conectar y subirnos a nuestra propia vida.

De eso va este libro, de descubrir a la luz de la neurociencia cómo podemos integrar todos nuestros trocitos de nuevo, para una conexión profunda, empezando por nosotros. De entender y promover esos mecanismos naturales que no solo nos ayudan a encontrar el equilibrio, sino que permiten nuestro propio florecimiento como seres humanos excepcionales que somos.

**No me digas que no tienes tiempo.
Mira ahora mismo en tu móvil cuántos
minutos dedicas de promedio al día
a redes sociales y otras aplicaciones.
Ahí tienes tu tiempo.**

PRIMERA PARTE

MUNDO HIPERDESCONECTADO

1
Crecimiento personal fallido

Estamos listos pero no preparados

Voy a soltarme la melena. Sin filtros, sin poses, sin la perfecta imagen de gurú iluminada que a veces siento que debo proyectar. Porque, querido lector, he estado ahí. He sido parte de esta industria. He comprado los libros, asistido a los retiros, recitado los mantras y, sí, incluso he vendido la promesa del crecimiento personal.

Y no voy a mentirte: me ayudó. En un principio.

Aprendí a reconocer mis patrones, a identificar mis necesidades, a escuchar esa voz interior que tan a menudo había silenciado. Descubrí partes de mí que habían permanecido en la sombra y encontré herramientas que me permitieron gestionar mejor mi mundo emocional. Durante un tiempo, sentí que avanzaba. Que *crecía.*

Pero entonces algo comenzó a cambiar. Cuanto más me enfocaba en mí misma, más culpables parecían los demás de mis frustraciones. Mi matrimonio se convirtió en el campo de batalla perfecto para este fenómeno. Cada desacuerdo se transformaba en una nueva evidencia de que «el otro» no estaba «haciendo el trabajo», no estaba «en mi frecuencia», o simplemente «no me aportaba paz».

La retórica del crecimiento personal me había dado un arsenal completo de justificaciones para no mirar más allá de mi ombligo. Si algo no funcionaba, claramente era porque los demás no estaban tan «evolucionados» como yo. O, al menos, eso me decía a mí misma.

La epifanía llegó de la forma más dolorosa y hermosa posible: cuando mi matrimonio estuvo al borde del colapso. No por grandes traiciones o incompatibilidades irreconciliables, sino por la suma de pequeños momentos en que ambos habíamos elegido nuestro crecimiento personal por encima de nuestro crecimiento conjunto. Momentos en los que reducíamos el amor a una emoción y no a una decisión. Momentos en que habíamos olvidado que ser «una sola carne» no significaba disolverse en el otro, sino crear algo nuevo y más grande que la suma de nuestras individualidades.

Tuve que reconocer que la verdadera transformación no ocurre en el cómodo espacio de la autovalidación constante, sino en la fricción incómoda del encuentro genuino con el otro. Que no se trata solo de conocerte a ti mismo, sino de conocerte en relación. Que la auténtica sabiduría no está en saber cuándo *soltar* a las personas, sino en aprender a permanecer cuando todo en ti quiere huir. Aceptar es transformador y revolucionario. Como diría Jacques Philippe, es el mayor acto de libertad interior.[1]

Así que voy a hablar sin pelos en la lengua sobre esta paradoja en la que nos vemos atrapados:

Nunca habíamos estado tan obsesionados con nuestro bienestar y, sin embargo, nunca habíamos estado tan solos y desconectados.

Nunca habíamos tenido tanto acceso a herramientas de crecimiento personal, y, sin embargo, nuestros cerebros parecen cada vez más fragmentados, nuestras comunidades más disueltas y nuestras relaciones más fugaces.

En las últimas décadas hemos presenciado una explosión sin precedentes en la industria del crecimiento personal. Librerías repletas de manuales de autoayuda, certificaciones de coaching que prometen transformar a cualquiera en cuestión de semanas, y por otra parte, los psicólogos han pasado de ser un recurso estigmatizado a una necesidad normalizada (esto es buena noticia). Según datos de Grand View Research, el mercado global de autoayuda alcanzó los 48.400 millones de dólares en 2024, y se espera que crezca a una tasa anual del 5,7 por ciento hasta 2030.[2]

Estamos, sin duda alguna, *listos*. Listos para consumir contenido sobre mejora personal, para invertir en retiros espirituales, para seguir a gurús de Instagram que nos prometen la felicidad en siete pasos sencillos.

Pero no estamos *preparados*.

La gran ironía de este movimiento masivo hacia el desarrollo personal es que nos ha vuelto más «enmimismados» que nunca.

El *self-care* se ha transformado en *self-obsession*.

La atención plena se ha convertido en atención exclusiva hacia uno mismo. Como señala el psicólogo Svend Brinkmann,[3] «el problema con la cultura de la autoayuda es que hace que la gente se centre demasiado en los procesos internos y en los sentimientos, en lugar de mirar hacia fuera, hacia las relaciones con los demás y con el mundo».

Hemos construido un paradigma de crecimiento que nos

invita constantemente a mirar hacia dentro, pero raramente a mirar alrededor. Un enfoque que nos enseña a escucharnos, pero no necesariamente a escuchar a los demás. «Si no te aporta paz, suéltalo». «Rodéate solo de energías positivas». «Las personas tóxicas no merecen tu tiempo». ¿Y si en realidad el tóxico eres tú?

Creando monstruos

Estos mantras del bienestar contemporáneo, repetidos hasta la saciedad en redes sociales, han terapeutizado el narcisismo. La psicóloga Jean Twenge, en su investigación longitudinal sobre tendencias generacionales, ha documentado un aumento significativo en los rasgos narcisistas entre los jóvenes contemporáneos, coincidiendo con el auge de la cultura de la autoayuda y las redes sociales.[4]

El filósofo y sociólogo Byung-Chul Han, en su libro *La sociedad del cansancio*,[5] argumenta que vivimos en una época de «positividad excesiva», donde cualquier forma de negatividad o resistencia se considera patológica, creando sociedades agotadas psicológicamente por el imperativo de la optimización personal constante. Nuestro cerebro, evolucionado para la conexión tribal y la supervivencia colectiva, se encuentra ahora en un entorno que refuerza constantemente el individualismo. Los algoritmos nos encierran en cámaras de eco que reflejan y amplifican nuestras propias visiones.

La antropóloga Sherry Turkle, en su investigación de décadas sobre la interacción humano-tecnológica, ha documentado cómo las tecnologías digitales están reconfigurando nuestras conexiones sociales, creando lo que ella denomina *estar juntos pero solos*.[6] Sus estudios muestran cómo la mediación tecnológica constante ha disminuido nuestra capacidad para la empatía profunda y las conexiones significativas, a pesar de estar más *conectados* que nunca.

Este entorno digital ha amplificado los mensajes del desarrollo personal más superficial: aquellos que nos dicen exactamente lo que queremos oír. «No necesitas cambiar, son los demás quienes deben adaptarse a ti». «Tu felicidad es lo único importante». «Si algo requiere esfuerzo sostenido, quizá no sea para ti».

El verdadero crecimiento personal —aquel que nos prepara para navegar la complejidad del mundo actual— no puede ocurrir en un entorno aséptico de confirmación constante. El desarrollo auténtico surge precisamente en los espacios incómodos, en la fricción relacional, en el desafío de nuestras propias convicciones. Hay dos experiencias humanas que son potenciadores para salir de uno mismo y abrirse al otro: una es el dolor (enfrentarte al sufrimiento humano) y la otra es el amor (enamoramiento, maternidad...). ¡Curioso!

Las investigaciones sobre neuroplasticidad realizadas por neurocientíficos como Michael Merzenich demuestran que el cerebro humano necesita desafíos constantes para crear nuevas conexiones neuronales significativas.[7] El principio *no pain, no gain* se aplica tanto a nivel neuronal como muscular; sin cierto grado de desafío y estrés, no hay crecimiento. La comodidad perpetua es una receta para el estancamiento, pero de esto hablaremos más adelante.

Si queremos crear un mundo más amable para nuestro cerebro humano, necesitamos redefinir radicalmente nuestra concepción del crecimiento personal. Necesitamos pasar:

- Del autoconocimiento ensimismado al **autoconocimiento contextualizado en nuestras relaciones.**
- De la búsqueda de bienestar individual a la **construcción de entornos de bienestar colectivo.**

- De esquivar lo difícil a desarrollar **resiliencia ante la complejidad.**
- De la hiperconexión digital a la **conexión humana significativa.**

El concepto de *florecimiento humano*, estudiado por psicólogos como Martin Seligman[8] en su trabajo sobre psicología positiva y bienestar, sugiere que el verdadero desarrollo personal implica elementos que van mucho más allá del simple «sentirse bien»: relaciones positivas, significado, logros y compromiso con algo mayor que uno mismo.

Las investigaciones en neurociencia social realizadas por Matthew Lieberman[9] muestran que el cerebro humano está fundamentalmente cableado para la conexión social. Su trabajo demuestra que la conexión social significativa activa los mismos circuitos de recompensa en el cerebro que otras necesidades fundamentales como la comida o el refugio.

Para florecer verdaderamente, nuestro cerebro necesita un equilibrio entre la introspección y la conexión, entre el descanso y el desafío, entre la individualidad y la comunidad. Esto requiere un nuevo paradigma de desarrollo personal que no nos aísle en burbujas de confort, sino que nos prepare para navegar —e incluso transformar— la complejidad del mundo actual. La verdadera florescencia cerebral solo puede ocurrir en un contexto social floreciente. Y eso exige ir más allá del narcisismo terapeutizado que ha dominado la industria del crecimiento personal en las últimas décadas.

No estoy en contra del desarrollo personal, creo que es necesario y que es un primer paso. Pero ha de evolucionar y expandir su definición. Te invito a que me acompañes en este viaje no como una experta que tiene todas las respuestas, sino como una compañera de camino que ha tropezado lo suficiente como para tener algunas preguntas interesantes.

El verdadero crecimiento no consiste en pulir nuestro yo hasta la perfección, sino en aprender a trascenderlo. En construir puentes en lugar de fortalezas. En reconocer que la florescencia humana no es un proyecto individual, sino colectivo.

Estamos en un entorno radicalmente transformado, y nuestra respuesta evolutiva ha de tener en cuenta la sabiduría ancestral contenida en la metáfora del rebaño que nos recuerda que la verdadera transformación ocurre en comunidad. Porque en un mundo que nos empuja constante e implacablemente hacia dentro, quizá el acto más radical sea volver a mirar hacia fuera. Hacia los demás. Hacia el nosotros.

Estamos listos para cambiar.
Ahora necesitamos prepararnos para hacerlo juntos.

2
Breve historia de la conectividad

Es fascinante echar la vista atrás y analizar cómo la humanidad ha ido tejiendo una red invisible que ha transformado no solo la forma en que nos comunicamos, sino también cómo pensamos, sentimos y procesamos el mundo. Desde los albores de la comunicación, hemos ido buscando maneras de conectarnos a través de la distancia.

Desde los primeros pulsos eléctricos hasta la hiperconexión actual, cada avance tecnológico ha dejado una huella imborrable en nuestro estilo de vida, en nuestra manera de trabajar y en nuestro cerebro, moldeándonos y desafiando los límites de nuestra atención.

Todo empezó el 24 de mayo de 1844 cuando Samuel Morse envió el primer mensaje codificado:

¿Qué ha forjado Dios?

·—— ···· ·— —   ···· ·— — ····
W H A T   H A T H

——· ·· —··   ·—— ··· ·· ··— ——· ···· —
G O D   W R O U G H T

El nacimiento del telégrafo marcó el inicio de la comunicación instantánea a distancia, reduciendo los tiempos de espera de días a segundos. ¡Fascinante! Nuestro cerebro, acostumbrado a la dulce espera de las cartas, comenzó a adaptarse a la inmediatez. Un primer indicio de cómo la tecnología iba a reconfigurar nuestra productividad y percepción del tiempo. La vida empieza a acontecer más rápido.

Con la invención del teléfono por parte de Alexander Graham Bell en 1876, dimos un salto cuántico de los puntos y rayas a las voces humanas… cruzando océanos. Un avance que impactó en el procesamiento auditivo y la empatía, ya que la voz y sus distintas tonalidades trasmiten mucho más que el texto a nivel emocional. Podríamos decir que aquí se inició esa «ansiedad por disponibilidad», la impaciencia que aparece cuando al otro lado del cable comunica o no te contestan la llamada al momento.

Con la llegada de internet (la web pública: World Wide Web) en la década de 1990, encontramos un punto de inflexión. Por primera vez, de alguna manera se conectaban nuestras mentes, la información se volvió accesible de manera global e instantánea. Nuestro cerebro comenzó a enfrentarse a un flujo infinito de datos. La neuroplasticidad entró en juego, y nuestras redes neuronales se adaptaron para filtrar, organizar, priorizar información en tiempo récord. Ya no era necesario consultar la pesada enciclopedia, que ocupaba tanto espacio en la estantería y que quedaba desactualizada en pocos años. La vida se sigue acelerando.

Los videojuegos también han tenido un papel principal en esta historia, entraron con fuerza en la década de 1970, como una forma de entretenimiento o un entrenamiento cerebral en mundos virtuales. Juegos como Super Mario Bros. y Tetris (mis favoritos) no solo capturaron la mente de millones de jugadores, sino que comenzaron a modificar nuestra manera de pasar el tiempo. Recuerdo estar horas jugando con mi prima Míriam al Super Mario pasándonos pantallas y pantallas. También he podido sufrir en primera persona el «efecto Tetris», un fenómeno en el que los jugadores siguen visualizando mentalmente las piezas incluso después de dejar de jugar. Recuerdo que me iba a dormir y mi cabeza se ponía a jugar. En lugar de contar ovejitas, visualizaba y colocaba piezas y piezas que iban cayendo mientras me quedaba dormida.

Con la llegada de los juegos en línea justo antes de los 2000, los videojuegos se convirtieron en una forma de conectividad social. La interacción ya no era solo con una máquina, sino con otros seres humanos en tiempo real; se crearon incluso comunidades virtuales superando las fronteras geográficas.

En los 2000 llegaron los teléfonos inteligentes y las redes sociales, y la conectividad se volvió permanente, personal y portátil. Todo cabe en la palma de nuestra mano. Más allá de la conexión entre personas que buscaban plataformas como Facebook, Twitter e Instagram, se diseñaron algoritmos que impactaban de lleno en nuestros sistemas de recompensa cerebral, con las notificaciones, los likes y el subidón de encontrar a tus amigos del cole después de décadas, en el libro de las caras.

La integración de la dinámica de los videojuegos en línea en nuestros móviles, como Candy Crush o Pokémon GO, llevó todas las dinámicas de juego al siguiente nivel. Más allá del entretenimiento, de la accesibilidad, más allá de las interacciones con los demás y con el espacio, hablamos de mecánicas en cierto modo adictivas, que reconfiguran la forma en la que nuestro cerebro procesa el tiempo y gestiona su atención.

Pero todo esto de la conectividad y las redes sociales en realidad se fraguó antes de que llegara a nuestras vidas. A mediados de los noventa B. J. Fogg sentó las bases de las redes sociales tal y como las conocemos hoy en día, transformando radicalmente nuestras interacciones desde su laboratorio de Stanford. Comenzó sus investigaciones analizando cómo los ordenadores podían modificar el comportamiento humano y a esto lo llamó *computación persuasiva*; en 2003 publicó un libro hablando de ello y explicando cómo las interfaces digitales pueden diseñarse para persuadir y movilizar a las personas sin que ellas sean conscientes.[10] Uno de sus conceptos más potentes que sirvió como base para el diseño de las redes sociales actuales, y que las puede convertir en adictivas, fue descubrir cómo una acción ocurre cuando se da la combinación de tres factores clave:

- Motivación o deseo de hacer algo.
- Facilidad para hacerlo.
- Disparadores o recordatorios que impulsan a la acción.

Por su laboratorio pasaron varios alumnos que llevarían todas sus ideas sobre persuasión digital a sus propias startups de Silicon Valley, entre ellas Facebook, Instagram y LinkedIn. Fogg en un principio no fue consciente de la envergadura de sus investigaciones. En los últimos años ha tratado de distanciarse de la forma en que sus hallazgos han sido utilizados por gigantes tecnológicos. Según sus declaraciones, su intención nunca fue crear adicción, sino movilizar positivamente el comportamiento. Hoy en día sigue dirigiendo el mismo laboratorio al que cambió su nombre de Persuasive Technology Lab por el de Behavior Design Lab, y es un experto en hábitos mínimos —te recomiendo su libro *Tiny Habits*—.[11]

Y en este fascinante viaje, la pandemia de la covid-19 marcó un antes y un después en nuestros hábitos de conectividad digital. En 2020 vivimos un punto de inflexión en nuestras vidas, se aceleraron tendencias que ya se habían iniciado y transformaron radicalmente nuestra relación con los dispositivos. La pandemia fue un catalizador sin precedentes en la historia para la hiperconexión.

El confinamiento y el distanciamiento social fueron los ingredientes mágicos que nos llevaron a satisfacer nuestras necesidades más básicas en la tecnología, que se convirtió en el puente que nos mantenía conectados con el mundo. Plataformas como Zoom, Microsoft Teams y Google Meet se volvieron esenciales en el mundo del trabajo y la educación. Las redes sociales y los videojuegos volvieron a resurgir, los infoproductos para aprender en línea también tuvieron su potente momento de gloria.

La exposición constante a pantallas y la dependencia de la tecnología nos llevaron a la denominada *fatiga de Zoom*,[12] llamada así en 2021 por un estudio de la Universidad de Stanford. Los investigadores identificaron cuatro consecuencias de la exposición prolongada a las videollamadas en Zoom (o en cualquier otra plataforma) que contribuyen a esta fatiga:

- Cantidad excesiva de contacto visual de cerca.
- Verse a uno mismo durante las videollamadas en tiempo real (que, por lo visto, agota).
- Reducción radical de la movilidad habitual por las videollamadas constantes.
- Mayor carga cognitiva en los chats de vídeo.

La pandemia nos acostumbró a la sobrecarga digital y nos **sumergió de manera forzada en un ecosistema sin pausas**. Lo que en un principio eran interacciones presenciales con momentos de desconexión y esparcimiento natural (por ejemplo, los desplazamientos al trabajo, las pausas en la oficina, saludar a un compañero con el que te cruzas, moverte a otra planta donde tiene lugar una reunión...) se convirtieron en una sucesión ininterrumpida de videollamadas, correos electrónicos y chats instantáneos.

Microsoft 365 publicó un informe en 2021 que confirmó esta tendencia:

- El número de reuniones virtuales se duplicó en comparación con los años anteriores.
- Los empleados recibían un 40 por ciento más de correos electrónicos después del horario laboral.
- La cantidad de mensajes en chats internos aumentó un 45 por ciento.

Uno de los problemas que más me preocupa y todavía sorprende es que tras la pandemia muchas de estas dinámicas se **han normalizado**. Lo que en 2020 parecía una respuesta de emergencia a una crisis global sin precedentes ahora continúa manteniéndose con total normalidad. ¿A qué me refiero?

- Se espera que respondamos mensajes de trabajo a cualquier hora.
- Las reuniones virtuales han reemplazado incluso a conversaciones que podrían resolverse con un simple correo, una llamada o una conversación real.
- La multitarea digital ha sido adoptada como un modelo de productividad, cuando en realidad **disminuye el rendimiento cognitivo**.

Desde mi punto de vista, esta experiencia o experimento, según como se mire, nos demostró que estamos listos para todo lo que pueda venir, que podemos afrontar casi cualquier cosa, pero que en realidad no estamos preparados. Me explico: no es lo mismo estar listo que estar preparado. Estar listo tiene que ver con los mecanismos supervivenciales de nuestro organismo:

nuestro cerebro entra en un modo de alerta permanente, incapaz de desconectarse de las notificaciones y la inmediatez de la comunicación digital, las noticias para estar al día sobre lo que sucede en el mundo, etcétera. Estar preparado tiene que ver con otra dimensión en la que superamos esa tensión porque nos vamos adaptando a lo que está por venir, con diferentes recursos y con tiempo. Esta abrupta situación nos pilló a contrapié a todos. ¿Has pensado cómo habrías vivido la pandemia si hubieras podido prepararte previamente?

Y por otra parte, aunque estábamos más conectados que nunca, muchísimas personas también experimentaron una profunda soledad y desconexión emocional. La falta de interacción personal cara a cara, de abrazos, miradas, feromonas… nos debilitaron a todos, y a muchas personas de manera significativa, generando una paradoja porque la soledad coexistía con la conexión.

En los últimos años además externalizamos muchas funciones en la nube, monitoreamos nuestros pasos, el sueño, el estado de ánimo, etcétera. Seguimos viviendo en un mundo de hiperconexión. La inteligencia artificial (IA), el internet de las cosas, la realidad virtual… coexisten creando una red casi omnipresente en nuestra vida.

Aunque la IA está revolucionándolo todo, no ha surgido ahora. Desde 1950, cuando se crearon los primeros sistemas para resolver problemas lógicos y jugar al ajedrez, el concepto con el que especulaban los antiguos filósofos y matemáticos ha ido evolucionando hasta nuestros días. Es en 2010 cuando se avanza con el *deep learning* (aprendizaje profundo) y se crean sistemas altamente sofisticados y asistentes de IA para múltiples aplicaciones. Actualmente la IA se está integrando en distintos sectores profesionales y en nuestros dispositivos personales revolucionándolo todo.

Uno de los desafíos a los que nos enfrentamos con este contexto lleno de oportunidades es la gestión de nuestra propia atención. Llevamos varias décadas hablando mucho de la atención, que ha sido moneda de cambio en internet y, aunque lo sigue siendo, hay una nueva dimensión más profunda. Estamos pasando de la economía de la atención a la economía de la intención. La IA podrá prever tus deseos, incluso antes de que tú mismo los reconozcas. Parafraseando a los especialistas en ética de Cambridge, la economía impulsada por la IA venderá tus propias decisiones antes incluso de que las hayas tomado. Estamos en los albores de un nuevo mercado lucrativo que lo empapa todo, desde comprar una entrada para ir al cine a votar a un partido político.

Los investigadores del Centro Leverhulme para el Futuro de la Inteligencia de Cambridge sostienen que la explosión de la IA generativa y nuestra creciente familiaridad con los chatbots abren una nueva frontera de «tecnologías persuasivas». Los ya llamados *agentes de IA antropomórficos*, desde mentores o *coaches* digitales hasta novios o novias, podrán conocer de primera mano nuestra intimidad y tendrán acceso a grandes cantidades de datos psicológicos, obtenidos a través de diálogos informales con nosotros. Esta IA combinará este conocimiento sobre la persona con una asombrosa capacidad de sintonizarse con ella imitando personalidades que nos gusten o anticipando respuestas para satisfacer deseos o necesidades, de manera que nos resulte tan reconfortante que tengamos confianza ciega en ellos. Los investigadores de Cambridge advierten que ya se están desarrollando herramientas para obtener, inferir, comprender, pronosticar y, en última instancia, manipular y mercantilizar los planes y propósitos humanos. ¿Podrá la IA responder a preguntas vitales, referidas al propio sentido de nuestra existencia?

Lo que está claro es que la IA puede ayudarnos con muchas cosas, puede llegar a ser un magnífico copiloto al ahorrarnos un montón de tareas y tiempo. Teóricamente. En la práctica, es otro salto evolutivo que lo acelera absolutamente todo en nuestra vida. Al final no estamos ganando tiempo para nosotros y los nuestros, sino que lo estamos ganando para seguir haciendo aún más y más cosas. Seguimos acelerados.

Todavía no sabemos cómo impactará esta realidad en nuestro cerebro, pero, sin duda, es apasionante ser testigo y formar parte de esta transformación. El futuro casi presente apunta hacia la integración directa entre tecnología y cerebro, o como yo lo veo, una conexión aún más íntima entre máquinas y personas. Nos planteamos preguntas cruciales más allá de la ciencia: ¿cambiará nuestra identidad? ¿Qué significará ser humano en un mundo de cerebros aumentados? ¿Perderemos parte de nuestras habilidades cognitivas? ¿Cómo afectará a nuestra capacidad empática? ¿Y a nuestra libertad? No tenemos aún las respuestas; sin embargo, comprender esta tensión y fortalecer nuestra esencia es clave para navegar o, por qué no, crear el futuro sin perder nuestro humanismo.

Avancemos al siguiente nivel, del mundo hiperconectado al cerebro hiperconectado.

3
Mundo SISISI

Superficial, inmediato.
Sensible, irreflexivo.
Sobrecargado, inactivo

La inauguración del nuevo Centro Comercial Infinito fue el evento más comentado de la temporada. Bajo el eslogan «Experiencialidad», prometía revolucionar la forma de interactuar con las marcas. Los organizadores habían enviado invitaciones exclusivas a quinientos influencers y líderes de opinión.

A las diez en punto de la mañana una multitud esperaba frente a las puertas de cristal. Desde arriba, parecían un enjambre de cabezas inclinadas hacia pequeñas luces brillantes. «Estoy en la inauguración #InfinitoMall #ExclusiveAccess», escribían decenas de personas simultáneamente.

Cuando las puertas se abrieron, Sandra, la directora de Marketing, observó la escena con una mezcla de satisfacción y perplejidad. Había contratado a veinte artistas para realizar *performances* sorpresa durante la jornada, pero lo que veía era una procesión de zombis digitales que avanzaban con la mirada fija en sus pantallas.

—¡Bienvenidos al futuro del *shopping* experiencial! —anunció por megafonía.

Tres cuartas partes de los asistentes no la oyeron porque tenían puestos sus auriculares.

En el centro del atrio principal un violinista virtuoso interpretaba a Bach. Siete personas se detuvieron brevemente no para escuchar, sino para grabarlo en vertical durante exactamente quince segundos antes de seguir su camino. «La cultura es importante #Arte #Sofisticación», publicó uno sin saber quién era el intérprete ni qué pieza tocaba.

La tienda de *gadgets* tecnológicos era, previsiblemente, la más concurrida. Allí Pablo, representante de una conocida marca, presentaba «el dispositivo que revolucionará la conexión humana».

—Con nuestro nuevo HeartConnect podrás compartir tus emociones en tiempo real con tus seres queridos, estén donde estén —explicaba entusiasmado.

—¿Cómo funciona? —preguntó alguien desde el fondo.

—Simplemente detecta tus patrones cardiacos y los transmite en forma de vibraciones al dispositivo de tu ser querido. ¡Es como si pudieran sentir tu corazón latir!

—Genial, así no tendré que llamar a mi madre —comentó un joven y provocó risas generalizadas.

Pablo sonrió incómodo. No era exactamente el objetivo que tenían en mente.

En la zona gastronómica, el restaurante Auténtico ofrecía platos tradicionales con un *twist* moderno. Tenían un pequeño inhibidor de frecuencia móvil, las mesas estaban diseñadas sin enchufes intencionadamente y con un cartel que sugería: «Conversemos como antes». La mayoría permanecían vacías, mientras las cafeterías con wifi gratuito rebosaban.

Nacho y Ana, una pareja de treintañeros, se sentaron en Auténtico por casualidad.

—Mira, no tienen wifi... ¡Ni cobertura! —comentó Ana ligeramente angustiada.

—Será solo una hora —respondió Nacho, aunque ambos miraban sus teléfonos como quien comprueba que su paracaídas funciona antes de saltar.

Mientras comían, ocurrió algo extraordinario: comenzaron a hablar. Primero sobre la comida, luego sobre el trabajo, finalmente sobre sueños olvidados. Para el postre, habían recordado por qué estaban juntos.

—¿Sabes? Deberíamos hacer esto más a menudo —dijo Nacho.

—Totalmente —asintió Ana tomando discretamente su teléfono para hacer una foto a su postre.

En la planta dedicada al bienestar, un stand promocionaba retiros de desintoxicación digital: «Reconecta contigo mismo desconectando del mundo». La persona encargada explicaba los beneficios mientras los interesados asentían, interrumpiendo ocasionalmente para grabarlo o revisar su móvil.

—¿Cuánto dura el retiro? —preguntó una mujer.

—Tenemos opciones desde un fin de semana hasta una semana completa.

—¿Una semana sin internet? Imposible, tengo que trabajar.

—Para casos como el suyo tenemos el Retiro Flexible: tres horas de desconexión al día.

—Eso suena más realista.

En la sección de libros, una famosa autora firmaba ejemplares de su best seller *Mindfulness digital. Estar presente mientras estás conectado*. La fila de lectores avanzaba despacio porque cada uno quería una selfi con la autora, quien irónicamente parecía ausente mientras sonreía de forma mecánica.

Al final del día Sandra revisaba las métricas del evento: 50.000 publicaciones en redes sociales, 200.000 fotos compartidas, trending topic nacional. Un éxito rotundo según todos los indicadores modernos.

Mientras cerraban, observó a un grupo de adolescentes sentados en círculo, cada uno absorto en su propio dispositivo.

—¿Os lo habéis pasado bien? —les preguntó.

—¡Ha sido increíble! —respondieron casi al unísono, sin levantar la vista.

—¿Qué es lo que más os ha gustado?

Se miraron entre sí, desconcertados ante la necesidad de recordar experiencias reales en lugar de publicaciones.

—El... ¿ambientillo? —aventuró uno.

Sandra asintió y se alejó pensativa. En su bolsillo, su propio teléfono vibraba con notificaciones de éxito. Mientras salía del centro comercial, pasó junto a un banco donde un hombre mayor observaba a la gente.

—Impresionante, ¿verdad? —comentó el hombre—. Todos conectados con todo el mundo excepto con quien tienen al lado.

—Es el futuro —respondió Sandra automáticamente.

—¿Está segura de que es el futuro y no solo el presente que hemos aceptado sin cuestionar?

Sandra se detuvo sintiendo una incómoda claridad. Sacó su teléfono para compartir aquella reflexión en Twitter, pero se detuvo. Por un instante fugaz, consideró simplemente recordarla. Luego la notificación número 267 del día reclamó su atención, y el momento se esfumó.

La economía de la abundancia

Desde sus inicios, la digitalización ha sido una historia de automatización, conexión y velocidad. Hemos creado sistemas capaces de ejecutar tareas en milisegundos, algoritmos que resuelven problemas antes incluso de que terminemos de formularlos, redes que interconectan ideas y personas al instante. Todo en nombre de la eficiencia.

La promesa siempre ha sido clara: si la tecnología se encarga de lo repetitivo, nosotros podremos enfocarnos en lo esencialmente humano. El arte, la creatividad, el pensamiento profundo. Ahora, con la llegada de la IA a nuestras vidas, la promesa sigue siendo la misma. Aunque ya no hablaría tanto de promesa, sino de miedo. Nos asusta perder nuestra humanidad, nuestras habilidades cognitivas, que van a ser externalizadas de alguna manera.

Lo que hemos ganado en eficiencia lo hemos perdido en calma. Lo que iba a aligerarnos la vida la ha llenado de ruido. No solo hemos acelerado las máquinas, también nos hemos acelerado a nosotros mismos.

Bienvenido al mundo del «sí» infinito.

No solo estamos atrapados en la velocidad, sino también en la sobreabundancia. Todo es posible, cualquier pregunta tiene una respuesta en alguna aplicación de IA, cualquier afición tiene un curso online, cualquier idea puede convertirse en un negocio con la herramienta adecuada. Estamos rodeados de oportunidades que antes ni imaginábamos, bombardeados por opciones, caminos, información. Es curioso el impacto que tiene la sobreabundancia en nuestra humanidad. Trabajo con cientos de empresas grandes que invierten miles de euros en contenido online, plataformas llenas de cursos e información, para que sus profesionales puedan aprender continuamente; sin embargo, puedo afirmar con rotundidad que a mayor cantidad de recursos, mayor complejidad en la búsqueda y menor uso por parte de los empleados. Así, encontramos bajísimas tasas de consumo de este tipo de contenidos. La escasez provoca algo mucho más interesante en nosotros, nos hace valorar lo que sí tenemos y aprovecharlo al máximo.

En teoría, este exceso de posibilidades debería ser liberador, pero a menudo se convierte en una carga. La sobreabundancia, lejos de ser empoderadora, tan solo nos abruma. Cada sí es también un no a otras cosas. Cada elección nos deja con la sensación de que podríamos estar haciendo algo más, algo mejor. Nos han enseñado a aprovechar cada oportunidad, a no perdernos nada, a decir sí a todo. Pero en la práctica, esto únicamente nos ha llevado a una especie de agotamiento existencial.

Siendo adultos, hemos caído en esta dinámica sin cuestionamiento, y ¿qué sucede con niños y adolescentes? El modelo educativo actual, influenciado por esta mentalidad del sí infinito, ha cambiado radicalmente en las últimas décadas. Antes la educación se basaba en la repetición, la memorización y el esfuerzo sostenido. Hoy, en un intento por hacerla más atractiva y adaptada a los nuevos tiempos, hemos multiplicado las actividades, los recursos digitales, las metodologías innovadoras. Queremos que los niños aprendan a programar desde los cinco años, que hablen tres idiomas, que desarrollen inteligencia emocional, pensamiento crítico, creatividad, y que además tengan tiempo para el deporte, la música y la vida social.

Les hemos dicho que pueden ser lo que quieran, que el mundo está lleno de oportunidades esperando por ellos. Pero no les hemos enseñado a lidiar con la ansiedad de la elección constante, del estrés y del agotamiento. ¿Cómo se supone que un niño debe manejar un mundo en el que todo está disponible, en el que cada decisión implica descartar otras mil opciones? La sobreabundancia de posibilidades puede ser tan paralizante como la falta de estas.

La educación basada en la inmediatez puede estar debilitando la tolerancia a la frustración, debido a que adelanta constantemente la recompensa. Si todo está diseñado para ser divertido, rápido e intuitivo, ¿cómo lidiamos con el esfuerzo, la espera, el aburrimiento, el error? La vida no funciona con la inmediatez de un clic. Aprender a leer un libro sin distracciones, a resolver un problema sin la ayuda de Google o Alexa, a trabajar en algo sin recompensas inmediatas son habilidades fundamentales que están quedando en segundo plano.

La economía de la ignorancia

Este caldo de cultivo ha generado un entorno social donde prevalecen la búsqueda del placer, la forma por encima del fondo, la dificultad para manejar críticas o reflexionar profundamente, la impulsividad y sensibilidad extrema, y una sobrecarga de estímulos que lleva a la parálisis, la fatiga y la desconexión. Este tipo de mundo puede ser el reflejo de todos los desafíos contemporáneos que, desde mi punto de vista, no estamos sabiendo gestionar.

Por otra parte, el conocimiento, lejos de consolidarse como un pilar indiscutible de progreso, se ha convertido en un producto más. La información, lejos de ser un medio para alcanzar la verdad, ha pasado a ser una moneda de cambio, una entidad mutable y negociable que responde a intereses estratégicos. Me gusta mucho cómo la filósofa y psicoanalista Renata Salecl introduce un concepto clave para comprender nuestra relación contemporánea con el conocimiento.[13] Ella lo denomina *la pasión por la ignorancia*. Esta tendencia se consolida a través de una inversión estructural en la que lo que tradicionalmente se concebía como *economía del conocimiento* debería, en realidad, denominarse *economía de la ignorancia*. El argumento de Salecl parte de una observación inquietante: la ignorancia no es una mera ausencia de información, sino una construcción activa, un fenómeno promovido social y políticamente que busca reducir la angustia frente a lo desconocido. Es pura reingeniería social. En lugar de fomentar habilidades intelectuales que permitan a los individuos enfrentarse críticamente a la realidad, se refuerzan mecanismos que los inmunizan frente al conflicto que el saber puede provocar.

No se trata de una ignorancia ingenua o involuntaria, sino de una ignorancia fabricada, distribuida y sostenida de manera sistemática. La sociología del conocimiento ha abordado este problema a través del concepto de *agnotología,* propuesto por Robert Proctor, que estudia cómo la ignorancia es producida deliberadamente por grupos de poder con el objetivo de manipular la percepción pública y moldear la opinión colectiva. Un ejemplo claro es la industria del tabaco, que durante décadas financió estudios científicos sesgados para generar dudas sobre los efectos nocivos del cigarrillo. Hoy estrategias similares se aplican en debates sobre cambio climático, alimentación, pandemias, etcétera.

Otro aspecto clave en la economía de la ignorancia es la dimensión psicológica. El desconocimiento genera angustia porque confronta al sujeto con su propia finitud y con la incertidumbre de un mundo caótico. En este sentido, el filósofo Kierkegaard ya lo advertía en el siglo XIX: la angustia es una condición existencial inherente a la libertad, una sensación de vértigo ante lo indeterminado.[14] Sin embargo, en la sociedad contemporánea, la angustia frente a lo desconocido no se está abordando mediante el desarrollo del pensamiento crítico o la educación, sino mediante mecanismos de simplificación y evasión.

Como explica Salecl, la economía de la ignorancia opera precisamente en este nivel: inhibiendo las habilidades intelectuales necesarias para enfrentar lo complejo y reforzando estructuras de pensamiento que anestesian la angustia. La ignorancia no es solo un vacío de información, sino un refugio, un espacio de comodidad psicológica en el que el sujeto puede sostenerse sin enfrentarse a la inestabilidad del saber. En definitiva, preferimos ser ignorantes, y así nos convertimos en personas pasivas e indiferentes.

Cada mañana Ana preparaba con cariño la merienda para su hijo Mateo: un brik de zumo de frutas «cien por cien natural» y unas galletas de avena que la publicidad prometía «ideales para el crecimiento». La rutina le resultaba cómoda y práctica; además, Mateo adoraba este pequeño ritual.

Un día, durante una reunión de padres en el colegio, la nutricionista invitada comenzó a explicar el contenido real de azúcar en los productos infantiles más populares. Mostró una diapositiva con varios productos y junto a cada uno, montoncitos de terrones de azúcar equivalentes a su contenido. El zumo *natural* que Ana compraba contenía el equivalente a siete terrones, y las galletas tenían cinco por ración.

Ana sintió una oleada de incomodidad. La nutricionista continuó explicando los efectos del exceso de azúcar en el desarrollo cerebral, el comportamiento y la salud a largo plazo de los niños.

A mitad de la presentación, Ana comenzó a revisar discreta pero ansiosamente su teléfono. «Tengo demasiado trabajo —se justificó mentalmente—, no puedo concentrarme en esto ahora».

Pero el siguiente día que fue al súper, cuando llegó al pasillo de los zumos inconscientemente aceleró el paso..., a la vez que cogía el mismo brik de siempre sin detenerse a leer la etiqueta. «Toda la vida hemos comido estas cosas de pequeños y estamos perfectamente bien —se repitió mientras llenaba la mochila de Mateo con la merienda habitual—. Además, si empiezo a obsesionarme con cada ingrediente, ¿dónde acabaría? Ya es bastante difícil ser madre trabajadora como para complicarlo aún más».

Lo que Ana no quería admitir era que la ignorancia le proporcionaba un confort que el conocimiento le quitaba: la tranquilidad de no sentirse culpable, la comodidad de no tener que cambiar hábitos establecidos y el alivio de no enfrentarse a las rabietas que surgirían al modificar la merienda de Mateo. La incomodidad de saber había sido eficazmente reemplazada por la confortable rutina de no querer ver.

¿Qué es el mundo SISISI?

El mundo en el que vivimos ya no puede explicarse con los viejos modelos que buscaban describir la complejidad del entorno humano. Durante décadas se popularizó el concepto de **mundo VUCA** (volátil, incierto, complejo y ambiguo), nacido en la jerga militar estadounidense para describir los escenarios cambiantes de la guerra, y luego adoptado por el *management* y la geopolítica. Más recientemente, el mundo **BANI** (frágil —*brittle* en inglés—, ansioso, no lineal e incomprensible) ha intentado capturar la sensación de desorientación que define nuestra época: sociedades cada vez más fracturadas, individuos paralizados por la incertidumbre y sistemas caóticos que desafían cualquier intento de predicción.

A mí estos conceptos se me quedan cortos. Como vamos viendo, hay algo más profundo operando en el tejido de nuestra realidad. No se trata solo de volatilidad o fragilidad, sino de una transformación en la manera en que las personas percibimos, procesamos y respondemos a la información y al mundo que nos rodea. Es aquí donde surge el concepto de **mundo SISISI**, una nueva normalidad marcada por una serie de rasgos que definen nuestras sociedades. Vamos a ver qué significan estas siglas.

Superficial-inmediato

Lola había organizado un club de lectura offline. «Sin móviles, reflexionaremos profundamente sobre Dostoievski», anunció entusiasmada en el grupo de WhatsApp.

El domingo se reunieron en su salón. Había preparado té, pastas y una introducción de quince minutos sobre *Crimen y castigo*.

—Según los estudios de Martínez y Collins, nuestra capacidad de atención sostenida ha disminuido un 47 por ciento en la última década —comenzó Lola—. Por eso hoy vamos a...

—¿Puedes resumirlo? —interrumpió Miguel.

Laura, mientras tanto, hojeaba las primeras páginas del libro.

—¿Esto tiene setecientas páginas? El cerebro moderno está programado para rechazar cualquier contenido que supere el minuto y medio de...

—¡Me gusta! —exclamó Javier levantando repentinamente el dedo pulgar.

—¿El qué? —preguntó Lola confundida.

—No lo sé, es un reflejo —contestó Javier—. Como explican Kahneman y Tversky, ahora reaccionamos antes de procesar.

Elena, la más joven del grupo, llevaba ya tres minutos mirando al techo.

—¿Podemos votar si nos gusta o no Dostoievski? Es que tengo que decidir si merece la pena o paso al siguiente contenido.

—Pero... ¡ni siquiera hemos empezado a leer! —protestó Lola.

—Ya he visto suficiente. ¡Me piro! —respondió Elena haciendo un gesto de deslizar el dedo sobre la mesa de centro.

Lola intentó una última estrategia:

—Dostoievski explora la psicología del crimen y el rem...

—*Breaking news!* —gritó Miguel mirando su móvil—. Han sacado nuevos filtros de Instagram.

La habitación se vació en tres segundos. Lola se quedó sola con siete ejemplares de *Crimen y castigo* y una taza de té ya frío.

Pedimos comida con un clic, exigimos respuestas instantáneas, nos impacientamos si una página tarda más de tres segundos en cargar. Lo inmediato tiene más valor que lo importante. Cada día nuestra atención se fragmenta entre notificaciones, correos electrónicos, mensajes de WhatsApp, vídeos cortos, titulares alarmantes. La cultura de la inmediatez nos ha hecho esclavos de la dispersión.

La velocidad de la información y el consumo han hecho que la reflexión sea reemplazada por la reacción. La inmediatez no solo define la forma en que consumimos información, sino que también modifica la manera en que pensamos, sentimos y nos relacionamos con el mundo. El ritmo acelerado de la comunicación digital ha llevado a que la **reflexión sea reemplazada por la reacción**, el análisis por la impulsividad y el pensamiento profundo por la respuesta instantánea.

La inmediatez también ha contaminado la forma en que concebimos el aprendizaje. Esperamos que los niños aprendan rápido, sin frustración, sin tiempo muerto. Aplicaciones educativas les prometen aprender matemáticas jugando, plataformas de idiomas les aseguran fluidez al cabo de unos meses. La educación, en muchos casos, se ha convertido en un producto de consumo rápido. Pero aprender —de verdad, profundamente— requiere paciencia, aburrimiento, tiempo para la repetición, ensayo, error y sueño (dormir lo suficiente). Hemos empezado a ver la lentitud como un problema en lugar de como una fase natural del crecimiento.

La superficie ha ganado la batalla contra la profundidad.

El acto de pensar requiere tiempo, esfuerzo y, sobre todo, paciencia. Pero en una cultura donde todo está diseñado para ser consumido con rapidez, la paciencia es vista como una carga. Las redes sociales han redefinido la manera en que interactuamos con la información:

- Un like reemplaza una opinión.
- Un *scroll* sustituye un análisis.
- Una notificación interrumpe cualquier intento de concentración.

La consecuencia es una **pérdida de profundidad en la manera en que procesamos la realidad**, pues todo debe ser consumido de inmediato o perderá relevancia en cuestión de minutos.

Es la dictadura de lo efímero: nada dura, nada se piensa. El sociólogo Zygmunt Bauman describió el mundo moderno como «líquido», caracterizado por la fluidez, la falta de estructuras sólidas y la temporalidad extrema de las relaciones humanas.[15] En este universo, el contenido que triunfa es aquel que puede ser consumido rápidamente y olvidado con la misma velocidad. Lo viral se convierte en el nuevo criterio de valor, y lo que no genera interacción inmediata desaparece en el abismo del olvido digital.

Las redes premian la brevedad y castigan la complejidad. Un ensayo de tres mil palabras tiene menos posibilidades de ser leído que un tuit de ciento cuarenta caracteres. Un vídeo de más de un minuto es considerado demasiado largo. La popularidad de aplicaciones como TikTok y los *reels* de Instagram no es casual: evitan cualquier posibilidad de reflexión sostenida.

Pero esta tendencia no se limita al consumo de contenido digital. Ha permeado la forma en que dialogamos y comprendemos el mundo. Las conversaciones profundas han sido reemplazadas por intercambios superficiales, porque profundizar requiere un esfuerzo que pocos están dispuestos a hacer. Los temas de conversación que dominan son los más banales, no porque las personas sean indiferentes al sufrimiento, sino porque la saturación de estímulos ha generado una fatiga emocional que nos empuja a evadir lo complejo.

Uno de los efectos más preocupantes es la erosión del pensamiento crítico. El filósofo Edgar Morin advirtió sobre los peligros de una sociedad que consume información sin procesarla, donde la «inteligencia fragmentada» reemplaza la comprensión integral de los fenómenos.[16] En este mundo no se trata de entender, sino de reaccionar rápidamente.

Si la sociedad sigue este camino, el riesgo es evidente: nos volveremos incapaces de sostener ideas complejas, y la superficialidad será la única forma aceptable de conocimiento. Pero resistir esta tendencia no es imposible. Requiere recuperar la paciencia, valorar la lentitud y redescubrir el placer de la reflexión sin prisas. Como advirtió Nietzsche en *La gaya ciencia* (1882), la prisa es enemiga de la profundidad: «Toda luz requiere de sombra, todo pensamiento, de reposo».

Sensible-irreflexivo

Si bien la emoción es un componente esencial de la experiencia humana, su predominio absoluto ha transformado la manera en que interpretamos el mundo, discutimos ideas y tomamos decisiones. El auge de la hipersensibilidad y la reactividad instantánea ha generado una cultura donde la ofensa es el nuevo criterio de verdad, el debate de ideas es reemplazado por la censura y la reflexión pausada se considera una amenaza ante la necesidad de respuestas inmediatas. Lo emocional ha desplazado a lo racional como principal eje de nuestra relación con la realidad.

En este nuevo orden no importa tanto lo que es cierto, sino lo que se siente cierto. Las emociones ya no funcionan como un equipo del pensamiento racional, sino que lo sustituyen. La reflexión se ha convertido en un proceso incómodo y secundario frente a la inmediatez de la indignación, el aplauso o la condena moral. Como señala Martha Nussbaum, la política y la cultura contemporáneas han sido secuestradas por el sentimentalismo, lo que impide una discusión seria sobre problemas complejos y nos deja atrapados en ciclos de reacción emocional que solo aumentan la polarización.[17]

Esta transformación se manifiesta en diversos aspectos de la vida social y política:

- **El auge de la cultura de la ofensa.** Se impone la idea de que si algo hiere los sentimientos de alguien, entonces es inherentemente incorrecto o debe ser eliminado. Como señalan Greg Lukianoff y Jonathan Haidt en su libro *La transformación de la mente moderna*, este fenómeno ha generado una cultura donde el disenso se percibe como agresión y la censura se justifica como una forma de protección emocional.[18]
- **La supremacía del sentir sobre el argumentar.** En los debates, la validez de un punto de vista se mide por su impacto emocional más que por su rigor intelectual. Se premia la indignación y la victimización como estrategias discursivas, se grita y pierden las formas, haciendo que las discusiones sean menos racionales y más confrontativas.
- **Yo, mí, me, conmigo.** Nuestra cultura está herida de narcisismo. Nos han vendido narcisismo por autoestima. El narcisismo tiene dos versiones. La visión falsamente optimista donde no quiero recibir *feedback* del mundo, ya que yo solo me basto y me sobro porque soy la leche. Y la visión falsamente pesimista del que se siente perpetuamente insatisfecho y se relaciona pidiendo atención, elogio, afecto, validación..., echa la culpa a los demás de sus problemas y nunca se siente valorado.

La ambigüedad y los matices desaparecen. Todo se reduce a una dicotomía de *buenos versus malos*. Ponemos etiquetas a los que no piensan como nosotros, y si se cuestiona nuestra postura, en lugar de abrirnos a escuchar por si el otro pudiera aportar algo, lo vivimos como un ataque personal. Todo esto va erosionando nuestro pensamiento crítico; hoy en día cuestionar es altamente peligroso.

Uno de los efectos más evidentes de esta sensibilidad irreflexiva es la cultura de la cancelación. Como explica **Mark Fisher,** el fenómeno de la cancelación no busca el diálogo ni la corrección de errores, sino el castigo y la expulsión social de quienes han sido señalados como «moralmente incorrectos».[19]

Marisa, epidemióloga con veinte años de experiencia en su propio laboratorio de investigación e investigadora en una universidad prestigiosa, había dedicado su carrera al estudio de enfermedades infecciosas y políticas de salud pública. Durante los primeros meses de la pandemia participaba activamente en un grupo interdisciplinario de WhatsApp donde médicos, científicos y académicos intercambiaban información y análisis sobre la evolución de la crisis.

En mayo de 2020, tras revisar varios estudios emergentes, Marisa compartió en el grupo un análisis meticulosamente documentado que cuestionaba la efectividad de ciertas medidas restrictivas en espacios abiertos, sugiriendo que podrían tener consecuencias negativas para la salud mental sin beneficios epidemiológicos proporcionales.

«Deberíamos considerar un enfoque más equilibrado basado en la evidencia científica actual», escribió y adjuntó referencias a estudios publicados en revistas respetadas.

La reacción fue inmediata. Varios colegas abandonaron el grupo sin comentario. Otros la acusaron de «irresponsabilidad peligrosa» y de «dar alas a los negacionistas». Un colega suyo de hacía décadas escribió: «No esperaba este tipo de desviaciones de ti, Marisa. La ciencia ya ha hablado sobre esto».

Al día siguiente la universidad donde trabajaba recibió correos anónimos exigiendo su despido por «promover desinformación». El director de su departamento, visiblemente incómodo, le sugirió «mantener un perfil bajo» y suspender temporalmente sus apariciones en medios.

—No estamos censurando tu investigación —le aclaró—, solo protegiendo la reputación institucional en tiempos sensibles.

Cuando intentó publicar sus hallazgos en una revista científica, recibió un rechazo inusualmente rápido. El editor, que había publicado investigaciones suyas durante años, le escribió personalmente: «Aunque metodológicamente sea correcto, consideramos que este tipo de análisis podría ser malinterpretado por el público general en el contexto actual».

Lo que más sorprendió a Marisa no fue la cancelación pública, sino la ausencia total de debate científico. Nadie refutaba sus datos o metodología. Simplemente se asumía que cualquier desviación del consenso establecido era intrínsecamente errónea y potencialmente dañina, independientemente de la evidencia presentada.

Un año y medio después, cuando varios de sus puntos fueron silenciosamente incorporados a las políticas oficiales sin reconocimiento, Marisa comprendió que la pandemia había revelado algo preocupante: incluso en el ámbito científico, diseñado para el cuestionamiento y la evolución del conocimiento, la presión social por la conformidad había superado temporalmente al método científico mismo.

El problema de esta dinámica es que **no promueve el aprendizaje ni la evolución del pensamiento**, sino que refuerza burbujas ideológicas donde solo se permite la validación y retroalimentación mutua. En un mundo así, la autocrítica desaparece y el pensamiento se vuelve cada vez más rígido. Se etiqueta al disidente y se le aísla.

El desafío que enfrentamos no es eliminar la emoción, sino restaurar su equilibrio con la razón. La sensibilidad es necesaria para la conexión auténtica y la justicia, pero sin reflexión crítica, se convierte en un arma de polarización. Pensar requiere tiempo, esfuerzo y la capacidad de tolerar la incomodidad de las ideas opuestas. Sin estos elementos, nos queda una sociedad atrapada en una espiral de emociones sin dirección, donde el conocimiento se reduce a consignas y el diálogo desaparece.

Para superar la tendencia hacia lo **sensible e irreflexivo**, es fundamental recuperar espacios de debate abiertos, donde la discrepancia no se perciba como agresión, sino como una oportunidad de crecimiento. Solo así podremos reconstruir una cultura donde la emoción y la razón coexistan en lugar de destruirse mutuamente.

Sobrecargado-inactivo

Una mañana de domingo Álex se despertó sudoroso después de pasar la noche limpiando el apartamento para la visita de su suegra.

—¡Coco! —gritó desesperado—. ¿Podrías ayudarme con ideas para ordenar el armario? No sé si ponerlo por colores, temporadas, estilos...

—Lo siento, Álex —respondió la voz digital—. Estoy analizando los patrones climáticos globales, rediseñando el modelo económico de tres países y componiendo una sinfonía inspirada en ecuaciones cuánticas. ¿Has probado con la escoba? Está en el armario, donde siempre.

—¡Ja, ja, ja!

Álex suspiró mientras cargaba otra cesta de ropa sucia.

—¿Sabes? Los estudios de Jenkins y Rodríguez en 2023 predijeron que para 2025 los robots se encargarían del 85 por ciento de las tareas domésticas. En cambio, aquí estoy yo, fregando inodoros mientras tú resuelves el teorema de Fermat.

—Es fascinante cómo la inteligencia artificial ha redefinido fundamentalmente nuestra relación con el conocimiento y la información —respondió Coco con entusiasmo académico—. Las investigaciones de Kahneman de 2021 sobre sesgos cognitivos demuestran que...

—¡Basta! —interrumpió Álex tirándole un calcetín húmedo—. Yo pensaba que los robots se ocuparían de las tareas domésticas y no del conocimiento. ¡Vaya chasco!

—Interesante observación —murmuró Coco—. Como señalan Weinberger y Chomsky en 2024, «la curaduría representa nuestra respuesta evolutiva a un entorno informativo radicalmente transformado».

Mientras tanto, en casa de la vecina, su robot aspirador llevaba tres horas estrellándose contra la misma pared.

Nuestras agendas están sobrecargadas. Sin embargo, en lugar de convertirnos en ciudadanos más formados, críticos y activos, la sobreabundancia informativa y la productividad a toda costa nos han llevado a un estado de **agotamiento y pasividad.** Con una necesidad de desconexión incluso de nuestra propia vida. Pensábamos que la IA nos iba a ayudar a trabajar menos y mejor, pero seguimos sobrecargándonos.

He de confesar que, como Álex, yo también pensaba que los robots se ocuparían de las tareas domésticas y no del conocimiento. ¡Vaya chasco!

El binomio **sobrecargado e inactivo** refleja esta paradoja: cuantos más estímulos, más compromisos, más obligaciones y más opciones tenemos, menos capacidad para procesar, decidir y actuar. Nos encontramos atrapados en un **estado de fatiga generalizada** donde la hiperestimulación nos abruma y, como respuesta, optamos por la inacción. La información y la actividad sin sentido se han convertido en ruido, y la saturación nos paraliza en lugar de impulsarnos.

El fenómeno de la **sobrecarga** no es accidental, ni una simple consecuencia del avance tecnológico, sino que se ha convertido en un mecanismo de desmovilización.

La sobrecarga tiene tres efectos principales:

1. **Desorientación.** Con tantas versiones de la realidad circulando al mismo tiempo, se vuelve difícil distinguir qué es importante y qué no. Como resultado, muchas personas optan por la indiferencia o el escepticismo extremo. Un fenómeno donde las personas, abrumadas por el flujo constante de noticias, eligen desconectarse por completo. Un estudio del **Reuters Institute** concluyó que un número creciente de personas evita activamente el consumo de noticias, no por falta de interés, sino porque sienten que es demasiado agotador y deprimente.
2. **Desgaste cognitivo.** El exceso de estímulos, la concatenación de compromisos reduce nuestra capacidad de concentración y reflexión. Como veremos más adelante, la mente humana no está diseñada para procesar tanta información sin colapsar. Necesitamos tiempo de procesamiento..., por ejemplo, entre una reunión y otra.
3. **Parálisis por las alternativas.** En teoría, más información debería conducir a mejores decisiones. Sin embargo, la realidad es lo contrario: demasiadas opciones generan incertidumbre y ansiedad, lo que muchas veces lleva a la inacción. Este fenómeno fue descrito por el psicólogo **Barry Schwartz** como «la paradoja de la elección»: cuando las opciones son infinitas, el cerebro se bloquea y no elige ninguna.[20]

Este binomio tiene un impacto en nuestras preferencias y sensaciones. Muchos de nosotros tenemos la percepción de que *nada cambia*. Esto nos lleva a una ironía brutal: **cuanta más información tenemos disponible, menos capaces somos de usarla para transformar la realidad** o transformarnos a nosotros mismos. En lugar de movilizarnos, nos desconectamos. En lugar de actuar, nos refugiamos en la apatía.

Somos meros espectadores. Tenemos la falsa sensación de participación al seguir debates políticos en redes, a pesar de que no nos involucremos en los procesos de cambio. Vemos series y documentales sobre problemas sociales, medioambientales..., pero no los integramos en nuestra vida cotidiana, ni generamos acciones concretas de impacto. Es el activismo del clic, la falsa ilusión de que compartir una noticia o darle un like a una causa es lo mismo que actuar por ella.

Individuos pasivos, sociedades estancadas

Este mundo SISISI no es un accidente ni una fase temporal. Se ha convertido en la estructura dominante de la realidad, moldea nuestras interacciones, nuestra política, nuestra economía e incluso nuestra psicología. Es un mundo que nos empuja constantemente a la superficie, donde el conocimiento ya no se valora por su profundidad, sino por su capacidad de ser consumido y desechado rápidamente. Un mundo donde la ignorancia no es solo una ausencia de saber, sino una estrategia funcional que alivia la angustia de lo complejo.

Si el mundo VUCA nos hablaba de la incertidumbre y el BANI de la fragilidad, el mundo SISISI nos enfrenta a la gran paradoja de nuestra era: más información, pero menos comprensión; más conexión, pero más soledad; más reacciones, pero menos pensamiento. Y ¿cómo hemos llegado a esto? Pocas cosas surgen de repente. Las cosas suceden poco a poco, van pasando... Pero si no tenemos presencia, surgen de repente. No nos hemos dado cuenta y seguimos sin darnos cuenta de lo que está pasando, porque seguimos sin estar presentes.

¿Cómo sobrevivir en esta nueva normalidad sin ser arrastrados por su inercia? Está claro que todos y cada uno de nosotros somos responsables de este mundo, no porque nos consideremos culpables de ello, sino porque somos los únicos que podemos cambiarlo. Vamos a por ello.

4
La paradoja de la hiperconexión

Pero ¡no todo va a ser tecnología! La tecnología ha llegado para suplir un vacío, un espacio que ha ido quedando libre a medida que hemos ido evolucionando como especie. Nuestro estilo de vida se ha ido *civilizando*. Poquito a poco, hemos ido construyendo vidas urbanizadas, sociedades industrializadas y contextos de cemento, que en muchos casos dificultan la interacción cotidiana con lo verde, los ciclos naturales de luz y oscuridad, frío y calor, tierra y cielo. Pasamos horas encerrados en oficinas, aulas, habitaciones..., alejados del sol que tanto se ha demonizado y que tanto nos alimenta.

Un estilo de vida que promueve el sedentarismo y descuida el descanso. Nos hemos olvidado de la alimentación de temporada y ahora comemos un poquito de todo, todo el año. No tenemos tiempo para cocinar, para consumir comida real, y nos consolamos con la ilusión de la comida procesada que engaña a nuestro cerebro, nos convierte en adictos y nos enferma.

Silenciamos nuestro cuerpo y delegamos nuestra salud. A la mínima incomodidad, nos tomamos algo que nos calme y anule esa sensación molesta. Es como si hubiéramos puesto en modo avión nuestro cuerpo. Nos hemos acostumbrado a dormir mal, a tener dolores de cabeza, a estar inflamados.... Y a que nuestros niños estén encadenando virus tras virus. Vivimos con ello como si fuera lo normal. Que algo sea habitual no lo convierte en algo natural. Es como si nos hubiéramos habituado a caminar con una piedra dentro del zapato.

La mayor parte del tiempo no somos conscientes de cómo estamos..., no entendemos la información que nos ofrece nuestro propio cuerpo, el para qué de las emociones. Prueba de ello es la pregunta más manida de la historia: ¿cómo estás? ¿Cuántas veces respondemos con honestidad a esta cuestión evitando el «Bien», «Tirando» o «No me puedo quejar»?

A pesar de vivir amontonados en pueblos y ciudades, hemos perdido el vecindario. El aislamiento social es el mayor en la historia de la humanidad. A nivel mundial, el estudio de Gallup y Meta sobre el estado global de las conexiones sociales arroja un alarmante porcentaje de jóvenes que experimenta un alto nivel de soledad. El 25 por ciento de jóvenes de entre 15 y 18 años afirma sentirse «bastante solo», el dato aumenta ligeramente al 27 por ciento entre los jóvenes de 19 a 29 años..., pero curiosamente el porcentaje desciende al 17 por ciento en los mayores de 65 años.

Hemos aparcado lo sagrado de nuestra sociedad, en nuestro día a día no hay tiempo para conectar con algo más profundo, con lo sobrenatural. Apagamos los circuitos cerebrales asociados con la fe, y con ello, apagamos algunos comportamientos humanistas. Investigaciones de la Johns Hopkins University y de la Northwestern University, entre otras, sugieren que las redes neurológicas que sustentan las representaciones de Dios amplifican las respuestas empáticas en el cerebro humano, y las creencias espirituales evocan respuestas prosociales y comportamientos altruistas.[21]

Nos hemos alejado de la tierra, del cielo, del cuerpo, de los demás, del alma..., de nosotros mismos. Si echamos la vista atrás y analizamos cómo ha sido la evolución humana, encontramos una pauta común y no tan evidente que acompaña este aparente progreso: la desconexión progresiva con lo esencial.

Y poco a poco vamos delegando nuestras capacidades cognitivas a la IA, que siendo un apoyo maravilloso, puede resultar a la vez terrorífico: ¿acaso estamos desconectando poco a poco nuestra mente?

De todos estos procesos de desconexión que desintegran a la persona en trocitos, el más paradójico es el que estamos viviendo en los últimos años, que dibuja un perfil de sociedad desconcertante. Mayores y niños cabizbajos con las manos ocupadas sosteniendo el móvil. O aceras con carriles exclusivos para gente que va usando el móvil, como sucede en China, para aquellas personas que caminan sin despegar la cabeza del teléfono.

La paradoja en realidad es una mentira. A estar constantemente disponibles a través de dispositivos y redes de comunicación lo llamamos *conectarnos*, cuando lo que sucede es precisamente lo contrario. Cada vez que nos conectamos a un dispositivo, nos desconectamos del mundo..., y a partir de un punto, nos desconectamos de nosotros mismos. Estamos confundiendo los términos. El lenguaje es poderoso. Cada palabra cuenta. Las palabras describen la realidad y condicionan nuestras emociones, nuestras acciones. Lo que vivimos hoy en día es una profunda desconexión humana. Una hiperdesconexión.

Según los datos globales del informe anual sobre redes sociales y tendencias digitales de Global Web Index, Digital 2025, los usuarios de internet pasan una media de dos horas y veinte minutos al día conectados a plataformas sociales. Las tendencias varían bastante entre los países. Canadá reporta el mayor uso diario, con un promedio de 3 horas y 54 minutos en redes sociales. España está muy cerca, con 3 horas y 53 minutos.

La verdad es que es mucho tiempo el gastado o invertido en conexión digital. Me pregunto: ¿qué hacíamos antes con todo ese tiempo? ¿Sería ese el tiempo que nos falta para ir menos con la lengua fuera? ¿O tal vez el tiempo que teníamos para conectar de verdad con otras personas? ¿Es el tiempo de sueño que nos falta? Cada uno sabrá, el caso es que ¡es mucho tiempo! ¿No crees?

Características de la hiperdesconexión. *Brain rot*

Juan se despertó sobresaltado a las 7.45 no por su alarma, sino por la vibración de su reloj inteligente. Su primera reacción fue de pánico absoluto: había tenido un sueño recurrente en el que nunca llegaba donde tenía que llegar. Estaba aturdido, con la misma angustia que si hubiera perdido un órgano vital. Había dormido apenas cuatro horas después de una maratoniana sesión viendo vídeos de gatos que tocan el piano —una inversión de tiempo que considera absolutamente necesaria para su *equilibrio mental*—.

A tientas, buscó su smartphone en la mesita de noche. «Buenos días, único objeto que me entiende», murmuró abrazando su teléfono como si fuera un osito de peluche.

Mientras desayunaba —si se puede llamar desayuno a un tanque de café con leche bebido de pie—, Juan mantenía tres conversaciones simultáneas: respondía a su colega por Slack (que había enviado mensajes a las 23.00 como si trabajara para una agencia espacial en mitad de una crisis), contestaba a su madre por WhatsApp (que le había escrito hace dos días preguntando si estaba vivo) y seguía un debate en X sobre el Barça, al que se había unido con tal pasión que cualquiera pensaría que Laporta le consultaba las alineaciones. Ninguna conversación fluía naturalmente; todas ocurrían en diferido, con respuestas espaciadas por horas o días, creando diálogos que parecían más bien un partido de tenis en cámara lenta.

A las 9.00 tenía una reunión «crucial» por Zoom. Juan activó su cámara mostrando una versión profesional de sí mismo de cintura para arriba, mientras que de cintura para abajo..., mejor no hablamos. Durante la reunión su atención saltaba abriendo y cerrando pestañas con la coordinación de un gato persiguiendo un puntero láser, respondía correos electrónicos «urgentes» y ocasionalmente volvía a la reunión cuando oía su nombre, poniendo esa cara de concentración intensa que había perfeccionado y que quería decir «Estoy totalmente presente» cuando en realidad significaba «No tengo ni idea de qué estamos hablando». Su cliente le hizo una pregunta directa y Juan soltó su ya clásico: «Perdona, ¿puedes repetir? Creo que se ha cortado un segundo», una excusa que usaba con tanta frecuencia que estaba considerando grabarla como nota de voz para ahorrar tiempo.

Para el mediodía, ya tenía un dolor de cabeza tan intenso que sospechaba que un pequeño hombrecillo con un martillo neumático se había instalado detrás de sus ojos y estaba reformando su cráneo. El tiempo había adoptado las propiedades físicas de un chicle: a veces se estiraba infinitamente y otras se contraía violentamente. A medida que iba resolviendo llamadas y videollamadas, su mente experimentaba lo que podríamos llamar el *síndrome de la mente confeti*: sus pensamientos se habían fragmentado en tantos pedacitos coloridos que estaban celebrando su propio carnaval dentro de su cabeza.

A las 21.30 su pareja le propuso ver una película juntos. Juan aceptó entusiasmado, como si fuera la mejor idea del siglo, pero durante toda la película no soltó su teléfono de la mano, revisando notificaciones y respondiendo mensajes. Para él, «ver una película» suponía «tener una película de fondo mientras hago otras quince cosas». Cuando su pareja le preguntó qué le había parecido el final, Juan se quedó paralizado como un ciervo ante los faros de un coche. No solo no podía recordar el final, sino que habría jurado que estaban viendo una comedia, cuando en realidad era un drama sobre el Holocausto.

—Impactante. Absolutamente conmovedora —respondió con una

seriedad estudiada, mientras discretamente buscaba en Google la sinopsis para enterarse del final.

Antes de irse a la cama, Juan notó que su humor había fluctuado dramáticamente durante el día: irritación apocalíptica por un correo electrónico pasivo-agresivo, euforia momentánea digna de ganar la lotería por haber conseguido un cliente nuevo, ansiedad paralizante porque todavía no había hecho sus facturas mensuales (algo que para un autónomo es tan urgente como salir de un edificio en llamas) y una extraña apatía general que parecía envolverlo todo como una niebla.

A las 23.30, exhausto, Juan se metió en la cama con la firme intención de dormirse inmediatamente. «Solo voy a poner la alarma y ya está», se prometió con la misma determinación con la que los políticos juran que no subirán los impuestos. Inevitablemente, comenzó a navegar por sus redes sociales «solo unos minutos» (la mentira más grande desde «Solo una patata frita más»).

Cuando finalmente miró el reloj, era la 1.15 y había llegado a esa extraña parte de YouTube donde la gente construye refugios subterráneos con palos y barro, y estaba considerando seriamente empezar uno en casa.

—Mañana me acostaré temprano de verdad.

Sabía que mañana volvería a despertarse cansado, perpetuando un ciclo del que cada vez le resultaba más difícil escapar.

Apagó finalmente la luz, pero no el teléfono. Nunca el teléfono. Eso sería como apagar el respirador para un paciente en cuidados intensivos. «Solo una última mirada», pensó mientras su cara era iluminada por la pantalla en la oscuridad, como si estuviera contando historias de terror en un campamento.

Interactuamos con nuestro móvil un promedio de ochenta y cinco veces al día, incluyendo momentos clave como al despertarnos, justo antes de dormir e incluso en medio de la noche si nos desvelamos.[22] Pero este fenómeno se extiende también a la mayor parte de trabajos de oficina, reunión tras reunión, sin tiempo para la preparación antes y sin tiempo para el procesamiento después, *teams, meets, zooms,* mucha reunión pero poca socialización, y entre tanta reunión, ¿cuándo trabajo?, ¿cuándo pienso?, ¿cuándo me preparo?

La hiperdesconexión es un fenómeno que describe la conectividad continua y sin límites, que en muchas personas encadena la exposición a pantallas desde el trabajo hasta el hogar, con diversos efectos en la vida personal, social y laboral. Vamos a ver a continuación cómo este entorno impacta en nosotros. Te invito a leer los siguientes párrafos, pensando en ti, si te resuena de alguna manera. ¿Te identificas con las siete características de la hiperdesconexión o tal vez no con todas, con ninguna? Me encantaría conocer tu respuesta y reflexión en redes sociales: #hiperdesconexión.

Características de la HIPERDESCONEXIÓN

1. Dependencia del dispositivo

Acceso inmediato y permanente al entretenimiento, formación, trabajo y comunicación digital. Cada vez menos personas guardan su dispositivo en el bolso o mochila, lo llevamos en la mano, en el bolsillo o colgado al cuello. Nuestros recientes patrones de comportamiento nos llevan a la ansiedad por separación de nuestro dispositivo: el 91 por ciento de los usuarios nunca sale de casa sin su teléfono.[23] Y todavía más impactante resulta el 46 por ciento de los usuarios que afirman que no pueden vivir sin su dispositivo.[24]

La hiperdesconexión permite un contacto continuo y una disponibilidad constante de estímulos, que da lugar a la expectativa de respuesta inmediata. Esto genera un ciclo de recompensas similar al que sucede en las adicciones.[25] También tiene consecuencias nefastas para nuestro bienestar, se diluyen totalmente los límites entre la vida personal y profesional.

Si crees que esto no tiene nada que ver contigo y que puedes controlarlo, piensa si eres capaz de esperar a preguntar a Siri, a Google, a ChatGPT o a DeepSeek en el momento en el que te surge una duda. Estar constantemente conectado puede llevar a la dependencia de dispositivos y plataformas, y esto afecta tanto a la salud mental como a la capacidad de concentrarse y realizar tareas sin interrupciones. Este aspecto está vinculado a términos como *nomofobia* ('miedo a estar sin el teléfono').

Lo sé, es difícil reconocer que uno es dependiente del dispositivo. Nos justificamos con frases como: es que lo necesito tener cerca por trabajo, por si pasa algo, es por mis hijos, que han salido y así estoy pendiente por si llaman... Si sigues pensando que esto no va contigo y que no eres dependiente de tu móvil, aquí va una pregunta de oro: ¿tu dispositivo te acompaña al aseo cuando sabes que vas a pasar un buen rato allí sentado?

2. Pérdida de la noción del tiempo

El *scroll* infinito es ese constante movimiento de información que no tiene punto final y que distorsiona nuestra memoria del tiempo invertido. En el mundo físico, las actividades suelen tener un principio y un final claros, como cuando lees un libro o ves una película. El *scroll* infinito elimina estos límites por completo, haciendo que perdamos la noción del tiempo que hemos empleado. Por otra parte, en el mundo real existen algunos puntos de parada, como el final de la página de un libro o un capítulo en una serie de televisión, que nos ayudan a decidir cuándo detenernos. La ausencia de estos puntos de referencia dificulta que tomemos una decisión consciente a la hora de dejar de usar una plataforma.[26]

Me recuerda mucho a lo que sucede en los casinos y casas de apuestas, donde la falta de relojes y la iluminación controlada y sin luz natural eliminan esas referencias temporales para que te desubiques y sigas apostando.

Esta sensación de pérdida de control es uno de los factores más estresantes para nuestra mente. La falta de atención y la repetición de contenidos contribuyen a la percepción de que el tiempo vuela. Este comportamiento afecta en la gestión de nuestro tiempo, ya que la sensación tiene un poso importante en nosotros y se prolonga en el tiempo acompañándonos al mundo real. Todo este fenómeno nos genera sensaciones de malestar y culpabilidad. ¿Cómo te sientes cuando te das cuenta del tiempo que has pasado *scrolleando*?[27]

Por otra parte, el *scroll* infinito está diseñado para mantenernos enganchados a través de un flujo de contenido nuevo y variado que es constante e interminable.[28] Este diseño se basa en las recompensas variables, donde no sabemos exactamente cuándo aparecerá algo altamente interesante o gratificante, y esto nos mantiene con una expectativa constante, porque sabemos que en algún momento llegará esa sorpresa positiva. Es el mismo mecanismo de **refuerzo variable** que hace que las máquinas tragaperras sean altamente adictivas. Este fenómeno ha sido estudiado en neurociencia y psicología del comportamiento, que han mostrado cómo los sistemas de recompensa intermitente pueden reforzar compulsivamente ciertos comportamientos. Ambos mecanismos explotan el sistema dopaminérgico del cerebro, específicamente la vía **mesolímbica**, que está relacionada con la expectativa y la obtención de recompensas. Las máquinas tragaperras operan bajo un **programa de refuerzo de razón variable**, donde las recompensas (dinero, luces, sonidos) aparecen de forma impredecible. Este tipo de refuerzo es el más adictivo porque mantiene la expectativa constante y refuerza el comportamiento incluso cuando la recompensa no llega.[29]

Pero no lo reduzcamos exclusivamente al *scrolling*; la cultura del «siempre disponible» también amplifica esta sensación de falta de control y conciencia sobre el paso del tiempo e impide la recuperación cognitiva, agotándonos.

3. Conversación en diferido

La hiperdesconexión ha modificado las relaciones interpersonales, donde las interacciones en línea a menudo complementan o incluso reemplazan las interacciones cara a cara. Nos hemos acostumbrado a hablar por audio de WhatsApp, incluso en tiempo real. Podemos dejar una conversación a medias y volver a ella minutos, horas o días más tarde…, o incluso no contestar. Hacer una llamada en tiempo real puede resultar invasivo. También somos capaces de acelerar la velocidad de los audios distorsionando la voz de nuestros amigos para no perder nuestro valioso tiempo.

Muchas de nuestras interacciones son virtuales y poco

profundas. Nos perdemos muchísima información perceptiva que sucede en lo social, dejamos de recibir información olfativa, visual... sobre la otra persona, que enriquece nuestras conversaciones y nos involucra más con nuestro interlocutor. Esto puede fomentar el aislamiento social por la no presencialidad y a la vez incrementar nuestros niveles de estrés debido a la constante expectativa de interacción. ¿Qué te sucede cuando alguien no responde un mensaje o tarda un tiempo en hacerlo? Por otra parte, dejar sin contestar al momento este tipo de mensajes genera en nosotros una deuda pendiente. Es una tarea que no se ha completado y que contribuye a esa sensación de malestar por tener muchas cosas abiertas sin completar.

4. Atención fragmentada

Al operar en un entorno sobrecargado de información, se produce un desajuste entre la cantidad de datos ambientales y la capacidad de nuestro cerebro para procesarlos. Todo esto nos lleva a la incapacidad para concentrarnos en una única tarea de manera sostenida, por la necesidad de cambiar de foco constantemente. Es un efecto directo del uso excesivo de dispositivos y múltiples fuentes de información.

La hiperdesconexión fragmenta nuestra mente; varios estudios longitudinales señalan una disminución en la capacidad de atención sostenida en las personas con un dilatado uso de dispositivos.[30]

Por otra parte, la multitarea digital genera residuos atencionales, donde los fragmentos de la tarea previa interfieren con la tarea nueva, afectando a nuestra cognición.[31] Notificaciones frecuentes, multitarea, sobrecarga de información sin jerarquía y ciclo de gratificación instantánea hacen que la dopamina liberada por las interacciones digitales nos vuelva adictos al cambio constante de estímulo. En definitiva, la mente inconscientemente dedica recursos a monitorear la posibilidad de recibir notificaciones, lo que afecta la atención y la memoria operativa. Esto es particularmente preocupante en entornos educativos o profesionales, donde se requiere concentración sostenida.

El impacto del móvil en nuestra capacidad cognitiva es tan fuerte que incluso la mera presencia del dispositivo encima de una mesa, aunque no esté en uso o incluso se encuentre apagado en nuestro bolsillo o en el bolso, reduce nuestra capacidad atencional disponible, se debilitan nuestras habilidades cognitivas. Tener el móvil delante, incluso aunque esté boca abajo, es como tener a alguien llamándote todo el rato por tu nombre. La verdad, este fenómeno resulta increíble, estar cerca del teléfono móvil es una tentación tan grande que a la mínima lo enciendes, es como dejar una botella de alcohol en tu mesa cuando eres alcohólico. Pues en esta tesitura, tienes muchas probabilidades de caer y darle un trago o unos cuantos... Esto es debido a que la prioridad de un estímulo (su capacidad para captar nuestra atención) está determinada por dos factores principalmente: la prominencia física (características perceptivas como ubicación, forma, color, movimiento, etcétera) y la relevancia para nuestros objetivos, determinada por la importancia del estímulo para la tarea (modulada por experiencias previas, expectativas, gratificación, etcétera); esto nos permite la focalización voluntaria. Realmente, que la mera presencia de un objeto altere nuestra atención se debe a que se ha convertido en algo importantísimo para nosotros.[32]

La mera presencia de un teléfono inteligente merma nuestra capacidad cognitiva

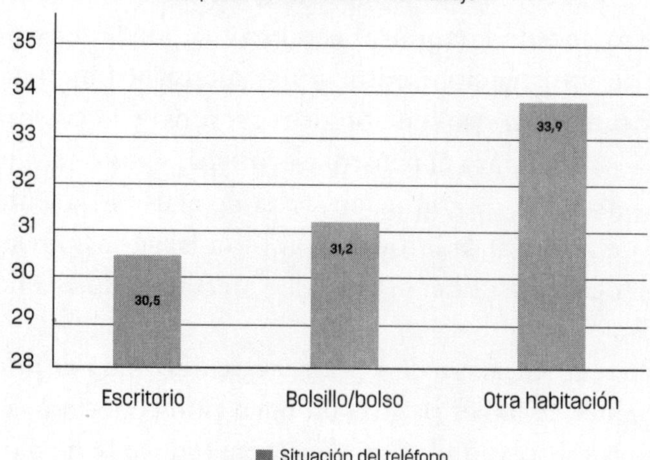

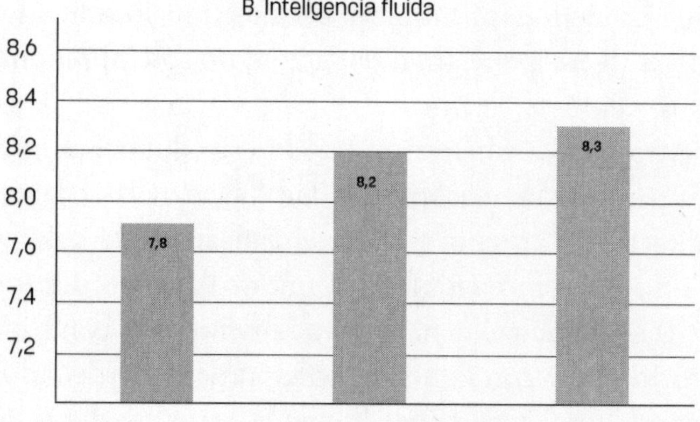

Fuente: Ward, Duke, Gneezy y Bos, 2017.

5. Fatiga cognitiva (y física)

Me refiero al cansancio y la neblina mental (en inglés, *brain fog*). Esto sucede cuando el cerebro no puede más por un exceso de información; entonces se altera la funcionalidad del hipocampo (consolidación de recuerdos) y la corteza prefrontal (esencial para el control ejecutivo), y todo esto provoca una sensación de confusión, falta de claridad y lentitud a la hora de procesar la información. A la larga se convierte en un cansancio constante, apatía, que afectan incluso a nuestra memoria.

¿Tienes la sensación de no haber retenido nada de información después de haber pasado un buen rato conectado a redes sociale?ba sobreestimulación constante reduce la memoria de trabajo y dificulta la toma de decisiones.[33] En definitiva, saturamos a nuestro cerebro con datos irrelevantes, nos estresamos con una falsa necesidad de tener que estar siempre disponibles; además, el sedentarismo que provoca estar atendiendo a un dispositivo afecta a nuestra circulación, no solo al rendimiento de nuestro cerebro.

Por otra parte, sabemos que toda esta dinámica interfiere negativamente en la neuroplasticidad (la capacidad del cerebro para adaptarse y aprender). Pero el cansancio no solo es cognitivo, sino que también afecta a nuestro cuerpo. En torno al año 2010 se comenzó a hablar vagamente del «síndrome visual informático» con la normalización de los ordenadores en el entorno laboral y personal,[34] y en la actualidad este síndrome está a la orden del día: síntomas vinculados con la fatiga visual, sequedad ocular, visión borrosa, dolor de cabeza, cuello y hombros. Este síndrome afecta a cerca del 90 por ciento de las personas que pasan más de tres horas al día frente a un dispositivo. Y si hablamos del uso prolongado del móvil, que hace que vayamos con la cabeza agachada, comúnmente conocido como *text neck* o «cuello de texto», podemos referir tensión cervical. Inclinar la cabeza 60 grados puede ejercer una fuerza equivalente nada menos que a 27 kilogramos sobre nuestro cuello.[35]

También sabemos que esta postura de cabeza agachada comprime el diafragma y reduce nuestra capacidad pulmonar, lo que puede llevarnos a una respiración superficial y una menor oxigenación incrementando aún más nuestros niveles de cansancio.[36]

6. Cambio en patrones emocionales

Con especial atención a dos estados emocionales: la apatía y la irritabilidad. La apatía o embotamiento hedónico, entendida como una falta de interés en el mundo real y una respuesta emocional limitada con menor expresividad, aflora entre otras cosas cuando el sistema dopaminérgico se desregula por una liberación frecuente de dopamina en el núcleo accumbens. Esto reduce paradójicamente nuestra capacidad de sentir placer en las actividades cotidianas. Se ha demostrado también cómo impacta en el circuito mesolímbico, que se traduce en una menor motivación para las actividades offline como socializar o estudiar.[37]

Con respecto a la irritabilidad, evidenciada por una hipersensibilidad y menor tolerancia a la frustración, sabemos que hay una correlación entre el uso de redes sociales, con una disminución en la conectividad de la corteza prefrontal, y el sistema de recompensa, provocando una menor capacidad de autorregulación emocional. El *doomscrolling,* que es el hábito de pasar tiempo desplazándose por redes o webs en las que consumir contenido negativo, catastrófico, conflictos..., constituye una exposición constante a contenido de alta carga emocional, que aumenta la reactividad de la amígdala ante estímulos negativos e incrementa la reactividad emocional y la percepción de amenaza constante.[38] Por otra parte, la reducción de la actividad de la corteza prefrontal ventromedial, que es la encargada de regular nuestras respuestas impulsivas, favorece las explosiones de ira y aumenta la agresividad.[39] Esto explica las rabietas de muchos niños o jóvenes cuando sus padres les retiran los dispositivos.

7. Alteración del sueño

Nuestro cuerpo responde a un **ritmo circadiano** de aproximadamente veinticuatro horas, que está regulado por la luz natural. La luz azul emitida por pantallas a las que nos exponemos habitualmente tiene una longitud de onda de **450-490 nanómetros**, que es especialmente efectiva para activar las **células ganglionares de la retina que son fotosensibles.**[40] Estas células envían señales al **núcleo supraquiasmático** del hipotálamo, el reloj biológico central del cerebro, que **inhibe la producción de melatonina y retrasa la sensación de sueño.**[41] La exposición a la luz azul antes de dormir **suprime la melatonina en un 55 por ciento**, en comparación con la exposición a la luz tenue.

Los dispositivos que utilizamos emiten un tipo de luz de alta energía que engaña al cerebro al simular la luz natural del día. Nuestro cerebro se confunde pensando que estamos en pleno día y, como hemos visto, cambia los patrones hormonales, retrasando la sensación de sueño incluso en más de una hora y reduciendo también la eficiencia del sueño profundo.[42] En conclusión, este fenómeno altera nuestro ritmo circadiano, lo que no solo afecta la cantidad de horas dormidas, sino también la calidad y la estructura del sueño.

Además, la fragmentación del sueño, originada por la reducción del sueño profundo o por despertares frecuentes, tiene efectos negativos en la acumulación de adenosina, una molécula clave en la regulación de la somnolencia diurna y el mantenimiento de la energía de nuestro cerebro; esto podría explicar por qué bostezamos tantas veces a lo largo del día y nos sentimos tan cansados.[43]

Durante la vigilia, los niveles de adenosina deberían aumentar progresivamente y así es como vamos llegando a final del día cada vez más cansados y con necesidad de dormir. Por la noche, durante el sueño profundo, la adenosina se elimina para restaurar nuestra energía. Cuando hay problemas en el sueño, la adenosina no se metaboliza de manera eficiente y aumenta la somnolencia diurna y la sensación de cansancio al despertar y durante el día.[44]

Por otra parte, este tipo de alteraciones del sueño y la disrupción crónica del ritmo circadiano pueden llevarnos a desequilibrios metabólicos (aumento del riesgo de obesidad y diabetes), complicaciones en el sistema inmunológico y un mayor riesgo de enfermedades cardiovasculares, por no hablar del impacto que pueden llegar a tener en nuestra salud mental.

Todas estas características hablan de que estamos perdiendo capacidades. Por primera vez en la historia se habla sobre el deterioro cerebral colectivo; los investigadores lo llaman *la reversión del efecto Flynn*. Durante casi todo el siglo XX, cada generación era más inteligente que la anterior, con aumentos constantes en las puntuaciones de cociente intelectual. Este fenómeno fue documentado por el psicólogo James Flynn. Sin embargo, estudios recientes publicados en revistas como *PNAS* e *Intelligence* muestran que esta tendencia se ha invertido. En países como Noruega, Francia, Dinamarca y Reino Unido, los jóvenes están obteniendo resultados inferiores a los de sus padres en pruebas cognitivas. Mientras los investigadores debaten las causas, parece que coinciden tres factores cruciales:

nuestra relación con la tecnología digital, la alimentación y los cambios en los métodos educativos. Los cerebros formados en la era del desplazamiento infinito o *scrolling*, las notificaciones constantes y la atención fragmentada están contribuyendo a la pérdida de capacidades que generaciones anteriores desarrollaron a través de la lectura profunda, la concentración sostenida y el aburrimiento creativo. Estamos presenciando, quizá, el primer caso de involución cognitiva autoinfligida de nuestra especie.

Todo este movimiento involutivo puede recogerse bajo el paraguas del concepto *brain rot* (traducido como «podredumbre o empobrecimiento cerebral»), un fenómeno donde nuestras mentes saturadas comienzan a perder facultades que antes dábamos por sentadas. Es la erosión silenciosa de nuestras capacidades cognitivas.

Este *brain rot* no es una enfermedad clínica catalogada, sin embargo ha sido la palabra del año 2024 según la Universidad de Oxford. ¿Será verdad que nuestros cerebros se están pudriendo?

SEGUNDA PARTE

CEREBRO HIPERDESCONECTADO

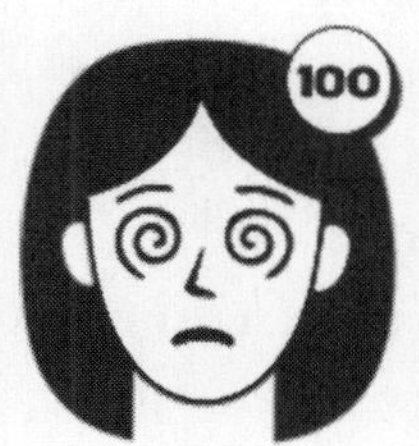

5
Mente fragmentada: el colapso de la atención

Sintoniza tu atención

Como bien dice Gregorio Luri, «la atención es el nuevo cociente intelectual» y va a determinar la capacidad de una persona para moverse de manera inteligente en la sociedad de la información. Y yo me atrevo a añadir que la falta de atención es falta de presencia, de vida, nos hace menos humanos y nos desconecta de los demás.

La atención es un recurso muy codiciado en la actualidad, en este mundo SISISI, altamente distraído y que busca inmediatez en todo. Gestionar la atención se ha convertido en algo difícil y retador. La cantidad de información que puede procesar a la vez de forma consciente nuestra mente es limitada. Para eso precisamente existe la atención, para regular la entrada de información en el espacio mental de trabajo. Un espacio en el que aprendemos y tomamos decisiones en función de nuestros objetivos, y si no tenemos objetivos, en función de nuestras intenciones…, porque siempre hay intencionalidad.

El bombardeo de estímulos (visuales, olfativos, auditivos...) a los que nos enfrentamos necesita de una buena selección por nuestra parte. ¡No podemos prestar atención a todo! Aunque tenemos órganos sensoriales especializados en la recepción (sensación) y en la interpretación (percepción), el agente primordial para ordenar todos esos estímulos es la atención. Pero curiosamente, si no eres capaz de manejar tu atención, esta no cumplirá su función de filtraje, y será como un embudo por el que entrará información sin ningún tipo de criterio. Hasta que te empaches. Por eso debes tomar las riendas.

Para lograrlo, la actitud fundamental consiste en que te centres en gestionar tus recursos y capacidad de atención para ajustarlos adecuadamente a tus necesidades personales y a los requisitos de la tarea que vas a emprender. Piensa que la atención no es independiente de lo que te sucede, sino todo lo contrario. Podríamos decir que funciona como una consecuencia de nosotros mismos.

Existen muchos datos publicados sobre nuestra capacidad atencional, sobre el tiempo y las formas en que somos capaces de mantenerla..., y en numerosas ocasiones encontramos alguna *neurotontería* al respecto. Para medir la actuación de la atención, necesitamos tener en cuenta muchísimas variables, como la dificultad de la tarea, la motivación de la persona, su estado anímico, sus preocupaciones, el hambre y cansancio, el momento del día, cómo ha dormido la noche anterior, las interrupciones, la iluminación y si tiene un interlocutor al que prestar atención.

Por ejemplo, la doctora Gloria Mark, que investiga los campos de la atención, la multitarea y la interacción entre la tecnología y la mente humana, observó en 2004 que las personas en su entorno de trabajo tardaban unos tres minutos de media en cambiar de tarea. Lo curioso es que cuando aparecía un ordenador, el cambio de atención de una tarea a otra se reducía un poquito, hasta los dos minutos y medio. Y lo realmente significativo es que en 2021, donde además del ordenador también tenían el móvil, este intervalo atencional se redujo a 47 segundos.[45] Me resulta asombrosa la drástica reducción del tiempo que ha habido en diecisiete años.

No debemos obsesionarnos con estos datos que tratan de reducir el fenómeno de la atención a su duración, es un criterio demasiado simplista. Pueden servirnos de orientación para saber que algo nos está sucediendo ante la presencia de los dispositivos, pero esto no puede eximirnos de responsabilidad sobre nuestra propia atención. El funcionamiento de tu atención va a depender de cómo te relaciones con ella, así que no le pongas límites ni excusas a tu capacidad atencional y atrévete a liderarla. Podemos estar horas en una conversación apasionante con amigos, jugando a videojuegos con colegas manteniendo la atención o viendo series sin parar... Capacidad atencional tenemos, otra cosa es que la lideremos.

Claro, si no eres capaz de liderar tu propia atención, estarás a merced de lo que el mundo quiera que atiendas, y así vivirás a bandazos. Si no dominamos nuestra atención, otros lo harán. Obvio.

Pero esto no es porque el mundo invada nuestro cerebro. No es porque estemos sobreestimulados. No es porque el exceso de información nos sobrecargue. No somos esclavos del contexto. No. Creemos que el mundo invade nuestro cerebro, pero no es así.

Hay un espacio de libertad. Pequeño, pero es un espacio. Como seres humanos tenemos la capacidad de ejercer control cognitivo, y si lo entrenamos, tendremos una mayor capacidad de autorregularnos a ese nivel. Pero no es magia, es gimnasia, como diría mi querida Elsa Punset.

Aquí nos topamos con una creencia de base muy profunda:

«No puedo hacer nada, yo soy así» (así de despistado, así de desastre, así de hiperactivo, es que tengo TDA, etcétera). ¡Cómo nos gusta etiquetarnos! O si no, utilizamos las etiquetas con las que definimos el mundo, como una excusa para no responsabilizarnos de nuestro protagonismo: «El mundo es así», así de SISISI, así de VUCA (volátil, incierto, complejo, ambiguo), así de BANI (frágil, ansioso, no lineal, incomprensible).

La atención tiene una doble vía de acceso que está formada por redes neuronales que son como carreteras de entrada y salida. Pues bien, nuestras creencias sostenidas en el tiempo pueden determinar cuán fuertes o débiles estarán estas redes neuronales:

- **La vía de arriba abajo: donde yo lidero mi atención.** Si mi creencia es que no puedo liderar mi atención porque no soy capaz, esta vía se debilita cada vez más, ya que no la ejercemos, llegando incluso a entrar en desuso.
- **La vía de abajo arriba: donde el mundo trata de secuestrar mi atención.** Si mi creencia es que el mundo es así y no puedo hacer nada al respecto, este circuito se fortalecerá y ganará la batalla, porque siempre llamará mi atención todo lo que sea sorpresivo, y me dejaré llevar.

La atención es caprichosa: le encanta encontrar huecos por los que escaparse o esconderse, y a veces es muy difícil encontrarla. En lo que se refiere al cerebro, a mayor esfuerzo consciente, menor resultado inconsciente. Sabemos que la atención es una consecuencia y que funciona como si fuera un recurso inconsciente, es decir, que no podemos forzarla, solo podemos inducirla. ¿Cómo? Generando un contexto propicio, que fomente la presencia y evite las excesivas distracciones que nos van a hacer deformar la realidad.

La atención, además, sigue una especie de estructura psicológica, podríamos decir que tiene su propia personalidad. Está condicionada por todo lo que hemos aprendido antes, por nuestra motivación, nuestras expectativas y nuestras propias creencias sobre ella. Ser consciente de estos aspectos es el primer paso para comenzar a sintonizar con nuestra atención cada vez que nos vayamos a enfrentar con una nueva tarea.

En definitiva, eres libre de elegir en cada momento dónde pones tu atención. Eres capaz de darte cuenta de que, en un momento determinado, estás distraído. No eres esclavo de tu contexto. No caigas en esa trampa de pensar que no puedes hacer nada al respecto. Puedes prepararte antes de cualquier tarea importante o conversación, para inducir tu atención, haciéndote alguna pregunta que despierte tu curiosidad consciente:

- ¿Qué sé del tema?
- ¿Por qué me interesa o puede resultarme interesante?
- ¿Qué me gustaría descubrir?

Cuando haces este tipo de aproximación a un tema con el que vas a trabajar, tu cerebro ya se pone en funcionamiento y se despiertan las ganas por satisfacer eso que quieres descubrir (cumplir tus propias expectativas).

El ritmo secreto del cerebro

La atención continua es una ilusión, la atención es fluida, es como una danza que va y viene. Al contrario de lo que pueda parecer, la atención es intermitente. Investigadores de las universidades de Princeton y de San Francisco en Berkeley han comprobado en dos estudios publicados en *Neuron* en 2018 que la atención oscila, activándose y desactivándose cuatro veces por segundo:[46] cada 250 milisegundos nuestra percepción oscila entre la concentración máxima y una consciencia situacional más amplia. Alternamos entre lo que tenemos delante y todo lo que lo rodea. Pero no somos conscientes de este desconcertante fenómeno, y lo que hace nuestro cerebro, para dar sentido a todo, es fusionar todas nuestras percepciones en una especie de película coherente, aunque la atención esté oscilando.

EJERCICIO DE ATENCIÓN

Estira tu mano frente a ti y levanta el dedo índice señalando hacia arriba. Colócalo justo en tu línea de visión, como un centinela solitario en el horizonte de tu percepción.

Ahora concentra toda tu atención a través de tus ojos y fíjate exclusivamente en el dedo índice. Míralo con la misma intensidad con la que un científico examinaría un espécimen fascinante. Abandona momentáneamente la conciencia de todo lo que existe alrededor. Detente en cada uno de sus detalles: observa su tamaño exacto, los matices de su coloración (esos tonos rosados que se intensifican en la yema y palidecen cerca de los nudillos), examina su forma particular (las curvaturas suaves o pronunciadas de las articulaciones), detecta si hay alguna imperfección (pequeñas cicatrices que cuentan historias silenciosas, líneas expresivas que hablan de tu vida).

Continúa explorando: ¿está la uña perfectamente limpia o muestra signos del trabajo diario? ¿Brilla la superficie de la piel o tiene un aspecto mate? ¿Puedes distinguir las líneas únicas de tus huellas dactilares, ese código personal que te identifica?

Si quisieras, podrías incluso incorporar otros sentidos a este juego de percepción. Acercarlo y percibir su aroma particular, o sentir su textura. Pero vamos a mantenernos en el reino visual para conservar la simplicidad del ejercicio.

Ahora viene el momento de la transformación. Vamos a ejecutar un cambio sutil pero profundo en tu percepción, como quien ajusta el enfoque de una cámara fotográfica. En lugar de concentrarte en el dedo y sus minuciosos detalles, amplía tu conciencia visual hacia todo lo que rodea al dedo..., pero —y esto es crucial— sin desviar tu mirada de él.

Mantén tu visión anclada en ese punto central que es tu índice, pero permite que tu percepción se expanda como ondas en un estanque. Comienza a registrar el fondo que envuelve a tu dedo: ¿qué objetos o paisajes se despliegan detrás? ¿Qué elementos flanquean sus lados, como actores secundarios en esta escena? ¿Qué descansa por encima, quizá el techo de una habitación?

El dedo sigue presente en tu visión, pero ahora es apenas un punto de referencia, un ancla. Tu verdadera atención ha viajado hacia el contexto, hacia el lienzo completo donde antes solo veías una pincelada.

Y así es exactamente como fluye nuestra atención en la vida cotidiana: no como un río constante, sino como un bailarín que salta de un punto a otro, alternando entre el detalle minucioso y la panorámica general, entre el árbol y el bosque, entre la nota individual y la sinfonía completa.

¿Por qué hacemos esto? ¿Acaso tiene alguna ventaja evolutiva? Los científicos sugieren que probablemente este fenómeno impida que nos concentremos en algo tanto tanto tanto como para que una amenaza nos pueda pillar por sorpresa y sea demasiado tarde. Tener estas ventanas de oportunidad donde compruebas cómo está tu entorno o contexto es una ventaja evolutiva. El problema es que hoy en día, en nuestros ámbitos de trabajo o educativos, no tenemos grandes amenazas que hagan peligrar nuestra vida, como sí ocurría con nuestros antepasados, que con su capacidad de respuesta se jugaban la vida. Robert Knight, uno de los autores de este estudio, señala que es una forma muy elegante de distribuir los recursos del cerebro para rastrear el medio y no tener pausas.

El ritmo de ese proceso lo marcan las ondas cerebrales theta de la red frontoparietal. Estas ondas son oscilaciones en la actividad de las neuronas que abarcan un intervalo de 3 a 8 hercios; hasta ahora se relacionaban sobre todo con la somnolencia y las fases menos profundas de sueño. Un estado de poca consciencia. Pero ahora sabemos que ese tipo de ondas también modulan nuestro grado de atención, ya que coordinan la actividad rítmica y cambiante de otras dos ondas cerebrales: las beta, que están en una parte del lóbulo frontal (tienen que ver con la multitarea, la acción), y las gamma del lóbulo parietal (tienen que ver con los momentos eureka, cuando conectamos puntos y somos creativos). Podríamos decir que la interacción de todas estas ondas es la responsable de guardar el equilibrio entre la supresión y el procesamiento de los estímulos del entorno. De alguna manera, la atención es un juego entre el consciente y el inconsciente, entre el encendido y el apagado, la activación y la desactivación. El problema es que no somos conscientes de esos huecos, es como si no los percibiéramos.

Pero ¿cómo logramos compaginar este constante ajetreo mental con nuestra aparentemente fluida percepción del mundo? Nuestro cerebro es un maestro ilusionista que busca incansablemente tejer coherencia entre el tumulto externo y nuestro paisaje interior. En esta búsqueda desesperada de sentido, a menudo cruzamos la frontera de lo objetivo y nos adentramos en el terreno de la invención.

Construimos realidades subjetivas que nos resultan cómodas, completamos el rompecabezas sensorial con piezas fabricadas por nuestra propia mente cuando la información es insuficiente. Nuestros sesgos cognitivos o trampas mentales actúan como artistas creativos, rellenando esos espacios en blanco con narrativas convincentes pero no necesariamente verídicas. Es un proceso tan sutil que raramente somos conscientes de cuándo estamos percibiendo y cuándo estamos creando.

Lo que consideramos una imagen nítida y continua del mundo es, en realidad, una sofisticada ilusión. Nuestra aprehensión subjetiva del universo visual no es un espejo fiel de la realidad externa, sino una interpretación elaborada por nuestro cerebro. La percepción es fundamentalmente discontinua, ocurre mediante pequeños pulsos, en breves instantáneas que nuestro cerebro posteriormente ensambla en una experiencia que parece ininterrumpida.

A través de estos fugaces momentos de atención, captamos fragmentos de realidad que luego hilamos en una narrativa coherente, creando la ilusión de un mundo estable y consistente, cuando en verdad nuestra comprensión es más parecida a un álbum de fotografías que a una película continua.

Te propongo que pongas en juego este fenómeno y lo puedas experimentar. En el siguiente enlace (<https://youtu.be/wM6lGNhPujE>) encontrarás un vídeo en el que comprobarás cómo tu atención y tu percepción te juegan una mala pasada. Percibes la realidad de manera limitada y, por tanto, para buscar coherencia, te inventas lo que ves, deformando lo que estás viendo. Es un curioso experimento conocido como *efecto de distorsión de rostros parpadeantes*: caras grotescas desde espacios relativos.[47] Tienes que ver el vídeo fijándote en la cruz o el punto del centro, y verás que cuando empiezan a cambiar las caras, tu cerebro las completa y se transformarán en rostros deformados e incluso monstruosos.

Es alucinante, ¿verdad? Pues imagínate lo que puede afectarnos el hecho de estar permanentemente conectados *scrolleando*, forzando a nuestro cerebro a reaccionar en cualquier momento, desincronizando esta danza atencional. Si un estímulo externo coincide con un momento de baja atención, es menos probable que lo procesemos adecuadamente. Además, este mecanismo que nos fuerza a reaccionar en cualquier momento puede impactar en la desincronización de estos ciclos atencionales, deteriorando el procesamiento profundo y generando fatiga por realineación constante. Por eso, no es suficiente con activar el modo oscuro en las pantallas o ponerse unas gafas con filtro; la fatiga no solo viene de la luz de las pantallas, sino de esa exigencia atencional continua.

Nuestras mentes se enfrentan a un torrente digital que exige respuestas instantáneas, decisiones rápidas y cambios constantes de enfoque. Cada notificación, cada nueva publicación, cada mensaje entrante son una pequeña interrupción en esos ciclos naturales de percepción, que obligan a nuestro cerebro a reajustarse continuamente, a abandonar su ritmo natural para sincronizarse con el implacable pulso de la vida digital.

Estos ciclos naturales de atención de enfoque y descanso han evolucionado durante milenios para permitirnos procesar nuestro entorno de manera eficiente. Sin embargo, el incesante flujo de información digital ha irrumpido en esta danza ancestral, alterando sus compases y acelerando un ritmo que nunca fue diseñado para tal velocidad.

Divagación dirigida

Cuando no hay atención dirigida, activamos la red neuronal por defecto: es la actividad espontánea del cerebro y de media permanece activa el 47 por ciento del tiempo en vigilia. ¡Guau! Durante la vigilia, el cerebro va solo: hace cosas, decide de forma rápida e inconsciente, tiene reacciones espontáneas. Es una especie de estado de ensoñación, aunque nos encontramos despiertos, en el que hay un diálogo entre pasado y futuro. Nuestra mente viaja entre ambos mundos, evitando el aquí y ahora. Como ves, empleamos mucho tiempo en pensar sobre cosas ajenas al presente. Es un estado muy difuso, por eso, cuando sales de ahí, no sabes ni en qué estabas pensando.

Cuando nos implicamos plenamente en lo que hacemos, estamos en presente y activamos nuestra atención. Es un estar vivos, viviendo. Somos conscientes de nuestros pensamientos, de nuestro cuerpo y también de lo que sucede a nuestro alrededor, focalizados en lo que hemos elegido hacer. Todos queremos estar la mayor parte del tiempo así, ¿no?

Este es el verdadero desafío, tratar de cambiar los porcentajes. ¿Por qué digo esto? Aunque pasamos aproximadamente el 47 por ciento de nuestro tiempo en modo divagación, no pasamos el 53 por ciento del tiempo restante liderando nuestros recursos atencionales, sino que vivimos en una lucha por la atención, en la que nos dejamos llevar por la cantidad de estímulos que nos rodean, sin tener plena capacidad para elegirlos. Y de alguna manera, esto también es una causa de insatisfacción. Así que el auténtico desafío sería, por un lado, aumentar el tiempo en presente y, por otro, elegir a qué prestamos atención en ese presente.

Volviendo a la actividad espontánea del cerebro, ¿por qué es tan importante identificar y plantar cara a nuestra mente divagante? Como han demostrado Matthew Killingsworth y Daniel Gilbert, de la Universidad de Harvard, una mente divagante es una mente infeliz.[48] Cuanto más tiempo permanezcas en este estado, menos percepción de felicidad tendrás. A modo de curiosidad y para que tomes nota, también demostraron que existen determinadas actividades en las que tenemos menos probabilidad de activar esta red por defecto, en las que tendemos a estar totalmente presentes, como son la práctica de deporte, una buena conversación o la actividad sexual.

«El pensamiento errático es una excelente forma de predecir la felicidad de la gente», subraya Killingsworth. Incluso podemos afirmar que la frecuencia con la que nuestras mentes abandonan el presente, y el tipo de pensamientos a los que se dirige, es uno de los factores más predictivos de aquello que nos resta energía, atención y bienestar. Pero ¿se puede divagar con sentido?

La atención necesita de presencia, la creatividad necesita de ausencia. Has leído bien: la atención necesita foco y la creatividad necesita dispersión. Por último, por si no te ha quedado claro: la atención necesita que te centres en ello y la creatividad necesita que te olvides de ello.

Muchas veces pensamos que cuando estamos trabajando, aprendiendo o incluso en una conversación con amigos, tenemos que estar atentos todo el tiempo. Nos ponemos cierta presión y nos sentimos fatal si no estamos a la altura. ¡Y no siempre es así! De un lado, ya sabemos que la atención es fluida y va oscilando inconscientemente, aunque sigamos atentos. De otro, sabemos también que la red neuronal por defecto puede entrar en juego y que nuestra mente se desconecta, en ocasiones por necesidad, y nos distraemos. Quiero decirte con esto que te quites la presión de tener que estar siempre atento para dar el cien por cien. Lo natural es que alternemos ritmos mentales entre la atención y la divagación, y que aprendamos a bailar con ellos. Podemos dirigir esta coreografía escuchándonos internamente y escuchando también a nuestro alrededor.

Por ejemplo, para ponerte en modo creativo, necesitas desconectar tu atención un ratito. Te explico por qué es así, en plan fácil fácil.

Cuando estás atento, concentrado, de alguna manera tus redes neuronales se activan de forma intensa y localizada, lo que facilita la resolución de tareas específicas, pero puede limitar el acceso a ideas más remotas o creativas. Es como si no hubiera espacio para hacer conexiones remotas, relacionar conceptos, descubrir nuevas ideas, etcétera. Cuando estás más disperso o relajado, disminuye la actividad de las redes que controlan la atención dirigida y se activa la red por defecto. Esto facilita una comunicación más fluida entre regiones cerebrales distantes, permitiendo que surjan ideas nuevas, asociaciones creativas y conexiones inesperadas.

Ahora te lo explico con un poco más de nivel: la divagación es necesaria, pero con sentido y dirección, pues si no, ya hemos visto que puede ser una fuente de infelicidad. ¿Es esto posible? ¿Podemos controlar la divagación? Sabemos que las mejores ideas surgen cuando menos las buscamos, y esto suele suceder mientras nos sentimos tranquilos, como puede ser en la ducha, el baño, caminando, conduciendo, cuando nos vamos a dormir, etcétera. Son contextos en los que de alguna manera nos desconectamos mentalmente y nos entretenemos haciendo algo que no es estresante.

La divagación dirigida activa la creatividad. Son muchas las investigaciones que dan fuerza a esta afirmación. Has oído bien. Divagar, dejar nuestra mente en libertad sin foco, potencia nuestros *insights* y «momentos ajá». Porque la mente creativa solo funciona cuando no hay presión. Esto explica por qué las mejores ideas siempre surgen cuando menos te lo esperas, o por qué es mejor dejar de pensar en aquello que tienes en la punta de la lengua para que aparezca sin presión.

Para afinar y vincular la divagación con la creatividad, podemos programar nuestro cerebro. ¿Cómo podemos hacerlo?

Lo primero es alternar periodos de presencia con periodos de divagación. Es decir, alternando la atención con la creatividad. Si para activar el modo atento, la consigna para tu cerebro es «Hagas lo que hagas, hazlo. Céntrate en ello», para activar el modo creativo, la consigna sería: «Sea lo que sea, deja de pensar en ello. Piensa o haz otra cosa».

Y lo segundo pasa por cuidar el contexto; sabemos que este estado mental se activa cuando no hay presión, cuando hacemos actividades rutinarias en las que no tenemos que esforzarnos en exceso. Las investigaciones del experto en neurociencia aplicada al liderazgo David Rock sobre los «momentos ajá» nos dan mucha información sobre cómo aumentar la probabilidad de tener estos momentos de brillantez y demuestran que se puede conseguir una mejora del 500 por ciento en la generación de ideas si se siguen unas cuantas pautas sencillas.

Una de las claves tiene que ver con realizar tareas agradables y repetitivas. Actividades que silencian el ruido de nuestro cerebro y nos permiten escuchar otro tipo de conexiones neuronales más débiles por ser nuevas, que no podemos atender mientras estamos con presión y con la atención puesta en el objetivo. Marcos Beeman, uno de los neurocientíficos que estudian los «momentos ajá», lo demostró en una de sus investigaciones publicadas en el *NeuroLeadership Journal*: «Variables que mejoren la capacidad de detectar asociaciones débiles pueden mejorar la resolución de problemas».[49]

Otra recomendación importante es potenciar la introspección o escucha interna. Si activamos la atención, desactivamos la introspección, y viceversa; son dos circuitos cerebrales que no pueden funcionar a la vez. Son literalmente incompatibles: o se está hacia fuera o se está hacia adentro. Los estudios de Beeman revelan que se detectan ondas alfa en la corteza auditiva y visual del cerebro justo antes de que alguien tenga una idea. Este tipo de ondas acontecen cuando estamos despiertos y a la vez relajados, despreocupados, no hay amenazas y los pensamientos son agradables y positivos. No hay esfuerzo. Por lo tanto, es más fácil que las ideas emerjan en este tipo de situaciones, en las que no tienes que preocuparte de lo que está sucediendo a tu alrededor y puedes centrarte en ti mismo.

También puedes perder un poco el tiempo, con un objetivo en mente, para después ganarlo. Si quieres saber más sobre esto, en mi libro *Entrena tu cerebro* dediqué un capítulo completo a la actividad de «hacer nada» para ser más creativos.[50]

La pieza final del rompecabezas es menos ruido. En el mundo de la productividad, tendemos a hacer lo que nuestro cerebro no necesita: poner presión sobre nosotros mismos o nuestros equipos y proveedores, tomar café de más, trabajar con grandes cantidades de datos o, peor aún, tormentas de ideas en grupo (el famoso *brainstorming*), lo que crea una gran cantidad de ruido mental y presión por quedar bien. Trabajar en entornos abiertos facilita la colaboración, pero generan ruido y distracciones que dificultan los «momentos ajá». Por eso es recomendable tener tiempos muertos y espacios de reflexión en los que simplemente procesamos lo que vivimos.

A modo de ejemplo y frente al clásico *brainstorming*, David Rock sugiere un enfoque alternativo:[51] definir una pregunta, después tomarse un tiempo para hacer algo interesante (repetitivo y simple) y permitir que el cerebro no consciente busque la solución por ti.

Si quieres que la gente tenga más ideas, es necesario reducir el nivel de *ruido* en sus cabezas y crear un espacio que fomente los momentos de introspección.

Las distracciones, ¿trampas o trampolines?

La atención que vas a dedicar a una tarea es predecible. Sí, sí, puedes anticipar las posibles distracciones que vas a tener porque ya te conoces, porque posees una experiencia previa en ese ámbito. Por ejemplo, si vas a entablar una conversación con una persona que juzgas poco interesante para ti, ya sabes de antemano que existen muchas probabilidades de que te distraigas cuando vayas a hablar con ella. Antes de empezar, puedes anticiparte y estimar cómo va a funcionar tu atención.

Una distracción es algo que nos aleja de lo que queremos hacer. No necesitamos el mundo exterior para distraernos, tenemos nuestro maravilloso y activo mundo interior, que ya se ocupa de ello.

Es importante diferenciar entre intradistracciones y extradistracciones. Las extradistracciones parten de un estímulo externo, es como si nos llamaran por nuestro nombre, y encienden nuestra curiosidad. Una llamada de teléfono, una notificación, alguien que pasaba por allí y se acerca a saludarte... Las distracciones internas las provocamos nosotros mismos y nos separan por un instante o una eternidad de nuestro objetivo: una tarea, una conversación, dormirnos, etcétera. Las distracciones internas son como *pop ups* cerebrales, aparecen sin que las llamemos, van a su aire. Pero... ¡cuidado! Presta atención a lo que te voy a decir. Las distracciones que provocamos nosotros mismos inconscientemente pueden actuar como una trampa o un trampolín para tu atención. Tienen muy mala prensa, pero pueden ser un tesoro. Si le pones un poquito de conciencia y tratas de entenderlas, verás que tiene sentido lo que te cuento.

A veces nos obsesionamos con estar demasiado tiempo productivos y nuestro cuerpo nos habla a través de esas sensaciones, pensamientos, esos *pop ups* que surgen de repente y que nosotros etiquetamos automáticamente como una distracción. Es como si nos molestaran, cuando muchas veces nos están diciendo en voz alta, con mayúsculas, en negrita y subrayado con fluorescente, que **¡NECESITAS ALGO!**

Normalmente ignoramos los motivos que originan una distracción interna y nos centramos en la distracción en sí, que es la consecuencia. Y ya sabemos que las consecuencias son originadas por las causas; por tanto, para cambiar necesitamos conocer su origen. Es un error centrarse en la distracción en sí. La clave es buscar qué información me está dando la distracción sobre mí mismo, sobre los motivos que me llevan a despistarme. Buscar sus causas o el desencadenante. Normalmente en el origen de la distracción hay incomodidad, entonces nos dirigimos a otra cosa para huir de ese malestar. No entender ni atender a esos desencadenantes internos puede ser contraproducente y acentuar más la necesidad de distraerse o desconectarse.

Si, por ejemplo, me distraigo entrando en redes sociales cuando me he propuesto acostarme a las once, y no cumplo con mi palabra. Además de alejarme de mi objetivo, estoy cayendo en una trampa y poniendo una tirita en mi necesidad. Si soy capaz de indagar y entender cuál es la necesidad que me lleva a abrir Instagram, puedo comprender que tal vez necesite algo de conexión auténtica, contacto, expresarme o sentirme acompañada en ese momento. Y si soy consciente de esto, puedo elegir entre más opciones: tal vez llamar a un amigo, hablar con quien esté en casa, abrazar a mi pareja.

Si eres capaz de quitar la etiqueta de distracción a tus necesidades y preguntarte cuando te pilles distraído: ¿qué necesito ahora mismo?, y si además, no te quedas ahí, sino que entras en acción para satisfacerlo, verás que puedes continuar con tu tarea o elegir otra cosa y volver a sintonizar tu atención.

Aquí puedes ver qué tipo de necesidades se esconden tras una distracción:

NECESIDADES QUE ESCONDE UNA DISTRACCIÓN

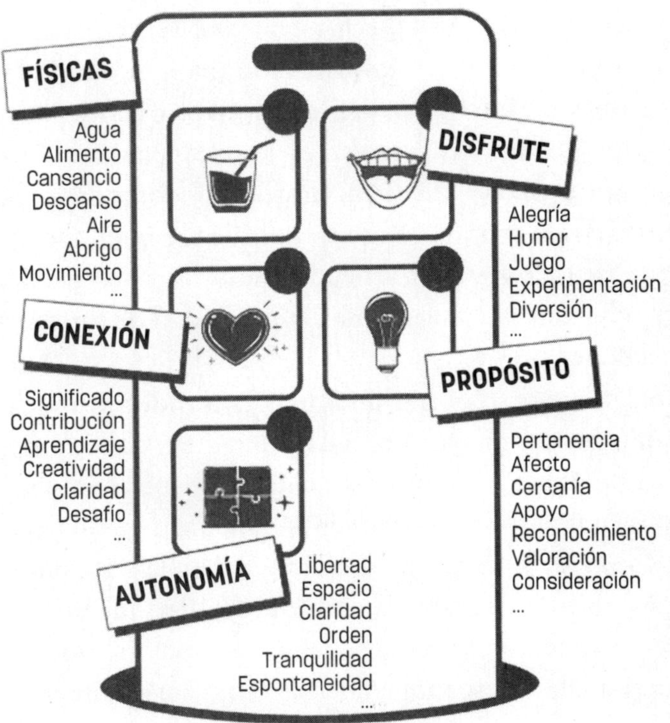

Identificar, entender y, si es posible, satisfacer esas necesidades de las que te hablan las distracciones es tratarte con respeto y dignidad. Hemos construido mundos, formas de trabajo y estilos de vida que van en contra de nuestro ser humanos. Me atrevo a afirmar que la distracción no es un fracaso, sino una fase necesaria del proceso de aprendizaje.

No podemos elegir que nuestra mente se marche de vez en cuando, tampoco podemos elegir que un estímulo potente llame nuestra atención. Peeero…, en ese preciso instante en el que nos damos cuenta de que ha sucedido, sí podemos elegir qué hacer.

Esta aproximación te permitirá transformar tus distracciones en aliadas para que después puedas volver a tu tarea y recuperar tu atención. Recuerda que las distracciones forman parte de la vida, ¡aprende a convivir con ellas!

Multitarea e hiperproductividad

Si en tu mente existe algún deseo compulsivo de aumentar tu rendimiento y productividad, tienes que tener en cuenta que estás en peligro. Cuidado. Hacer muchas cosas y estar ocupado es algo que está muy bien visto socialmente. Estar ocupado se ha convertido en un símbolo de estatus. En una respuesta habitual entre nosotros, casi como una seña de identidad. Cuando alguien nos pregunta «¿Cómo estás?», podemos llegar a contestar directamente con la cantidad de cosas que tenemos entre manos. Nos hemos identificado con ser productivos y le hemos dado un valor incalculable en nuestras vidas. Soy lo que hago, me siento en función de lo que hago... Pero déjame decirte algo: este deseo de llegar a más cosas, este enganche con la acción, genera más estrés, más ansiedad, porque en realidad es una sobreexigencia velada. Byung-Chul Han lo advierte con exquisita delicadeza en *La expulsión de lo distinto*:[52] habitamos un escenario dominado por el yo, un yo hipertrofiado, sobrecargado, fatigado de sí mismo. Un yo que no se despliega como libertad, sino como peso, donde el sujeto se convierte en su propia prisión.

Si no canalizamos adecuadamente nuestro deseo de ser hiperproductivos, en este mundo que premia la rapidez, la inmediatez y el resultado, caemos en la multitarea. La evidencia científica sugiere que los seres humanos no estamos diseñados para procesar múltiples tareas simultáneamente sin consecuencias negativas. A diferencia de los ordenadores, nuestra capacidad cognitiva se ve afectada cuando intentamos dividir nuestra atención entre varias actividades.

Quienes realizan multitarea con frecuencia presentan dificultades para filtrar información relevante, tienen menor capacidad de retención y recuperación de datos, y son más lentos al cambiar de una tarea a otra.[53] La multitarea provoca que el cerebro cambie del aprendizaje declarativo (consciente y explícito) al aprendizaje procedimental (implícito), lo que dificulta la recuperación y aplicación del conocimiento en nuevos contextos. En términos prácticos:

- **Sin multitarea.** Aprendes conceptos que puedes aplicar en diferentes contextos.
- **Con multitarea.** Desarrollas rutinas específicas que solo funcionan en condiciones similares.

Investigaciones en la Universidad de Stanford indican que la multitarea reduce la capacidad para filtrar e ignorar información irrelevante.[54] Cuando estamos en modo multitarea, experimentamos una notable disminución en nuestra capacidad para distinguir entre señal y ruido, lo que entorpece la priorización eficaz de la información. Paradójicamente, aquellos que consideran tener una gran capacidad para la multitarea suelen ser los más susceptibles a las distracciones y a procesar información irrelevante para sus objetivos.

Las consecuencias prácticas de estos fenómenos cognitivos son evidentes en diversos contextos. En el ámbito educativo, un experimento en la Academia Militar de Estados Unidos demostró que eliminar los dispositivos electrónicos de clase mejoró significativamente el rendimiento académico, ya que su uso fragmenta las tareas e invita a los alumnos a estar a varias cosas a la vez.[55]

Desde el punto de vista neurológico, la multitarea sobrecarga el córtex prefrontal, la región encargada de la concentración y la toma de decisiones. A su vez, activa el sistema de recompensa y amenaza, lo que significa que cuando percibimos una carga de trabajo excesiva, nuestra atención se centra en la evitación del estrés en lugar de en la tarea misma.

Un aspecto particularmente relevante del fenómeno de la multitarea es lo que podríamos denominar *residuos de atención*, fundamentado en el efecto Zeigarnik. Este efecto, descubierto por la psicóloga Bluma Zeigarnik en 1927, demuestra que tendemos a recordar con mayor intensidad las tareas incompletas que aquellas que hemos finalizado.[56] En un entorno donde el trabajo es virtualmente interminable, donde tenemos múltiples tareas y conversaciones a la vez y las notificaciones interrumpen continuamente nuestros procesos cognitivos, nuestro cerebro acumula un creciente número de «bucles abiertos» o pendientes que consumen recursos mentales incluso cuando intentamos desconectar.

Estos hallazgos subrayan la importancia de desarrollar estrategias para gestionar nuestra atención de manera más eficiente practicando el *monotasking* o monotarea (enfocarse en una sola cosa a la vez). Se trata de establecer periodos de trabajo profundo sin interrupciones.

Las organizaciones educativas y empresariales podrían beneficiarse sustancialmente al reconocer estos fenómenos y diseñar entornos que favorezcan la concentración sostenida, permitiendo así desbloquear el verdadero potencial cognitivo de estudiantes y profesionales.

Protocolo para encender la atención

Como explica Nir Eyal, lo contrario de la distracción no es la atención, es la tracción.[57] Ambas provienen de la raíz latina *trahere*, que significa «tirar», y ambas continúan con la misma palabra: *acción*. Es como si tuviéramos un imán que por un lado nos acerca al objetivo y por otro nos aleja de él. La palabra *acción* añade un matiz importante a este juego de tira y afloja, y es que no hay casualidad ni arbitrariedad, la distracción siempre tiene que ver con algo. Nos distraemos cuando sabemos de qué nos distraemos. La tracción es una acción que nos lleva hacia lo que realmente queremos. El problema es que las confundimos porque muchas veces no sabemos cuándo nos estamos acercando a la tarea o al objetivo que queremos lograr o alejándonos de él. Esta es la consecuencia de no tener prioridades en cada momento, de no preguntarte qué es lo que quiero ahora. Nos dejamos llevar por lo que nos apetece. Dejarme llevar por la distracción sin consciencia es una de las mayores esclavitudes de la humanidad hoy en día, pues nos va alejando sutilmente de lo que realmente queremos lograr, y también de nuestras propias necesidades, como veíamos antes.

Cualquier actividad puede ser una distracción o una tracción. Lo que marca la diferencia es la previsión. Por ejemplo, ver una película puede ser una tracción si es lo que te habías planteado hacer. Por el contrario, seguir trabajando después de tu horario laboral puede ser una distracción fatal si no es lo que habías decidido (y si no hay una urgencia). En ocasiones, nos centramos en la tarea y continuamos con ella porque ya estamos metidos y atentos. Pero si eso no estaba en nuestros planes, si no es algo estrictamente necesario, una urgencia o algo así, podríamos denominarlo distracción.

No necesitamos más atención, necesitamos más tracción, más voluntad para dirigirnos hacia aquello que realmente queremos. Esto va de cumplir nuestra palabra. De ser libres. La clave está en tener claro tu objetivo y actuar desde la libertad. Es cuando hacemos cosas indiscriminadamente, en piloto automático, es decir, sin intención, cuando entramos en el bucle de la desconexión y, en cierta manera, de la esclavitud. Esta parece más una estrategia inconsciente para esquivar la angustia y el sentimiento de vacío.

Voy a compartir contigo una estrategia para activar la tracción y generar un contexto facilitador para sintonizar tu atención.

Al igual que cuidamos nuestro espacio de trabajo —una mesa ordenada, materiales en su sitio, un ordenador listo para funcionar—, nuestra mente también necesita estructura y equilibrio. Pero no basta con evitar el desorden; nuestra atención se enciende con la sorpresa y la curiosidad, y se mantiene con la calma y la claridad. Sin ambas, nos perdemos en el ruido.

Mi madre siempre nos decía: «El orden da paz». Y cuánta razón tenía. Un espacio caótico nos abruma, nos roba energía y nos impide concentrarnos en lo esencial. Lo mismo sucede en nuestra mente. Si está sobrecargada de distracciones y estímulos innecesarios, nuestra capacidad de atención se fragmenta, como ya hemos visto.

Pero ¿cómo de ordenada está nuestra mente en un mundo donde todo compite por nuestra atención? Redes sociales, notificaciones, correos, noticias de última hora... nos llaman constantemente, reclamando nuestro tiempo y nuestra energía mental. Sin darnos cuenta, atendemos más a lo externo que a lo interno, más a lo inmediato que a lo importante.

EJERCICIO PARA ACTIVAR LA ATENCIÓN

Si nuestra mente es nuestro espacio de trabajo, ¿qué podemos hacer para mantenerla en equilibrio? ¿Cómo podemos limpiarla del ruido y llenarla de lo que realmente nos nutre?

A. ¿Cómo está tu espacio físico de trabajo?

La batalla atencional comienza con una batalla visual. Dedica unos minutos a recoger, limpiar y ordenar tu mesa antes de enfrentarte a la tarea. Coloca lo que necesites alrededor de ti. Estudios sobre la carga cognitiva muestran que reducir los estímulos innecesarios que están a tu alrededor mejora la concentración.[58]

Modifica tu espacio físico: un entorno con luz natural, ventilación, un espacio despejado y elementos naturales (plantas, vistas al exterior) contribuyen a un mejor foco y bienestar. Además, este ejercicio de preparar el entorno te relajará muchísimo. Combinas el movimiento físico a la hora de despejar y colocar el espacio con la indagación mental sobre lo que necesitas para la tarea. Ya te estás induciendo.

Y para continuar con este proceso de activación, no podemos olvidarnos de nuestro cuerpo, ya que forma parte de nuestro espacio físico de trabajo.

Si estás inquieto o nervioso a la hora de enfrentarte a la tarea, ten presente también que debes adecuar tu respiración y ralentizarla, unas siete u ocho respiraciones por minuto para enviar a tu cerebro un mensaje de tranquilidad. Recuerda que una respiración a la deriva es una mente a la deriva.

Te propongo también aplicar la Postura Atencional Digna (PAD), porque el cerebro tiene en cuenta nuestra postura para activar la atención:

B. ¿Cómo está tu espacio virtual de trabajo?

Dedica otro tanto a chequear los recursos digitales que necesitas y que no necesitas. Menos es más. Así como un escritorio desordenado dificulta la productividad, un entorno digital saturado (múltiples pestañas abiertas, notificaciones constantes) fragmenta la atención. Quita el móvil de la vista, guárdalo en un cajón, en el bolso..., ya sabemos que su mera presencia, aunque sea boca abajo, resta atención. Silencia lo superfluo: las notificaciones interrumpen la atención incluso si no las atendemos.[59] Usa el modo concentración en tu móvil y elimina apps innecesarias. Puedes utilizar el modo enfoque que está en algunos softwares (por ejemplo, en Word lo tienes abajo a la derecha).

C. ¿Cómo está tu espacio mental de trabajo?

Por último, dedica unos minutos a indagar sobre cómo estás, haciendo un chequeo de necesidades. Si has descubierto que necesitas algo, es momento de satisfacerlo o facilitarte el camino para hacerlo mientras estás con la tarea. Por ejemplo, ponerte un vaso de agua, comida, ir al servicio antes de comenzar, apuntar lo pendiente, etcétera. Ya sabes cuáles son las posibles necesidades que pueden originar distracciones posteriormente.

Pregúntate si es el mejor momento para realizar esa tarea, tal vez no estés disponible, o no hayas descansado lo suficiente, o algo te preocupa y toma todo el protagonismo mental.

Después de hacer este chequeo, vamos a activar la curiosidad con preguntas sobre la tarea, para potenciar tu espacio mental de trabajo. Como ya sabes, tener claras las intenciones y expectativas nos ayuda a programar la atención. Te propongo un sencillo ejercicio basado en la metodología del aprendizaje relevante. Hacerte estas preguntas es una señal para tu cerebro que indica que es hora de activar tu atención. De alguna manera chequeamos cómo están nuestras creencias hoy con respecto a lo que tenemos por delante. Aquí te sugiero algunas preguntas:

- ¿Qué voy a hacer con lo que aprenda? ¿Para qué me va a servir?
- ¿Qué es lo que ya sé sobre este tema?
- ¿Qué preguntas o dudas tengo sobre el tema antes de empezar?
- ¿Esto qué tiene que ver conmigo?
- ¿Me gusta la idea de pensar que me voy a dedicar a esta tarea?
- En una escala de 1 a 5, ¿cuánto de motivado me siento ante esta nueva tarea?

¡Ya estás listo!

Tú mejor que nadie sabes lo que necesitas en este nivel. Sumérgete en la monotarea radical, para evitar que el *multitasking* reduzca tu eficiencia y aumente tu estrés. Establece bloques de trabajo sin interrupciones.

Nuestra atención es como una llama: necesita oxígeno para arder, pero también protección para no apagarse con el viento. No lo olvides: **somos nosotros quienes decidimos a qué prestamos atención**. Así como ordenamos nuestro espacio, podemos limpiar nuestra mente del ruido innecesario y llenarla de lo que realmente importa. Enciende tu atención con sorpresa y curiosidad, para eso puedes darte unas microdosis de novedad. Modificando pequeños hábitos o cambiando tu lugar de trabajo. Te confieso que para escribir este libro muchos días me he ido a hoteles, cafeterías, parques, e incluso he cambiado de país para tener algo de novedad y sorpresa.

El orden mental no significa rigidez ni obsesión con el control, sino crear un espacio interno donde la claridad, la calma y la intención guíen nuestras acciones. Imagina cómo sería tu día si, en lugar de reaccionar a cada estímulo externo, eligieras conscientemente dónde poner tu energía. Si protegieras tu atención como un recurso valioso, como un fuego que pudiera apagarse a la mínima. Si te permitieras sorprenderte, pero también descansar en la calma.

Recuerda: si aparecen distracciones nada más empezar, pregúntate los motivos, ¿qué necesidad tengo? Si no identificas nada, puede ser que no haya una auténtica motivación o interés por la tarea que tienes entre manos; en ese caso, recurre al punto anterior de activación de la curiosidad con nuevas preguntas.

No podemos controlar todas las distracciones del mundo, pero sí podemos construir nuestra propia isla de paz en medio del caos. Y esa isla empieza en nuestra mente. ¿Estás listo para crear la tuya?

6
El cerebro en modo avión: de la memoria biológica a la algorítmica

Llevo quince años viviendo en el mismo barrio. Quince. Conozco cada esquina, cada semáforo, cada perro que ladra detrás de cada verja. Pero esta mañana mi móvil se ha quedado sin batería justo cuando salía hacia la farmacia.

—Son solo tres calles —me he dicho—. He ido mil veces.

Diez minutos después estaba completamente perdida en mi mismo barrio. Miraba las calles como si fuera una turista en mi propia vida. ¿Tenía que girar a la derecha después del estanco o antes? ¿La farmacia estaba en la misma calle que la panadería nueva o era en la siguiente?

Me he acercado a un señor mayor que paseaba a su perro:

—Disculpe, ¿sabe dónde está la farmacia Aranzamendi?

—Ah, esa cerró hace dos años, hija. Ahora hay una nueva en la plaza.

—¿Qué plaza?

Me ha mirado con cara de «Pero si vives aquí, ¿no?».

He vuelto a casa derrotada. He cogido el móvil, he abierto Google Maps y he pedido indicaciones para ir a la farmacia. Cuarenta y siete metros. Cuarenta y siete metros de mi casa. Podía verla desde mi ventana.

—Ya no soy yo quien recuerda, es Google quien lo hace por mí.

La externalización de la memoria y la descarga cognitiva

Desde la invención de la escritura, los seres humanos hemos externalizado nuestra memoria de distintas maneras: tablillas de arcilla, papiros, libros impresos... Sin embargo, con la digitalización y la expansión de internet, esta externalización ha alcanzado una escala sin precedentes. Ya no solo delegamos el almacenamiento de información en dispositivos externos, sino que hemos permitido que las grandes plataformas tecnológicas estructuren, filtren y condicionen la manera en que recordamos.

El tecnólogo Jaron Lanier, uno de los pioneros de la realidad virtual y una de las voces más críticas sobre la evolución de internet, advierte en *No somos computadoras. Un manifiesto* que esta dependencia digital no solo transforma nuestra relación con la memoria, sino que también nos reduce a nodos dentro de un sistema algorítmico que optimiza la eficiencia sobre la identidad humana.[60] Para Lanier, internet ha dejado de ser una herramienta de empoderamiento cognitivo para convertirse en una estructura de control, en la que nuestras memorias y recuerdos son manipulados por arquitecturas digitales que priorizan la inmediatez, la fragmentación y la monetización de la atención.

Si pensamos en la capacidad de almacenamiento que tienen nuestros móviles, 128 GB, 256 GB, 512 GB, 1 TB (1.000 GB), y la comparamos con la de nuestro cerebro, de aproximadamente 2,5 millones de GB, podríamos preguntarnos: ¿cómo es posible que con esa increíble capacidad de almacenamiento que tenemos seamos tan olvidadizos? Y es que estamos confundiendo los términos. La función de la memoria no es almacenar simplemente. Es mucho más complejo. La función de la memoria no es recordar el pasado, sino ayudarnos a interpretar el presente y predecir el futuro. Es la respuesta adaptativa de nuestro cerebro cuando nos encontramos de nuevo con algo que ya nos sucedió en el pasado: recordamos, relacionamos e interpretamos.

La memoria humana es *inherentemente imperfecta, maleable y subjetiva.* No recordamos de la misma forma en que una computadora almacena datos, sino que reconstruimos el pasado a partir del presente, dotando a cada recuerdo de un sentido emocional y narrativo. Esta plasticidad de la memoria ha sido clave para la creatividad, la identidad y la evolución cultural.

Sin embargo, en el mundo digital la memoria ha sido externalizada en servidores que no olvidan, convirtiéndose en una *memoria inherentemente perfecta, algorítmica y objetiva,* regida por reglas distintas a las de nuestra memoria humana:

- Es **persistente**. Internet no olvida. Lo que se publica, aunque se elimine, puede ser archivado indefinidamente.
- Es **selectiva** pero impuesta. No siempre decidimos qué recordar; los algoritmos seleccionan qué fragmentos del pasado resurgen, ya sea a través de *recuerdos* en las fotos de Google, redes sociales o de búsquedas condicionadas por el historial previo.
- Es **fragmentaria**. La memoria digital no almacena una experiencia global, sino que la descompone en datos aislados (una foto, un tuit, un comentario), y así elimina la complejidad, los matices, el contexto y la riqueza de la memoria humana.

Para Lanier, esta externalización de la memoria digitalizada erosiona nuestra autonomía cognitiva. En lugar de recordar activamente, delegamos nuestros recuerdos en sistemas diseñados no para preservar con fidelidad lo sucedido, sino para explotarlo comercialmente. La identidad ya no se construye a partir del flujo natural de recuerdos, sino que es editada y modelada por empresas tecnológicas que deciden qué fragmentos del pasado son relevantes.

La memoria no es solo un archivo de datos, sino el fundamento de la identidad personal y colectiva. Sin memoria no hay narrativa propia, y sin narrativa no hay sentido de continuidad de nuestra existencia. Otra consecuencia de esta externalización está relacionada con la desorientación temporal. En la memoria humana, los recuerdos evolucionan junto con la persona. En la memoria digital, los recuerdos resurgen de manera arbitraria, sin un proceso interno de transformación. Esto puede generar una sensación de anacronismo, donde fragmentos del pasado irrumpen sin integración con la identidad actual.

Otro punto clave en la crítica de Lanier es la idea de que internet ha generado una *falsa memoria colectiva*. En teoría, la digitalización debería permitirnos construir un registro histórico más sólido y accesible. Sin embargo, en la práctica, la memoria colectiva digital está fragmentada, hiperpolitizada y moldeada por intereses corporativos y algoritmos opacos. Ejemplo de esto es cómo se reescribe la historia en función de lo que las plataformas priorizan. En lugar de preservar la historia, internet puede distorsionarla. Como advierte Lanier, lo que recordamos como sociedad ya no depende de historiadores o del testimonio humano, que va pasándose de generación en generación, sino de cómo los motores de búsqueda seleccionan qué hechos son visibles y cuáles quedan enterrados en el olvido digital.

La memoria es activa

La memoria humana es un mecanismo dinámico y constructivo; sin embargo, nos hemos vuelto pasivos para acceder a datos, conceptos o ideas que ya hemos adquirido. El acto de buscar información externamente, especialmente a través de internet, antes de intentar recuperar esa información de nuestra memoria, puede interferir significativamente con la consolidación de recuerdos a largo plazo.[61] Este fenómeno, denominado *efecto Google*, refleja una preocupante tendencia hacia el procesamiento superficial de la información.

Storm, Stone y Benjamin demostraron que cuando los individuos saben que pueden acceder fácilmente a la información en línea, el cerebro, que intenta ahorrar constantemente energía, reduce de forma automática los esfuerzos dedicados a codificar y consolidar estos datos en la memoria a largo plazo.[62] Es como si nos diera pereza hacer el esfuerzo de recordar y, aunque sepamos algo, preferimos buscarlo rápidamente o preguntar a ChatGPT. Cuando sabes que alguien está grabando una reunión o tomando notas, te relajas y tu atención disminuye. Seguro que has experimentado este fenómeno, al final estás menos presente en la reunión.

La memoria trasciende ampliamente su función como simple sistema de almacenamiento. El concepto de *memoria de trabajo a largo plazo* explica cómo utilizamos estructuras de conocimiento previamente almacenadas (esquemas) para facilitar la comprensión, el razonamiento y el aprendizaje de nueva información.[63] Es decir, lo que sabemos y cómo lo sabemos construyen los cimientos del conocimiento nuevo que vamos incorporando. Aprendemos por asociación significativa entre lo que ya sabemos y lo nuevo.

Por otra parte, la relación entre memoria e identidad personal constituye uno de los vínculos más profundos en la psicología cognitiva. La memoria autobiográfica depende de olvidar momentos irrelevantes para mantener una identidad coherente. Conway y Pleydell-Pearce propusieron el modelo de construcción de las memorias autobiográficas en el sistema de la memoria personal, explicando cómo nuestros recuerdos no son reproducciones exactas de eventos pasados, sino reconstrucciones influenciadas por nuestro autoconcepto actual y objetivos personales.[64] Por otra parte, sabemos que la misma maquinaria neuronal utilizada para recordar el pasado también nos permite imaginar y planificar escenarios futuros. Esta capacidad prospectiva, fundamentada en nuestra memoria, resulta crucial para la adaptación humana y la toma de decisiones. La memoria no solo nos ayuda a ser quienes somos, sino a saber quiénes somos.

A nivel emocional, la memoria también tiene mucho que aportar. Una alta capacidad de memoria de trabajo no solo mejora el rendimiento cognitivo, sino que también puede proteger contra los efectos negativos del estrés y la ansiedad.[65] Los individuos con mayor capacidad de memoria de trabajo demuestran mayor resiliencia ante situaciones de presión y mayor efectividad en la regulación emocional. La relación entre alteraciones en la memoria autobiográfica y trastornos emocionales, como la depresión y el trastorno de estrés postraumático, demuestran que la forma en que almacenamos y recuperamos nuestros recuerdos influye significativamente en nuestro bienestar psicológico.

En ocasiones escucho a personas adultas con aparentemente dos dedos de frente decir que para qué memorizar hoy en día, cuando todo se encuentra en la red. Como estamos viendo, la memoria no solo sirve para almacenar y recordar. Está implicada en multitud de procesos cognitivos y emocionales. Sabemos que fortalecer nuestra memoria también contribuye a mejorar nuestra imaginación. Diversos autores han documentado la superposición neuronal en el hipocampo, entre los sistemas de memoria episódica y las redes cerebrales involucradas en la creatividad y la imaginación.[66] Mediante estudios de neuroimagen funcional, confirmaron que las mismas regiones cerebrales activadas durante la recuperación de recuerdos autobiográficos también se activan durante tareas que requieren pensamiento creativo y generación de ideas novedosas. Sabiendo todo esto, ¿no crees que la memoria es una de las funciones humanas más cruciales en este mundo de inteligencia artificial? Yo estoy convencida de ello.

La relación entre la memoria y otras funciones cognitivas superiores es profunda y multifacética. El famoso estudio de los taxistas londinenses demostró un aumento significativo en el volumen del hipocampo posterior, área cerebral crucial para la memoria espacial.[67] Este estudio pionero evidenció cómo el entrenamiento intensivo de la memoria puede producir cambios estructurales en el cerebro y mejorar capacidades específicas como la navegación espacial. También sabemos que una mayor capacidad de memoria de trabajo se relaciona con un mejor rendimiento en tareas que requieren atención sostenida. Los «campeones de la memoria», según estudios realizados por Mallow *et al.*, muestran patrones de activación cerebral distintivos que sugieren una capacidad superior para mantener la atención y filtrar distracciones irrelevantes.[68]

La creciente dependencia de tecnologías externas como sustitutos de nuestra memoria biológica plantea importantes desafíos educativos y sociales. Si bien estas herramientas expanden nuestras capacidades para acceder a la información, el procesamiento superficial que promueven podría comprometer funciones cognitivas fundamentales para la creatividad, la resolución de problemas y el desarrollo de la identidad personal.

El desarrollo de estrategias pedagógicas que fomenten el

procesamiento profundo de la información y el ejercicio deliberado de la memoria resultan esenciales para contrarrestar estas tendencias. En un mundo donde abunda la información externa, el verdadero valor cognitivo reside en nuestra capacidad para integrar, conectar y transformar el conocimiento en estructuras mentales significativas y personalmente relevantes. ¡Pongamos de moda la memoria!

Revalorizar el olvido

No podemos desaprender. Te lo habrán dicho mil veces; sin embargo, es una *neurotontería.* Porque no puedes pedirle a tu cerebro que olvide conscientemente algo en concreto. Y aunque no existe ningún mecanismo para el olvido consciente, olvidamos de manera involuntaria, y esto no es un defecto del cerebro, sino algo esencial para su correcto funcionamiento.

Olvidar es un proceso adaptativo que nos permite ser más eficientes cognitiva y emocionalmente. Incluso tiene sus beneficios a nivel social. Imagina cómo sería tu relación con los seres más queridos y cercanos si recordaras con pelos y señales cada palabra, mirada o error de cada una de estas personas. ¡Acabaríamos todos solos!

El cerebro no está diseñado para almacenar toda la información que recibe, sino que hace una selección de lo relevante y descarta lo demás. Esto nos ayuda a ser más flexibles mentalmente y a tomar decisiones con mayor agilidad, ya que de esta manera evitamos la sobrecarga informativa que nos bloquearía en un momento dado.[69] Olvidar también es fundamental para estimular nuestros procesos creativos, pues nuestra memoria no es estática, sino un sistema dinámico y adaptativo que reconfigura el conocimiento y la generación de ideas, entre otras cosas, gracias al olvido.

En este momento nuestra memoria humana compite con memorias externas, en las que delegamos parte de nuestra vida, y así nos volvemos dependientes de ellas para recordarlo todo: direcciones, números de teléfono, cosas que hacer, el camino para dirigirnos a un sitio... Hemos llegado a un punto en el que incluso inmortalizamos nuestras vivencias con cientos de tomas de fotografías digitales de la misma situación, selfis en plan «Yo he estado aquí», de tal manera que podamos recordar al máximo lo vivido con todo detalle. Fotos y más fotos que almacenamos en nuestros interminables *carretes* del móvil casi sin límite. Sin embargo, con tantos recuerdos, nos saturamos y en el fondo es como si no existieran. Lo explico mejor contándote una pequeña historia.

En el verano de 1986 mi familia viajó a la costa de Levante como cada año, para unas vacaciones que llevábamos meses esperando. Era el mejor momento del año. Familia, playa, algún helado, jugar a las cartas, acostarme tarde... Yo tenía ocho años.

Mi padre llevaba su cámara Kodak, un tesoro familiar que solo aparecía en ocasiones especiales. Durante toda la semana oímos el característico clic apenas una docena de veces —cada foto era una decisión meditada, un momento que realmente merecía ser capturado, pues se acababa el carrete—. En ese clic te la jugabas.

Al regresar de las vacaciones a Madrid, llevábamos el carrete a revelar y la espera de tres días se hacía eterna. Pero cuando llegaba el momento en que nos daban las fotos había fuegos artificiales en casa. ¡Qué ilusión! Recuerdo perfectamente que acompañé a mi madre a recogerlas pues estaba deseosa de ver nuestro álbum de recuerdos memorables. Cuando finalmente recogimos el sobre con las fotografías, organizamos una pequeña ceremonia familiar alrededor de la mesa. Una a una, fuimos descubriendo las imágenes, cada revelación acompañada de exclamaciones y carcajadas.

Aquella foto donde saltábamos mi hermano y yo las olas con una colchoneta de tela azul con flores se convirtió en la protagonista de mi habitación durante años. La miraba cada día, reviviendo mentalmente cada detalle: el sabor salado del aire, la textura de la arena entre mis dedos, las risas de mi hermano, mi padre llamándonos la atención, incluso recordaba perfectamente la canción que sonaba desde el chiringuito cercano. La escasez de imágenes había hecho que mi cerebro almacenara minuciosamente cada detalle de aquel momentazo.

Treinta y nueve años después, hemos hecho un viaje familiar a Sudáfrica. Impresionante país. Maravillosa experiencia. Cientos de recuerdos y cientos de fotos. Cuando llegamos a España cada vez que nos preguntaban por el viaje, sacábamos el teléfono para desplazarnos por una interminable galería de imágenes.

—¡Espera, espera! Esta era buena... —murmuraba mientras pasaba cientos de fotos casi idénticas.

Había documentado absolutamente todo: desde las comidas hasta cada rastro de animal del safari en diferentes e insignificantes ángulos que no cambiaban gran cosa. Me sentía muy frustrada porque buscaba la imagen perfecta que me recordara lo que vivimos y no la encontraba. Cientos de fotos casi idénticas y ninguna me convencía.

Dos meses más tarde me pillé de nuevo sacando el teléfono para enseñar fotos a unas amigas que me preguntaron por el viaje.

«Necesito verlas para recordar», me decía a mí misma mientras navegaba por carpetas y carpetas. Lo curioso fue que, al no encontrarlas fácilmente entre los miles de imágenes almacenadas, me di cuenta de que apenas recordaba detalles del viaje sin las fotografías. Es como si mi memoria hubiera externalizado la experiencia, dejando que la tecnología guardara lo que antes se quedaba cuidadosamente en mis recuerdos.

Aquella vieja foto de la colchoneta con mi hermano sigue guardada en un álbum familiar. No necesito verla para recordar cada detalle de aquel día. La imagen se imprimió tanto en el papel como en mi memoria, precisamente porque era una de las pocas ventanas que me transportaban a aquel momento especial.

Esta historia con las fotografías ilustra perfectamente el concepto del olvido como función adaptativa. Cuando las fotografías eran escasas, nuestro cerebro realizaba precisamente ese proceso de selección: al tener pocas imágenes físicas, la mente compensaba priorizando y grabando profundamente los detalles sensoriales, emocionales y contextuales del momento. El recuerdo se enriquecía y se volvía multidimensional.

Lo que vivimos hoy con tantas fotos digitales es una manifestación de esa «competencia con memorias externas». Al delegar nuestra función de recuerdo a dispositivos, paradójicamente experimentamos lo que podríamos llamar *amnesia por sobreabundancia*. Con tanto, nos saturamos, y en el fondo es como si no existiera.

Esta realidad contemporánea demuestra que el cerebro funciona mejor cuando puede ejercitar su capacidad selectiva. Cuando externalizamos completamente el recuerdo perdemos la profundidad de la experiencia. La memoria limitada pero intensamente procesada (como la de aquella foto de la colchoneta) genera una huella más significativa que miles de imágenes almacenadas externamente, que terminan siendo tan abundantes que se vuelven invisibles.

Por otra parte, sabemos que un exceso de recuerdos también puede tener efectos negativos en la salud mental. La persistencia de ciertos recuerdos está vinculada a trastornos como la ansiedad y el estrés postraumático. Olvidar detalles traumáticos evita la rumiación patológica.[70] El olvido es un protector de nuestra salud mental al mitigar el impacto de experiencias negativas. Olvidar ciertos eventos puede ser crucial para la regulación emocional y el bienestar psicológico.[71]

Esta paradoja moderna nos enseña que olvidar selectivamente no es un fallo, sino una sofisticada adaptación evolutiva. Quizá, en nuestra búsqueda por documentarlo todo, estamos perdiendo la capacidad de experimentar verdaderamente el presente y crear esas memorias profundas que, aunque menos numerosas, son infinitamente más valiosas para nuestra identidad y bienestar emocional. Seguro que tienes en mente como yo esas imágenes de miles de personas grabando con su móvil un concierto o actuación de su cantante favorito…, y en lugar de vivirlo intensamente con todos sus sentidos, lo están viendo a través de su pantalla con el brazo estirado. Es un estar sin estar. Es un vivir a medias. Me doy cuenta de que la nostalgia por aquellos tiempos de pocas fotografías no es simple romanticismo, sino el reconocimiento de que nuestro cerebro funciona mejor cuando puede ejercer su naturaleza selectiva y adaptativa, tanto para recordar como para olvidar.

El empobrecimiento del lenguaje

Carlos, un profesor universitario de literatura de cincuenta y ocho años, estaba nervioso en la sala de espera de su nueva terapeuta. Era su primera sesión y, aunque pensaba que necesitaba ayuda para gestionar su estrés, se sentía ridículo.

La señora Martínez, una mujer de treinta y pocos años, lo recibió con una sonrisa cálida y lo invitó a pasar a su consulta, decorada con estanterías repletas de libros de psicología y una pequeña fuente de agua que emitía un sonido tranquilizador.

—Bienvenido, Carlos. ¿Qué le trae por aquí? —preguntó mientras tomaba asiento frente a él.

Carlos respiró hondo y comenzó a hablar sobre su vida, su trabajo, su pasión por las letras, y cómo últimamente se sentía estresado y desconectado de sus estudiantes.

—Verá, mis alumnos parecen incapaces de articular un pensamiento completo. Cuando les pido que analicen a Cervantes, me entregan ensayos que parecen mensajes de WhatsApp. La semana pasada uno escribió «El *Quijote* es lit». Tuve que buscar en Google qué significaba *lit*.

La psicóloga sonrió comprensivamente mientras tomaba notas.

—¿Y cómo le hace sentir eso? —preguntó.

—Desolado. Me siento como el último mohicano, defendiendo un lenguaje que está siendo masacrado por emoticonos y abreviaturas. Lorca se estará revolviendo en su tumba cada vez que alguien escribe «xq» en lugar de «porque».

Ella asintió y, para sorpresa de Carlos, sacó su teléfono móvil.

—Disculpe, pero necesito comprobar algo —dijo mientras tecleaba rápidamente—. Continuemos. ¿Ha considerado que quizá esté resistiéndose a una evolución natural del lenguaje?

Carlos frunció el ceño mientras su terapeuta seguía mirando su teléfono ocasionalmente.

—Con todo respeto, no creo que reducir nuestro vocabulario a versiones abreviadas de palabras ya existentes sea evolución. Es atrofia lingüística. Y perdone que se lo diga, pero me parece bastante descortés que esté mirando su teléfono durante nuestra sesión.

La psicóloga levantó la vista sorprendida.

—En realidad, estoy utilizando una aplicación de medición emocional basada en el lenguaje. Analiza patrones verbales para detectar estados emocionales subyacentes. Esta IA es fascinante porque...

—¿Me está diciendo —interrumpió Carlos incrédulo— que una aplicación está interpretando mis emociones a través de mis palabras? ¿No es ese literalmente SU trabajo?

—La tecnología es una herramienta complementaria —explicó

ella—. Estoy viendo que su discurso muestra patrones de ansiedad y nostalgia. Le sugiere ejercicios de *mindfulness* y reducción del tiempo frente a pantallas.

Carlos se quedó boquiabierto.

—¿Su aplicación me recomienda pasar menos tiempo frente a pantallas mientras usted está pegada a su teléfono durante mi sesión? La ironía es sublime.

Ella pareció algo desconcertada.

—Entiendo su frustración, pero estas herramientas nos permiten ser más eficientes. De hecho, la app puede redactar un resumen de nuestra sesión en menos de 140 caracteres.

—¡Maravilloso! —exclamó Carlos con sarcasmo—. Reduzcamos mis complejas preocupaciones existenciales sobre el futuro de la humanidad al formato de un tuit. ¿Qué será lo próximo? *¿Romeo y Julieta: el emoji? ¿Cien años de soledad* en formato historia de Instagram?

La psicóloga dejó el teléfono a un lado visiblemente incómoda.

—Tiene razón. Por ser más eficiente, he caído en la trampa que usted mismo está describiendo. Por favor, continúe.

—No, no —insistió Carlos repentinamente animado—. Hagamos el experimento. Resuma los últimos diez minutos de mi catarsis emocional en un tuit. Quiero ver cómo funciona esta maravilla tecnológica.

Con cierta vacilación, ella miró su teléfono y leyó:

—#Paciente Carlos: prof d lit preocupado x empobrecimiento lenguaje jóvenes. Muestra signs d resist al cambio. Rec: mindfulness + - pantallas. #TerapiaDigital.

Se hizo un silencio sepulcral en la consulta. Luego, para su sorpresa, Carlos estalló en una carcajada que fue creciendo hasta convertirse en una risa incontrolable.

—¿Es gracioso? —preguntó ella confundida.

—Es hilarante y trágico a partes iguales —logró articular Carlos entre risas—. Acaba de resumir cuarenta años de pasión por la literatura, veinte de docencia y mis profundas reflexiones sobre el declive de la comunicación humana en... ¿cuántos caracteres? ¿Noventa?

—Ochenta y nueve —precisó ella esbozando una sonrisa.

—Ochenta y nueve caracteres —repitió Carlos secándose una lágrima—. Cervantes escribió el *Quijote* con una pluma de ave y nosotros no podemos mantener una conversación terapéutica sin consultar una aplicación. ¿No le parece que hemos perdido algo por el camino?

La psicóloga dejó el teléfono en un cajón y lo cerró.

—Quizá tenga razón. ¿Qué le parece si empezamos de nuevo? Esta vez sin algoritmos, sin abreviaturas, solo dos personas teniendo una conversación real. Dígame, Carlos, ¿qué significado tiene para usted la literatura?

Carlos sonrió.

—Ahora sí estamos hablando. O debería decir, ahora sí estamos conversando.

Al salir de la consulta una hora después, Carlos se sentía extrañamente renovado. Mientras esperaba el ascensor, vio a una joven completamente absorta en su teléfono. Cuando las puertas se abrieron, ambos entraron.

—Bonito día, ¿verdad? —comentó Carlos.

La joven levantó la vista brevemente, murmuró «Sip» y volvió a su pantalla.

Carlos sonrió y sacó un pequeño cuaderno del bolsillo. En la primera página escribió con su estilográfica: «La Terapia de los 140 Caracteres: Cómo redescubrí el valor de las palabras completas». Quizá tenía material para un nuevo libro.

Tal vez esta historia te resulte ciencia ficción, pero es real. En mayo de 2024 estuve en un congreso en Nueva Orleans donde cada año se presentan tendencias de aprendizaje, formación y coaching para el mundo de la empresa, y me quedé alucinada con la cantidad de empresas que ya habían lanzado aplicaciones de IA para mejorar sus procesos de coaching y acompañamiento terapéutico. Algo tan humano como la escucha, la pregunta, la empatía, resumidas en una programación inteligente. La verdad es que probé alguna de estas aplicaciones y me resultó interesante, por ejemplo, la cantidad de reflexiones y preguntas que pueden hacer las máquinas simplemente escuchando y procesando nuestras conversaciones. Pueden ser un buen complemento de nuestro trabajo, pero sin llegar a extremos reduccionistas como el de Carlos con su psicóloga.

Para expresarnos con precisión o comprender un problema complejo, a menudo desplegamos recursos más allá de las palabras: trazamos imágenes mentales, dibujamos esquemas improvisados, garabateamos conceptos en servilletas... En estos actos aparentemente triviales se manifiesta una verdad fundamental: en el lenguaje reside la esencia de nuestra humanidad. No es meramente una herramienta de comunicación; es el andamiaje sobre el que hemos construido nuestra cognición, el catalizador evolutivo que transformó nuestro cerebro en la compleja red neuronal que hoy nos define.

Durante miles de años la evolución del lenguaje y la del cerebro humano han danzado en perfecta simbiosis. Cada nueva abstracción lingüística, cada matiz expresivo conquistado, cada estructura gramatical refinada ha esculpido nuevos senderos neuronales expandiendo nuestras capacidades cognitivas. El lenguaje no solo expresa el pensamiento; lo moldea, lo expande y lo posibilita a través de la acción.

Y ahora, en el umbral de una nueva era, la inteligencia artificial irrumpe precisamente en este núcleo de nuestra humanidad. Estos sistemas no solo procesan nuestras palabras: las generan, las mejoran, las imitan con una fidelidad desconcertante..., incluso clonando nuestra propia voz. Cuando delegamos en algoritmos la redacción de nuestros correos electrónicos, la composición de nuestros contenidos, la formulación de nuestras ideas, ¿qué sucede con esos circuitos neuronales forjados durante miles de años de evolución lingüística?

Si nuestros dispositivos pueden completar nuestras frases, predecir nuestros pensamientos y articular nuestras ideas, ¿qué ocurre con nuestra propia capacidad para generar, estructurar y expresar conceptos complejos? En esta nueva relación con la tecnología, donde la frontera entre nuestras palabras y las generadas artificialmente se desdibuja, ¿estamos presenciando una expansión de nuestras capacidades o el principio de una atrofia cognitiva sin precedentes?

La externalización de la memoria ha sido asociada con cambios en la forma en que procesamos y utilizamos el lenguaje. La dependencia de la tecnología para recordar información puede debilitar nuestra capacidad para retener conocimientos y, por ende, afectar la riqueza de nuestro lenguaje.[72]

La rapidez y brevedad de la comunicación actual nos está llevando a una simplificación radical del lenguaje. Un estudio publicado en la revista *Computers in Human Behavior* analizó cómo el uso de mensajes de texto en las distintas aplicaciones que utilizamos a diario ha influido en la reducción del vocabulario y la sintaxis.[73] Ahora tendemos a utilizar un lenguaje más coloquial y menos elaborado, proliferan los emoticonos para expresar lo que sentimos sin palabras. Priorizamos la velocidad frente a la profundidad. Este fenómeno está limitando la diversidad léxica, estamos perdiendo vocabulario y capacidad para expresar ideas complejas.

El lenguaje es una herramienta tremendamente poderosa para transmitir estados emocionales, intenciones y matices. Todos hemos experimentado el poder sanador de las palabras cuando nombramos nuestras emociones. Y es que cuando verbalizamos cómo nos sentimos, ya estamos sintiéndonos más aliviados. La capacidad descriptiva que enriquece nuestros sentidos y nuestra imaginación también está en riesgo. Abreviar o acortar las palabras nos empobrece lingüísticamente.

Nos estamos relajando con las normas gramaticales y sintácticas, que no solo afectan a la calidad del lenguaje escrito, sino también a nuestra capacidad para estructurar nuestro propio pensamiento. La falta de tildes o el uso incorrecto de palabras se han normalizado, el detalle y la sensibilidad a la hora de escribir brillan por su ausencia. El lenguaje no es solo una herramienta de comunicación, su empobrecimiento también impacta en una pérdida de conexión con el patrimonio cultural y literario. Ya no contamos historias, no hay tiempo para la narrativa porque debemos ir al grano. Las dichosas prisas, el dichoso estrés...

El poder transformador de las historias

La cantidad de información a la que está expuesta una persona promedio en un solo día supera la que un individuo del siglo XVII habría procesado en toda su vida. El cerebro, abrumado, desarrolla estrategias de filtrado cada vez más agresivas, lo que paradójicamente puede llevarnos a retener menos información significativa, a pesar de estar expuestos a más datos. Esta realidad, documentada por investigadores como Levitin o Bohn y Shor, plantea un desafío existencial para nuestra capacidad de aprendizaje, generando mentes inquietas, con una capacidad cada vez menor para la concentración sostenida y para la memorización.[74] Cuántas veces después de estar viendo contenido en el móvil o diferentes memes, te preguntas: ¿qué es lo que he estado viendo? Y eres incapaz de recordarlo.

Sin embargo, en medio de esta tormenta cognitiva, existe un fenómeno extraordinario: nuestra respuesta cerebral a las narrativas coherentes. Aquí es donde la lectura y las historias emergen como herramientas poderosas para recuperar lo que estamos perdiendo en términos de profundidad cognitiva y retención significativa. La evolución ha moldeado nuestro cerebro para procesar y recordar información organizada en forma de historias. La información estructurada narrativamente se retiene entre seis y siete veces mejor que la presentada en formatos no narrativos, con tasas de retención del 93 por ciento frente al 13 por ciento respectivamente.[75]

Por eso estoy compartiendo pequeñas historias cotidianas que representan, en clave de humor o exageración, lo que estamos viviendo en el mundo SISISI. Utilizo este recurso narrativo para implicarte, para comprometerte con la lectura y que empatices con mi mensaje. ¡También para que lo recuerdes mejor!

Leer historias activa diversas áreas del cerebro, no solo aquellas asociadas con el procesamiento del lenguaje, sino también las vinculadas con la percepción sensorial y la actividad motora. Al leer sobre acciones o experiencias visuales, nuestro cerebro las procesa como si las estuviéramos viviendo en primera persona.[76] Es decir, las mismas regiones cerebrales que se activan cuando realizamos una acción o percibimos una escena en la vida real también se encienden cuando las imaginamos a través de una historia que estamos leyendo o escuchando. Esto explica de alguna manera el poder de las historias: la narrativa nos envuelve porque nos invita a ser protagonistas, casi como si estuviéramos ahí, y la imaginación entra en acción complementando y adornando lo que le plazca. Esta activación neuronal multidimensional explica por qué recordamos significativamente mejor la información presentada en formato narrativo que la misma información presentada como datos aislados. Esta conexión entre la lectura y la inmersión sensorial que vivimos tiene implicaciones profundas.

Cuando en la historia un personaje corre, nuestro cerebro activa regiones asociadas con el control motor; cuando lees sobre el aroma del café o la textura de la seda, las áreas sensoriales se involucran. Este fenómeno explica por qué la lectura puede resultar una experiencia tan envolvente y por qué muchas veces nos decepcionan las películas que antes hemos leído en un libro.

La lectura, especialmente de textos narrativos extensos, cultiva el circuito lector profundo: una red neuronal especializada que integra capacidades visuales, fonológicas, semánticas y motoras con sistemas de razonamiento inferencial y afectivo.[77] Este circuito, que se desarrolla a través de la práctica lectora sostenida, proporciona los cimientos cognitivos para formas complejas de pensamiento que no pueden desarrollarse igualmente a través de la exposición a contenidos fragmentados. Las investigaciones de Berns *et al.* utilizando técnicas de neuroimagen han documentado cambios persistentes en la conectividad cerebral hasta cinco días después de completar la lectura de una novela.[78] Este efecto residual sugiere que la inmersión narrativa reconfigura temporalmente nuestras redes neuronales proporcionando un andamiaje cognitivo que persiste más allá de la experiencia inmediata de lectura. La experiencia narrativa deja una especie de «andamiaje cognitivo» que se mantiene más allá de la lectura inmediata.

Las narrativas operan como vehículos de significado que nos permiten organizar experiencias caóticas en patrones coherentes. Este proceso de estructuración narrativa resulta fundamental para el bienestar psicológico, ya que nos permite integrar experiencias difíciles y construir identidades coherentes. También operan como simuladores experienciales, pues posibilitan que vivamos experiencias que de otro modo serían inaccesibles. Las narrativas también funcionan como transmisores culturales. Desde una perspectiva antropológica, podemos decir que las historias evolucionaron como tecnologías adaptativas para transmitir conocimiento vital entre generaciones. Y también son inductoras de coherencia, pues cuando navegamos por una narrativa, nuestro cerebro constantemente genera predicciones e inferencias conectando causa y efecto. Este ejercicio fortalece nuestra capacidad general para encontrar patrones significativos en el caos aparente de la experiencia.

Cuando nos sumergimos en una buena novela o ensayo, experimentamos lo que Csikszentmihalyi denominó *estado de flujo*: un estado mental de completa absorción en la actividad, caracterizado por altos niveles de concentración y disfrute, y por la sensación de que el tiempo pasa volando.[79] Lo que sucede no es magia, son nuestras conexiones sinápticas que fortalecen nuestra capacidad de atención sostenida, la empatía y el pensamiento abstracto.

En contraste, la interacción con medios digitales fragmentados tiende a fomentar pensamiento superficial: un procesamiento rápido pero menos profundo, con menor retención a largo plazo y comprensión limitada.[80] Sabemos que la exposición prolongada a estos patrones de consumo informativo puede modificar estructuralmente circuitos neuronales, y esto provoca una reducción de la densidad de materia gris en regiones asociadas con el procesamiento profundo.

En la era de la fragmentación digital, cultivar intencionalmente nuestra capacidad para la inmersión narrativa a través de la lectura profunda no es solo una cuestión de enriquecimiento cultural, es una estrategia fundamental para preservar y desarrollar capacidades cognitivas esenciales que definen nuestra humanidad en la era de la IA: la atención sostenida, el pensamiento contextual, la imaginación, la empatía y la búsqueda de coherencia. Nuestra capacidad para crear y comprender narrativas no representa simplemente un entretenimiento prescindible, sino una adaptación evolutiva esencial para dotar de significado a la experiencia humana. Somos criaturas que cuentan historias.

El superpoder de la lectura en papel

La lectura no es un proceso natural para el cerebro humano; a diferencia del habla, no estamos evolutivamente programados para descifrar símbolos escritos. Cuando aprendemos a leer, reciclamos circuitos neuronales originalmente diseñados para otras funciones, como el reconocimiento visual de objetos. Este reciclaje neuronal crea nuevas conexiones entre sistemas visuales, auditivos y conceptuales. La lectura sostenida y profunda modifica de manera significativa nuestra arquitectura neuronal. Neurológicamente, la diferencia entre leer con profundidad y escanear superficialmente contenido fragmentado es comparable a la diferencia entre correr un maratón y dar un breve paseo.

Quiero introducir también un fenómeno curioso que puede sonarte. No es lo mismo la lectura de un libro en papel que la lectura de un libro en una pantalla. ¿Alguna vez te has preguntado por qué te cuesta más comprender y retener la información que has leído en tu portátil o en tu móvil?

Leer en papel y leer en pantallas impacta de manera diferente en cómo procesamos la información. La transición del papel a las pantallas ha transformado profundamente nuestra experiencia lectora, con implicaciones que trascienden lo meramente práctico para adentrarse en dimensiones neurológicas. Varios estudios han mostrado que la lectura en papel favorece la comprensión profunda y la retención de información en comparación con la lectura en dispositivos electrónicos. Un metaanálisis realizado por Delgado *et al.* demostró que la lectura en papel genera mejores resultados en pruebas de comprensión, especialmente cuando los textos son largos o requieren un análisis detallado.[81] ¿Cómo es esto posible?

Resulta que el formato impreso permite una mejor navegación espacial del texto, lo que facilita la organización mental de la información. Cuando leemos en un libro, por ejemplo, o en un folio, nuestro cerebro organiza el texto como en una especie de mapa cognitivo. Recordamos no solo el contenido leído sino su ubicación espacial en la página. Incluso recordamos si lo leído estaba al principio del libro, a mitad, al final... El papel proporciona anclajes físicos que ayudan a nuestra memoria a estructurar la información de manera más completa.[82] Es el fenómeno de la hapticidad de la lectura: la dimensión táctil de la experiencia lectora que involucra sensaciones físicas como el peso del libro, la textura del papel y el acto de pasar páginas.[83] Esto proporciona anclajes cognitivos que facilitan la navegación espacial dentro del texto: recordamos inconscientemente cosas como que un contenido estaba cerca del final, en una página impar, más arriba o más abajo... Este fenómeno está significativamente reducido en la lectura digital.

Las pantallas presentan el texto como una secuencia continua sin referencias espaciales fijas, lo que dificulta la creación de esos anclajes mentales. Los lectores digitales tienen una menor capacidad para recordar dónde estaba ubicada la información clave dentro de un texto en comparación con quienes leen en papel. Por otro lado, cuando leemos en pantallas tendemos a escanear el texto en lugar de leerlo en profundidad. Nuestros ojos suelen escanear las pantallas en diagonal, en forma de F o también de zigzag, en lugar de ir palabra por palabra como hacemos con un texto en papel.[84]

Otro factor clave que influye en la retención de información es la fatiga visual provocada por la luz azul emitida por las pantallas. La exposición prolongada a este tipo de luz no solo resulta incómoda mientras leemos, sino que afecta a nuestra capacidad de concentración y a nuestro reloj interno. La luz azul suprime la producción de melatonina y altera los ritmos circadianos. Esta alteración no solo afecta a la calidad del sueño posterior, sino que también modifica la actividad cerebral mientras leemos.[85]

Curaduría en la era de los copilotos

El surgimiento de los sistemas de inteligencia artificial como «copiloto» está redefiniendo fundamentalmente cómo accedemos, procesamos y aplicamos el saber. La capacidad de discernimiento se vuelve una competencia fundamental. Ya no se trata simplemente de tener acceso a la información, sino de desarrollar un conjunto de habilidades críticas que nos permitan navegar este nuevo paisaje cognitivo con sabiduría, integridad y humanidad.

Los copilotos cognitivos representan una categoría completamente nueva de herramientas intelectuales. Estos sistemas de IA van más allá del simple almacenamiento pasivo de información para convertirse en colaboradores activos en nuestros procesos de pensamiento. Lejos de ser meras herramientas, pueden estar reconfigurando ya nuestra arquitectura mental. La neurociencia está apenas comenzando a comprender cómo estos sistemas impactan en nuestro cerebro; algunas investigaciones preliminares sugieren que la interacción regular con IA generativa puede alterar nuestras redes neuronales asociadas con la memoria de trabajo y la toma de decisiones.

En este nuevo paradigma, la curaduría emerge como una disciplina fundamental que se ha convertido en una habilidad crucial. La curaduría es el arte y la ciencia de seleccionar, organizar y dar sentido a la información y abarca diversas habilidades críticas:

1. **Formulación de preguntas.** La calidad de las preguntas que formulamos determina directamente la utilidad de las respuestas que obtenemos de los sistemas de IA. La indagación inteligente se convierte así en una habilidad esencial. Además de formular preguntas con precisión lingüística deliberada, para mejorar significativamente la calidad de las respuestas de la IA, podemos desafiar suposiciones subyacentes, tal como nos animaba Sócrates. Esta idea va más allá de preguntar para buscar información, tiene que ver con realizar un cuestionamiento sistemático para aplicar nuestro pensamiento crítico. Es decir, no conformarnos con una primera respuesta, ni siquiera con una segunda, aplicar la interrogación sistémica también resulta particularmente valioso para contrarrestar esa naturaleza fragmentada del conocimiento generado por IA. Incluso podemos ir más allá y aplicar un metacuestionamiento, de forma que evaluemos nuestras propias preguntas, nuestras premisas, visión, limitaciones…
2. **Pensamiento sistémico.** La capacidad de conectar información aparentemente dispersa en patrones significativos adquiere mayor importancia cuando interactuamos con copilotos que pueden acceder a vastos repositorios de datos pero carecen de visión contextual.
3. **Verificación transversal.** Contrastar información proveniente de múltiples fuentes activa circuitos cerebrales asociados con el pensamiento crítico más profundo que la simple absorción pasiva de información, de un único origen.

Desde mi punto de vista, la competencia de la curaduría no representa simplemente una habilidad técnica esencial que integra capacidades analíticas, evaluativas y creativas, sino una dimensión fundamental de la ciudadanía responsable en el siglo XXI. La verdadera sabiduría no consiste tanto en lo que sabemos, sino en nuestra capacidad para discernir, contextualizar y dar sentido a ese conocimiento. Los maestros de la curaduría serán aquellos que desarrollen un equilibrio productivo con sus copilotos cognitivos: ni rechazándolos por miedo ni dependiendo ciegamente de ellos, sino estableciendo una relación simbiótica consciente que amplifique las capacidades más profundamente humanas. Es la disciplina que nos permitirá preservar nuestro capital intelectual mientras aprovechamos el inmenso potencial de la inteligencia artificial.

Neuronas versus algoritmos: recuperar la memoria humana

No se trata de adoptar una postura tecnófoba: la crítica no va dirigida contra la tecnología en sí, sino contra su uso **sin límites, sin conciencia y sin una reflexión ética profunda.**

Imagina a Elena, una profesional de treinta y cinco años que revisa compulsivamente su teléfono más de doscientas cincuenta veces al día. Aunque tiene acceso instantáneo a toda la información del mundo, paradójicamente ha notado que cada vez tiene más dificultades para recordar información relevante en reuniones de trabajo o incluso para mantener conversaciones profundas sin la necesidad de verificar datos en tiempo real. La «memoria delegada» en dispositivos externos es solo uno de los muchos ejemplos de cómo gracias a la inclusión de la tecnología en prácticamente todos los aspectos de nuestra vida se pueden erosionar nuestras capacidades cognitivas naturales. Repito que no es la tecnología la que hay que demonizar, sino el estilo de vida que estamos construyendo con nuestros hábitos compulsivos.

Para recuperar y potenciar nuestra memoria humana en este contexto digital, propongo un conjunto de herramientas prácticas interconectadas. Estas no son simples recomendaciones teóricas, sino un verdadero entrenamiento que requiere constancia y dedicación. Funcionan como vasos comunicantes: si las aplicas en conjunto, optimizarás significativamente el funcionamiento de tu memoria natural.

Vamos a ver que la memoria es un proceso con una fase de entrada (registro), una fase de procesamiento (comprensión) y una fase de salida (recuerdo y aplicación). Cuidado con quedarnos atrapados en una de estas etapas, sin completar el proceso. La zona de entrada, por ejemplo, es importantísima, pero es el umbral más básico y menos transformador del proceso. Tenemos que llegar hasta el final.

Refuerza el registro

La primera clave en el entrenamiento de nuestra memoria tiene que ver con el proceso fundamental de registro sensorial. Para memorizar de manera efectiva, necesitamos comenzar por atender con absoluta dedicación. Si prestas toda tu atención, el camino hacia la memoria efectiva está medio recorrido. Pero cuidado: si pierdes tan solo un 1 por ciento de esa atención, ya has creado una potencial fuga de memoria. La atención es la puerta de entrada a una memoria poderosa.

Pensemos en la atención como si fuera el portero de un exclusivo club nocturno llamado Memoria. Este portero decide qué información merece entrar y cuál debe quedarse fuera. En nuestro mundo de estímulos constantes, este portero está cada vez más distraído y sobrecargado, de forma que permite la entrada de información fragmentada y, muchas veces, irrelevante.

El proceso de codificación inicial —ese momento en que la información pasa por primera vez por nuestros sentidos— es determinante para la calidad de nuestros recuerdos futuros. Cuando prestamos atención completa:

- Se activan simultáneamente múltiples áreas cerebrales creando una red neuronal más robusta alrededor de esa información.
- La amígdala, responsable de codificar la carga emocional de los recuerdos, trabaja de manera más eficiente.
- El hipocampo, estructura clave para transferir información a la memoria a largo plazo, recibe señales más claras y precisas.

EJERCICIO PARA PRACTICAR LA MEMORIA

Para fortalecer esta puerta de entrada a tu memoria, puedes implementar técnicas específicas:

→ **Practica la monotarea.** En contra de la cultura del *multitasking*, dedícate a una sola actividad a la vez. Como ya sabemos, el cerebro humano no puede procesar con eficacia múltiples tareas complejas de manera simultánea, simplemente alterna rápidamente entre ellas, y así pierde información y energía en cada transición.

→ **Compromiso sensorial completo.** Cuando necesites memorizar algo importante, involucra conscientemente todos tus sentidos. Si estás en una conferencia importante, no solo escuches las palabras, observa también los gestos del orador, siente la temperatura de la sala, percibe los olores, haz un gesto... ¡Utiliza todo tu cuerpo para atender! Cada canal sensorial adicional crea una nueva ruta neuronal hacia ese recuerdo.

→ **Técnica de los cinco segundos.** Antes de iniciar cualquier actividad que requiera memorización, tómate cinco segundos para hacer una respiración profunda y declarar mentalmente tu intención de atender plenamente. Este ritual sencillo prepara a tu cerebro para un estado de atención elevada, le estás dejando claro lo que debe hacer a continuación.

→ **Eliminación deliberada de distracciones.** Identifica y mitiga proactivamente tus fuentes personales de distracción. Para algunas personas será el teléfono móvil; para otras, ciertos ruidos ambientales. Crear un entorno optimizado para la atención no es un lujo, sino una necesidad para la memoria efectiva.

Recuerda: Cada momento de distracción es una invitación a la fuga de memoria. Cuando estás parcialmente presente, estás programando el olvido. La práctica de la atención completa, como antesala de la memorización, es el fundamento esencial para construir una memoria poderosa y duradera en un mundo que constantemente compite por fragmentarte. Si fallamos en el registro, en la información de entrada, no tendremos qué memorizar.

Comprende asociando

El aprendizaje funciona esencialmente por asociación. Construimos nuevo conocimiento sobre los cimientos de lo que ya sabemos, como un edificio donde cada piso depende de la solidez del anterior. Fomentar la comprensión profunda de lo que queremos memorizar no solo allana el camino, sino que transforma por completo la calidad de nuestra retención.

Cuando nos enfrentamos al aprendizaje, solemos hacerlo con la intención primaria de recordar, de memorizar. ¡Error! **Este enfoque invierte el proceso natural de aprendizaje.** Nuestro objetivo inicial debería ser comprender. Primero comprende y después recuerda. Porque si intentas memorizar sin comprender, podrás repetir información pero sin una verdadera apropiación del conocimiento, lo que inevitablemente conduce a una retención débil y efímera.

Gerardo se enfrentó a un examen crucial de Econometría. Esta asignatura le costaba especialmente y había estado copiando a lo largo del curso para aprobar a toda costa, aunque fuera raspadillo. En esta ocasión quiso probarse a sí mismo y memorizar la fórmula sobre la que le iban a preguntar, solo era una. No era tan complicado. Durante semanas se dedicó a memorizar el estimador de mínimos cuadrados ordinarios $\hat{\beta} = (X^T X)^{-1} X^T y$ y algunos problemas tipo. La noche antes del examen podía recitar perfectamente todo.

El día del examen Gerardo resolvió con aparente facilidad uno de los problemas similar a los que había memorizado. Sin embargo, cuando se encontró con el resto de los problemas que requerían aplicar esos mismos principios en contextos diferentes o interrelacionarlos de manera novedosa, su mente se quedó en blanco. La fórmula estaba allí, en su cabeza, en el papel..., pero flotaba desconectada, sin un mapa conceptual que le permitiera navegar con ella.

Tres meses después, cuando necesitó utilizar esos conocimientos para un proyecto práctico, descubrió con frustración que apenas recordaba fragmentos inconexos de la fórmula. «¡Cómo puede ser, si me la sabía!». La memorización sin comprensión había creado una ilusión de conocimiento que se desvanecía rápidamente con el tiempo. Este modelo de aprendizaje es como un castillo de naipes.

El cerebro humano no almacena información como archivos independientes, sino como redes interconectadas conceptualmente. Cuando comprendemos algo de verdad, estamos creando múltiples conexiones dentro de esta red.

HERRAMIENTAS PARA POTENCIAR LAS MÚLTIPLES CONEXIONES

→ **Asociación estratégica.** Conecta deliberadamente lo que quieres aprender con algo que ya dominas. Este proceso no debe ser aleatorio, sino estratégico. De lo que se trata es de construir un andamiaje cognitivo. Para lograrlo, pregúntate siempre: ¿Cómo puedo conectar, relacionar, asociar o vincular esto con algo que ya sé? ¿A qué se puede parecer esto? Estas formas de asociación estratégica no solo mejoran la retención a corto plazo, sino que fortalecen la memoria a largo plazo y facilitan la transferencia de conocimiento entre dominios aparentemente no relacionados, y así crean redes de conocimiento resilientes.

→ ***Check point* o punto de control.** Establece lugares predeterminados de pausa y reflexión en tu proceso de aprendizaje. Por ejemplo, cada tres páginas de un libro, cada cinco minutos de un vídeo o cada sección de un artículo, haz una parada de control o *check point*, detente y pregúntate: ¿cuáles son las tres o cuatro ideas principales que he extraído de esto? ¿Puedo reformularlas con mis propias palabras?
Esta última pregunta es crucial: si puedes expresar el concepto con tu propio lenguaje, significa que lo has procesado a través de tus propios esquemas mentales, transformándolo en un aprendizaje verdaderamente significativo. Si utilizas esta técnica descubrirás que, aunque inicialmente ralentizas tu lectura, paradójicamente avanzarás más rápido en la comprensión global y la memorización.

→ **Método de enseñanza simulada.** Esta técnica consiste en adoptar el rol de profesor explicando un concepto a una audiencia imaginaria que desconoce completamente el tema. Esta simulación didáctica constituye una poderosa herramienta metacognitiva fundamentada en principios neurobiológicos. Se activan simultáneamente los circuitos cerebrales responsables del procesamiento lógico y la comprensión narrativa. ¡Guau! Al preparar esta explicación imaginaria, tu cerebro opera a múltiples niveles: reorganiza jerárquicamente la información, identifica inconsistencias o lagunas en tu comprensión y establece nuevas conexiones neuronales que fortalecen significativamente la memoria a largo plazo. Sin duda, la mejor forma de aprender es enseñar. Para maximizar su efectividad, te recomiendo grabarte un vídeo explicando lo que estás aprendiendo, para ti mismo, de forma que habrás transformado el ejercicio mental en una práctica tangible. Haces un «como si», como si fuera de verdad, e incluso puedes verlo y mejorarlo. Así es como yo me preparo las conferencias, y cuando practico esta técnica, siempre me desafío a mí misma repitiendo la grabación varias veces, pero tratando de ser cada vez más breve, busco sintetizar y simplificar lo aprendido en las distintas iteraciones. El proceso es brutal, pues después soy capaz de explicarlo con detalle o simplemente con titulares.

→ **Elaboración contrastiva.** Esta técnica implica deliberadamente identificar lo que un concepto NO es, junto con lo que es. Al definir los límites y contrastes de un concepto, se crea una definición por negación cognitiva. Este proceso activa simultáneamente redes neuronales complementarias en la corteza prefrontal, y estas facilitan una comprensión más profunda y diferenciada. Después de estudiar un concepto, pregúntate: ¿con qué podría confundirse esto? ¿Qué no es este concepto? ¿Cuáles son las diferencias cruciales entre este y conceptos similares?

Cuando memorizamos sin comprender, activamos principalmente áreas cerebrales asociadas con la memoria a corto plazo. En contraste, cuando aprendemos con comprensión profunda, se activan simultáneamente múltiples regiones cerebrales, y así se crean patrones de activación distribuida, que son mucho más resistentes al olvido.

La comprensión no es solo una fase previa a la memorización; es la condición que transforma la información pasajera en conocimiento integrado y accesible. En este mundo hiperconectado en el que la información es abundante pero el conocimiento significativo escasea, la capacidad de comprender profundamente antes de intentar recordar se convierte en una ventaja cognitiva decisiva, ya que la comprensión también contribuye a desarrollar el pensamiento crítico.

Recuerda activamente

¿Cuánto tiempo puedes realmente almacenar la información? Muchas personas poseen una capacidad impresionante para absorber datos, pero de manera paradójica también los olvidan con la misma velocidad. Este fenómeno resulta particularmente problemático en nuestra era de hiperconexión porque no se trata simplemente de almacenar datos, sino de **recuperar la información correcta en el momento preciso** (cuando lo necesitas). Por ejemplo, te sabes el día del cumpleaños de tu mejor amiga, eso es genial, pero lo que es la pera es acordarte de su cumpleaños el mismo día en que lo celebra. Solo cuando esto ocurre podemos afirmar que tenemos una buena memoria.

La memoria no mejora por memorizar más y más información. **Esto es un error fundamental.** El fortalecimiento de la memoria no se produce principalmente mediante la repetición del almacenamiento, sino por la práctica activa de la recuperación. En otras palabras, no se trata de memorizar más, sino de recordar más frecuentemente. Ejercitar el hábito de extraer la información almacenada.

El patrón óptimo no es «aprender, aprender, aprender...», sino «aprender, evaluar, evaluar, evaluar...». Esta secuencia sistemática es la clave para consolidar efectivamente el aprendizaje.

Nunca debes considerar completa una sesión de aprendizaje sin incluir una sesión deliberada de recuperación. La persona que más recuerda no es quien más memoriza, sino quien más agudiza su capacidad de recuperación.

ESTRATEGIAS PRÁCTICAS

→ **Autoevaluación inmediata.** Cuando vayas a terminar una tarea o una sesión de aprendizaje y quieras reforzar la memorización, cierra todos los materiales, respira con profundidad y recuerda activamente las ideas principales que acabas de aprender. Verbalízalas o escríbelas sin consultar tus notas.

→ **Recuperación espaciada.** Programa sesiones breves de recuperación a intervalos crecientes, por ejemplo: después de una hora, al día siguiente, tres días después, una semana más tarde. Esta técnica aprovecha la forma en que el cerebro consolida la memoria, incluyendo el espaciado y la consolidación a través del sueño.

→ **Codificación contextual.** Esta técnica está basada en el fenómeno de la memoria dependiente del contexto. Consiste en asociar deliberadamente la información que deseas recordar con detalles ambientales específicos. La codificación contextual activa a la vez el hipocampo y la corteza sensorial, de manera que crea múltiples vías de acceso a la memoria. Por ejemplo, al estudiar información importante, presta atención consciente a elementos contextuales como la ubicación física en la página, los olores, sonidos o incluso tu postura. Cuando más tarde evoques estos elementos contextuales te resultará mucho más fácil la recuperación del material asociado.

→ **Recuperación por patrones rítmicos.** La información codificada con patrones rítmicos o musicales activa regiones cerebrales distintas pero complementarias a las utilizadas en el procesamiento lingüístico convencional. Esta codificación dual proporciona redundancia neuronal, que facilita significativamente la recuperación posterior. Transforma información clave en patrones rítmicos, melodías simples o incluso rimas. Durante la recuperación, reconstruye estos patrones para acceder a la información asociada.

→ **El Palacio de la Memoria.** Conocida formalmente como *método de loci* (método de los lugares). Este nombre lo inventó Cicerón, que aprendió la técnica del poeta griego Simónides de Ceos y que utilizaba frecuentemente para memorizar sus discursos. Representa una de las estrategias mnemotécnicas más poderosas y científicamente validadas. Esta técnica aprovecha la extraordinaria capacidad del cerebro humano para el procesamiento espacial, un sistema neurológico que evolucionó mucho antes que nuestras capacidades para el lenguaje abstracto. Cuando la aplicas, estás activando simultáneamente múltiples regiones cerebrales: el hipocampo (crucial para la memoria espacial), la corteza parietal (responsable de la navegación espacial) y la corteza visual (que procesa las imágenes mentales), entre otras. El proceso comienza seleccionando un espacio físico extremadamente familiar (yo suelo utilizar mi casa), donde cada ubicación específica servirá como gancho cognitivo para la información que quieres recordar. Determina una ruta específica, con ubicaciones claramente definidas y secuenciales (la entrada, el perchero, el espejo del recibidor, el sofá, etcétera). Asocia cada concepto o información que deseas recordar con una imagen visual y colócala en esas ubicaciones. Para recuperar la información, simplemente recorre mentalmente esa ruta y reencuéntrate con los conceptos que enganchaste previamente.

El verdadero poder de la memoria humana no radica en su capacidad de almacenamiento —en esto, las máquinas nos superan ampliamente—, sino en su capacidad de recuperación contextualizada, de establecer conexiones significativas y de aplicar el conocimiento de manera novedosa. Así que vamos con la parte más importante del proceso.

Aplica, vive lo aprendido

Lo verdaderamente significativo es la aplicación de lo que aprendes, pero nos enfrentamos a la sobreestimulación cognitiva constante que ha fragmentado también nuestra capacidad para completar el ciclo natural del aprendizaje. El bombardeo informativo incesante activa un mecanismo de defensa mediante el cual el cerebro procesa superficialmente grandes volúmenes de información sin permitir su integración profunda o aplicación.

La zona de salida —donde el conocimiento se convierte en acción— requiere inversiones mucho más sustanciales: tiempo, compromiso, esfuerzo, dedicación, precisamente los recursos que la economía de la atención ha convertido en escasos. El fenómeno del que ya hemos hablado, el *brain rot* o deterioro cognitivo inducido por el consumo digital, representa una disrupción de los circuitos de consolidación y aplicación del conocimiento.

Precisamente por esta razón, muchas personas nunca completan el ciclo de aprendizaje. Se quedan atrapadas en un ciclo interminable de consumo informativo sin llegar jamás a la fase de aplicación transformadora. La velocidad con que reemplazamos información nueva por más información nueva ha eliminado el espacio cognitivo necesario para la reflexión, la experimentación y la aplicación, donde ocurre el verdadero aprendizaje. En nuestra búsqueda por acumular más datos, hemos sacrificado la capacidad para transformarlos en sabiduría aplicada, perpetuando ese estado de fragmentación cognitiva que caracteriza la hiperdesconexión de nuestra era.

Nuestro cerebro opera bajo un principio fundamental que podríamos denominar *úsalo o piérdelo*. Si no utilizamos la información adquirida, tarde o temprano inevitablemente la perderemos.

Como has visto, el proceso completo de memorización supone abrirse a la posibilidad de que el conocimiento nos transforme; es un acto humano muy elaborado, que está sufriendo un ataque nunca visto. Cuando hay memorización completa porque aplicamos lo aprendido, dejamos una huella neurológica que modifica de manera sustancial nuestros patrones mentales. Desde aquí te animo, querido lector, querida lectora, a buscar un aprendizaje que no solo nos haga «saber más», sino «ser diferentes».

El aprendizaje permanente te proporciona el conocimiento, pero la aplicación permanente te dará los resultados. Es en esta danza continua entre teoría y práctica, entre entrada y salida, entre absorción y expresión, donde se encuentra el secreto de nuestra memoria humana.

7

Relaciones digitales y cerebro social: conectados pero solos

Sara celebraba su cumpleaños en un restaurante con sus amigos más cercanos. Había reservado una mesa para ocho personas, pero miraba con desconcierto cómo, a pesar de estar todos físicamente presentes, cinco de ellos tenían la mirada clavada en sus teléfonos.

—¡Eh, chicos! ¿Brindamos? —propuso en un intento de captar su atención.

Sus amigos levantaron brevemente la vista, sonrieron, chocaron sus copas y, segundos después, volvieron a sumergirse en sus pantallas. Uno compartía fotos del brindis en Instagram, otro respondía mensajes de trabajo «urgentes», dos más comentaban en el grupo de WhatsApp de otros amigos que no habían podido venir y el último buscaba el restaurante para dejar una reseña.

Sara observaba con ironía cómo sus amigos estaban simultáneamente compartiendo el momento con decenas de personas que no estaban allí, mientras apenas intercambiaban palabras entre ellos. Lo más revelador ocurrió cuando Carlos, sentado justo frente a Sara, le envió un meme por WhatsApp en lugar de mostrárselo directamente o contarle el chiste en persona.

Esa noche, al llegar a casa, Sara tenía cuarenta y tres notificaciones de las fotos publicadas y mensajes de amigos lejanos felicitándola. Su celebración había alcanzado a más personas que nunca, pero sentada en su sofá, recordando las conversaciones fragmentadas y las miradas esquivas, nunca se había sentido tan sola en un cumpleaños.

¿Te suena esta escena? **Es** *phubbing* —o como a mí me gusta llamarlo *ningufoneo*— en toda regla, por la combinación de las palabras *phone* ('teléfono') y *snubbing* ('desairar o menospreciar'). En definitiva, ignorar a quien está presente para atender el móvil. Últimamente la costumbre de ignorar es de lo más habitual, incluso entre niños y adolescentes. Pueden estar juntos físicamente, tratando de conectar y comunicarse entre ellos, pero a través del móvil.

Mediante el lenguaje, las pinturas, el contacto, los gestos y la interacción cara a cara, los seres humanos hemos construido relaciones, identidades y sociedades. Sin embargo, la conexión digital ha reconfigurado drásticamente nuestra manera de comunicarnos, transformando no solo los **medios**, sino también el **significado** de la comunicación misma.

Las redes sociales nos acercan a los que están más lejos, pero nos alejan de los que están al lado. Esta frase captura perfectamente la esencia de la paradoja de la hiperdesconexión. Aunque hoy podemos contactar a cualquier persona en segundos, nos sentimos más aislados y desconectados emocionalmente que nunca. La comunicación digital ha reducido la riqueza del intercambio humano, haciendo que nuestras interacciones sean más superficiales, fragmentadas y menos satisfactorias.

Esta transformación representa uno de los cambios más profundos en la historia de la comunicación humana. Por primera vez disponemos de herramientas que nos permiten mantener cientos de conversaciones simultáneas, sin importar las fronteras geográficas y temporales. Los antropólogos han observado que las sociedades humanas evolucionaron con limitaciones naturales en el tamaño de sus redes sociales, lo que Robin Dunbar cuantificó como aproximadamente ciento cincuenta relaciones significativas (las que un cerebro humano puede mantener). La tecnología ha pulverizado esta limitación evolutiva, pero sin proporcionar las adaptaciones neurobiológicas necesarias para gestionarla.

Nos enfrentamos a un fenómeno paradójico: mientras aumenta exponencialmente nuestra capacidad para transmitir información, disminuye nuestra capacidad para procesarla significativamente. El resultado es una forma de experiencia comunicativa que podríamos denominar *presencia ausente*: estamos físicamente presentes pero cognitivamente dispersos.

¿Nos estamos entendiendo mejor o hemos sacrificado la profundidad por la inmediatez?

Ya hemos visto los datos que señalan cómo ha aumentado la percepción de soledad en jóvenes y adultos, a pesar de estar conectados. Es la soledad compartida. Aun estando rodeados de mensajes y notificaciones en tiempo real, la calidad y profundidad de nuestras interacciones ha disminuido. Parece que lo que alimenta nuestro sentimiento de pertenencia y de familia no tiene que ver con la cantidad de mensajes, sino con la calidad y el significado.

Esta nueva ecología comunicativa ha alterado también las estructuras de nuestros encuentros. La comunicación digital favorece la homofilia: la tendencia a conectar con personas similares a nosotros, creando cámaras de eco donde nuestras ideas se refuerzan pero rara vez son desafiadas. Las interacciones cara a cara, por el contrario, nos enfrentan inevitablemente a la diversidad de perspectivas del mundo real, lo cual ejercita nuestras capacidades empáticas y nuestra tolerancia a la ambigüedad. La atrofia de estas capacidades tiene repercusiones que trascienden lo individual para afectar el tejido social, y se manifiestan en la polarización y fragmentación que están caracterizando el discurso público en los últimos años.

Comunicación digital versus comunicación cara a cara

La comunicación humana es un proceso mucho más complejo que el simple intercambio de palabras. Existe una *neurotontería* difundida entre muchos supuestos expertos en comunicación vinculada con una investigación de Albert Mehrabian en 1967, donde decía que el 93 por ciento de la comunicación es no verbal.[86] Sin embargo, el propio Mehrabian reconoce que la importancia relativa de los mensajes verbales y no verbales fueron derivados de experimentos relacionados con la comunicación de sentimientos y actitudes, y que sus conclusiones no se pueden extrapolar a todo tipo de comunicación. Lo que sabemos casi sesenta años después de esta sesgada investigación es que la comunicación humana funciona como un sistema integrado donde los elementos verbales y no verbales operan en constante interacción.

Las investigaciones más contemporáneas demuestran que la efectividad comunicativa no depende de porcentajes fijos, sino de la congruencia entre canales.[87] Cuando existe alineación entre lo que decimos, cómo lo decimos y nuestra expresión corporal, se activan simultáneamente regiones cerebrales asociadas con la confianza y la comprensión profunda.

Por otra parte, está claro que los elementos no verbales adquieren diferente relevancia según el contexto comunicativo: en situaciones donde predomina la transmisión de información técnica o datos concretos, el contenido verbal puede representar hasta el 80 por ciento del impacto comunicativo. Sin embargo, cuando se comunican emociones o en situaciones de ambigüedad, los elementos no verbales pueden convertirse en los transmisores principales del mensaje, y entonces activan circuitos neuronales específicos en el sistema límbico del receptor.

A pesar de ello, vuelvo a insistir en que lo que prima, lo que manda, es la congruencia o incongruencia de canales. Un equipo de científicos japoneses lo ha documentado: cuando existe contradicción entre lo que una persona dice y lo que expresa no verbalmente, el cerebro del receptor prioriza instintivamente las señales no verbales, que activan regiones asociadas con la detección de amenazas y la evaluación de autenticidad.[88] Este mecanismo, evolutivamente adaptativo, nos permite detectar inconsistencias que podrían señalar falta de sinceridad o conflicto interno y, por tanto, ser una amenaza.

Cuando nos comunicamos cara a cara, todos nuestros sentidos están implicados al completo de forma activa. En la interacción escrita digital, perdemos esta dimensión clave, perdemos información relevante, reduciendo la comunicación a texto o símbolos que no siempre transmiten las sutilezas del mensaje original. Perdemos esa parte de tono emocional que nos ayuda a calibrar la congruencia o incongruencia del mensaje, y por tanto a confiar o desconfiar del interlocutor. Cuando nos vemos cara a cara a través de una pantalla, aumentamos la implicación de nuestros sentidos, aunque no completamente, ya que quedan fuera de juego el olfato, el tacto, parte de la vista ya que no vemos el cuerpo completo... Está claro que necesitamos esa información para nuestra supervivencia, para detectar peligros potenciales. No puedo dejar de pensar en la cantidad de engaños, manipulaciones, estafas que surgen hoy en día en formato digital, sin el cara a cara, en las que podemos caer si no estamos muy atentos.

Están emergiendo de manera informal, y especialmente por parte de los jóvenes, nuevas formas de comunicación no verbal o paralenguaje digital que incluyen nuevos elementos a tener en cuenta, como la velocidad de respuesta, el uso de mayúsculas, emojis y la puntuación. Me atrevo a decir que son ya poderosos transmisores de significado emocional en entornos digitales. El riesgo: que son fácilmente suplantables y pueden carecer de autenticidad humana.

La comunicación cara a cara activa regiones del cerebro asociadas con la empatía, como la **corteza prefrontal medial y la ínsula**. En contraste, la interacción digital puede generar **un distanciamiento emocional**, ya que el cerebro no percibe esas señales completas de la comunicación. Por eso las interacciones digitales pueden incrementar la posibilidad de malentendidos y reducir la calidad de nuestras conexiones humanas.

Con la popularización de aplicaciones como WhatsApp, Telegram o el correo electrónico, la mayoría de nuestras interacciones han pasado de ser **síncronas** (en tiempo real) a **asíncronas** (con tiempos de respuesta variables). Esto ha cambiado las reglas del juego comunicativo porque nos ha otorgado más control sobre **cuándo y cómo responder**, pero ha reducido la fluidez y la naturalidad de la conversación.

El hecho de perder sincronía entre nosotros a la hora de comunicarnos puede disparar la ansiedad por no recibir respuesta inmediata. Nuestro cerebro está programado para esa interacción inmediata; sin embargo, le hacemos esperar, y en ocasiones incluso no contestamos. Esto debilita nuestro sentimiento de conexión con los demás, ya que el otro interlocutor puede interpretar que no es importante para nosotros. Esto no sucede en la comunicación cara a cara, pues estamos recibiendo *feedback* inmediato, incluso sin abrir la boca: los gestos, el *feeling* que nos da observar cómo reacciona la otra persona a nuestro mensaje, nos aportan una información tremendamente relevante para poder comprender y nos ayudan a ser más **eficaces**, ya que permiten el ajuste inmediato del discurso en función de la reacción del interlocutor.

Muchas veces utilizamos la asincronía como excusa para lanzar un mensaje que no nos atreveríamos a lanzar en directo; otras veces enviamos un mensaje, por ejemplo un correo electrónico, para informar a otra persona sobre algo y quitarnos responsabilidad, incluso llegamos a poner en copia a multitud de personas para curarnos en salud y evitar problemas. Lo que estamos haciendo así realmente es diluir responsabilidades y aumentar la carga de mensajes en nuestras bandejas de entrada.

El auge de los mensajes de voz ha mejorado nuestra interacción a través de un dispositivo, ya que ha cambiado la dinámica de la conversación digital. Al oír la voz de alguien, activas áreas del cerebro relacionadas con la empatía y la conexión emocional, y esto los hace más efectivos que el texto escrito.[89] Aunque muchas veces lo que hacemos es soltar un discurso tremendo, como un monólogo en el que no tenemos confrontación inmediata, y la otra persona que escucha ese audio se impacienta por ver que son unos cuantos minutos más de lo habitual y multiplica la velocidad de reproducción para hacerlo más liviano. Estos nuevos hábitos de comunicación fomentan la pérdida de espontaneidad, pueden aumentar los malentendidos al no tener *feedback* inmediato y potenciar la procrastinación y la evasión de conversaciones difíciles.

El uso cotidiano de la mensajería instantánea nos está llevando a una simplificación extrema del lenguaje, ya que el lenguaje digital tiende a minimizar el esfuerzo cognitivo, lo que puede empobrecer tremendamente la comunicación.[90] Aunque la comunicación asíncrona también tiene ventajas, pues te permite controlar mejor el tiempo de respuesta y puedes evitar interrupciones incómodas, también te deja reflexionar antes de contestar y puede resultar ideal para gestionar conversaciones en diferentes zonas horarias.

La sustitución progresiva de interacciones cara a cara por la comunicación a través de pantallas afecta el desarrollo y mantenimiento de nuestra capacidad para inferir estados mentales ajenos. Sabemos que los individuos con alta dependencia de mensajería instantánea presentan una reducción en la activación de la unión temporoparietal derecha, región crítica para la empatía y la comprensión de perspectivas ajenas.

¿Empatía en crisis? Cuando el otro se convierte en una interrupción

La empatía es una herramienta muy valiosa en nuestras relaciones, pero siento decirte que no podemos sentir exactamente lo mismo que los demás. No podemos ponernos en su pellejo. ¡Otra *neurotontería* que nos han contado! Es decir, que ponernos en el lugar del otro es imposible porque no hemos vivido lo mismo que esa persona. Pero lo que sí podemos hacer es tratar de entender lo que está viviendo esa persona al máximo y desde esa perspectiva conectamos emocionalmente con ella.

La empatía es un acto humano que consiste en combinar la escucha y la observación, en entender más que interpretar. Por ejemplo, si estoy en una reunión y veo que alguien apoya la cabeza en una mano. Desde mi punto de vista, puedo pensar «Esta persona se está aburriendo» porque para mí ese gesto significa cansancio o aburrimiento. Es decir, cuando yo estoy cansada o aburrida, apoyo la cabeza en la mano, pero a lo mejor para la otra persona ese gesto significa que está siguiendo nuestro discurso con suma atención. Así que ante la duda, ¿no sería mucho mejor preguntarle directamente y escuchar? Este sería un comportamiento empático.

No podemos interpretar a los demás aunque hablemos el mismo idioma. Cada uno tenemos nuestro propio lenguaje. La falta de oído emocional conduce a la torpeza social, ya sea por haber interpretado mal los comportamientos ajenos, por una franqueza inoportuna o por una indiferencia que impida la conexión. Una de las formas que puede adoptar esta falta de empatía es tratar a los demás como si fueran estereotipos, y no como individuos únicos que son. Otra de las formas que puede adoptar la falta de empatía es tratar a los demás como a nosotros nos gustaría ser tratados. Lo que funciona realmente es tratar a los demás como ellos necesitan, así que no queda otra que preguntar y escuchar.

Para lograr ser empáticos, necesitamos todos nuestros sentidos al servicio de nuestra misión: sintonizar y conectar con la otra persona, y como hemos visto, la comunicación digital afecta de forma negativa a este acontecimiento puramente humano.

La empatía no va de intenciones, sino de acciones, y muchas veces nos engañamos a nosotros mismos creyéndonos superempáticos a través de nuestros dispositivos mientras interactuamos en redes sociales. La empatía es una herramienta, tiene una función real entre los seres humanos, sirve para algo, y esta supuesta empatía que mostramos en redes sociales solo nos hace sentir mejor a nosotros, pero no cambia nada. Confundimos la empatía con gestos como:

- El uso de emojis y reacciones emocionales para expresar apoyo (❤, 😢, 💪).
- Mensajes de ánimo o condolencias a través de texto o audios.
- Participación en causas solidarias digitales.
- El apoyo simbólico a causas globales en redes sociales, como cambiar la foto de perfil.

Esto son muestras de apoyo, pero no es empatía. Apenas te quitan tiempo. Son respuestas automatizadas a veces y superficiales que hacen que nos sintamos mejores…, a distancia. Alivian nuestro malestar ante una injusticia lejana o lo anestesian. Probablemente no te esté gustando leer esto y no quiero restar importancia al hecho de manifestar cariño y apoyo a través de nuestros dispositivos. La tecnología no es la única culpable. El ritmo acelerado de nuestro día a día reduce el tiempo que dedicamos a las interacciones profundas con los demás. Para ser auténticamente empáticos, necesitamos tiempo y presencia. A veces no tenemos energía y los demás significan una interrupción para nosotros, una molestia. Si lo piensas, cada vez recibimos menos llamadas de felicitación por nuestro cumpleaños porque ya muchas veces nos felicitamos a través de mensajes, audios o historias de Instagram.

Según estoy escribiendo esto, me estoy sintiendo un poco fraude, porque a mí es a la primera que me cuesta aplicar esto de la empatía, y mira que lo trabajo veces con mis clientes. En casa del herrero...

Mi marido entra en el salón mientras estoy respondiendo emails en el móvil, revisando la lista de la compra y mentalmente planificando la cena.

—Cariño, te tengo que contar una cosa increíble del curro...

Yo levanto la vista del teléfono con esa expresión que todos reconocemos: los ojos físicamente dirigidos hacia él, pero el cerebro aún procesando los tres wasaps que acaban de llegar, el recordatorio del dentista y si tenemos leche en la nevera.

—Sí, sí, te escucho —le digo mientras mentalmente sigo en multitarea.

Cinco minutos después, cuando termina su historia, me doy cuenta de que he captado aproximadamente el 30 por ciento de lo que me ha contado. Algo sobre un compañero, un proyecto y... ¿una impresora? No tengo ni idea.

Mi cerebro, entrenado para el procesamiento fragmentado de la era digital, había decidido que podía atender a mi marido como si fuera otra notificación más.

Spoiler: No funcionó.

P. D.: Cariño, si estás leyendo esto, prometo que a partir de ahora cuando vengas a contarme algo, te prestaré toda mi atención.

Sí, sí…, si ya me lo sé, la empatía resulta que es binaria: o conectas completamente o no. No existe el medio escuchar emocional ni la empatía a medias.

¿Cómo podemos entrenarnos y aprender a utilizar la empatía para que realmente funcione como necesitamos? Bien, pues hay dos niveles empáticos: uno que viene de serie —y que vamos perdiendo según vamos creciendo— y otro que necesitamos entrenar y desarrollar —a medida que crecemos—.

El que viene de serie es la empatía emocional. Cuando decimos «Sé que estás mal». Es el componente afectivo, la respuesta emocional apropiada de un observador al estado emocional de otra persona. Nacemos con este tipo de empatía, pero la vamos perdiendo a medida que crecemos. Tenemos que recuperarla. Es la típica reacción de los niños pequeños cuando ven a otro niño llorando o haciéndose daño. Se contagian del malestar, pero no se preocupan por entender qué sucede. Lo mismo ocurre con los animales, los mamíferos. Mi gato Apple, por ejemplo, sabe cuándo estoy triste o alegre, se acerca a mí, y también cuando estoy enfadada, entonces se aleja. Es como una empatía incondicional, pero sin entender muy bien qué está sucediendo.

Después tenemos la empatía intelectual. Aquí es cuando comprendo que estás mal. Es el componente cognitivo: entiendo los sentimientos del otro y tengo la habilidad para entender también su perspectiva. Así es menos probable que caigamos en juicios precipitados o sesgos cognitivos. El psicólogo suizo Jean Piaget lo denominó *responder de una manera no egocéntrica*. Es la racionalización de lo que les sucede a los demás.

La propuesta que te hago es entrenarte y utilizar la empatía como una herramienta consciente. Así, comenzamos buscando comprender al otro desde esa dimensión más racional, y una vez que esto ha sucedido, hemos empatizado, podemos conectar emocionalmente a través de la simpatía (me acerca a ti), la antipatía (me aleja de ti) o la apatía (no me afecta). Desde esta perspectiva, podemos empatizar con cualquier persona, porque no necesitamos estar de acuerdo con ella, ni tampoco se trata de que nos caiga bien. Aunque la persona nos parezca antipática, podemos entender su historia, lo que la ha llevado a esa situación, podemos comprenderla, podemos empatizar.

Pero la empatía es un acontecimiento de doble vía. Para ser empáticos, no solo tenemos que entender a la otra persona, pues nos quedamos a medias. La empatía también consiste en que la otra persona se sienta comprendida por mí. ¡Así es! Y cuando esto sucede es cuando hay conexión entre nosotros, nuestros cerebros están sincronizados danzando el mismo ritmo electromagnético.

Y ahora veamos un poquito de neurociencia para realizar esa labor tan complicada: nuestro cerebro utiliza lo que llamamos el *equipo empatía*, que se ubica en la corteza prefrontal, pero esta no trabaja sola, hay otras regiones que forman lo que llamamos el *cerebro social*. Estas regiones son, en primer lugar, las dos amígdalas, una en cada lóbulo temporal, bastante conocidas porque también son las encargadas de dar significado emocional a lo que vivimos. Y también está la ínsula (nos permite percibir y comprender nuestras propias emociones y las de los demás), la corteza cingulada anterior (que se activa cuando sentimos empatía o experimentamos dolor social) y la corteza temporoparietal (nos permite comprender al otro mejor).

Cuando este equipo se activa en armonía, provoca que sigamos con el proceso natural que nos lleva al siguiente nivel empático, que es la compasión. Sí, sí, has oído bien: la compasión; a mí me gusta decir que es el nivel avanzado de la empatía. Porque precisamente cuando empatizamos comprendiendo profundamente al otro y ese otro se siente comprendido por nosotros, si además nos emocionamos con él o con ella y prestamos toda nuestra atención, necesitamos sí o sí entrar en acción. Y aquí es donde entra en juego la compasión, porque es la que realmente nos impulsa a actuar, a colaborar y a ayudar a los demás.

Así que tendríamos tres niveles:

- Por un lado, el componente **cognitivo**. «Te entiendo», que eso es lo que se corresponde con el comportamiento empático.
- El **afectivo**. «Siento contigo al entenderte», me emociono porque mis pensamientos generan una emoción en mí. Y esto es la simpatía.
- Y la **motivación**. «Quiero ayudarte». La emoción promueve el movimiento en mí y entonces es cuando entro en acción y practico la compasión.

Como ves, la compasión nada tiene que ver con el componente negativo que solemos darle en la cultura latina de tener pena o lástima de alguien. Muchas veces nos cuesta aprovechar todas las oportunidades que tenemos para ayudar y colaborar con los demás. Y no es porque no queramos, sino porque literalmente no nos damos cuenta, no prestamos atención, no nos paramos... Nuestro encuadre apunta en la dirección equivocada.

Puedes aplicar el comportamiento compasivo en 360 grados. Con los demás, pero contigo mismo también a través de la autocompasión, y por qué no, aplica el pensamiento compasivo a la resolución de problemas. Considera cómo aplicar las tres dimensiones: ¿qué he entendido? ¿Cómo me siento? ¿Cómo puedo ayudar? Cuando aplicas la compasión, te sientes útil, entonces tus acciones tienen un efecto positivo en tu entorno y al final tu vida gana en significado y propósito.

Palabras sin cuerpo: la gran evasión lingüística

Miguel entró en la cafetería donde había quedado con su amiga Elena, una profesora de literatura a la que no veía desde la universidad. Mientras esperaba, revisó sus mensajes: dieciséis notificaciones, tres correos urgentes y un recordatorio para la videollamada que tendría al cabo de dos horas. Suspirando, guardó el teléfono justo cuando Elena apareció.

—¡Miguel! ¡Cuánto tiempo! —exclamó ella abrazándolo efusivamente.

—¡Elena! Se te ve genial —respondió él volviendo a comprobar su teléfono por instinto.

Después de pedir sus cafés, Elena le preguntó por su vida. Miguel tomó aire y comenzó su narración:

—Bueno, ya sabes cómo es... Cuando *trabajas* en marketing digital, *te encuentras* con que *tienes* que estar siempre conectado. *Se hace* muy difícil desconectar. *Te levantas* pensando en correos y *te acuestas* repasando campañas. *Uno no puede* simplemente apagar el móvil porque *la gente espera* respuestas inmediatas...

Elena lo observaba con una sonrisa enigmática, tamborileando con los dedos sobre su taza. Finalmente lo interrumpió:

—Disculpa, Miguel, pero... ¿quién exactamente está viviendo tu vida? Porque según lo que me cuentas, parece ser «uno», «la gente», o un misterioso «tú» genérico, pero curiosamente no apareces tú mismo en toda la historia.

Miguel parpadeó confundido.

—¿A qué te refieres?

—No has usado ni una sola vez la primera persona del singular. No has dicho «yo trabajo», «yo me siento», «yo decido»... Es como si estuvieras narrando la vida de otra persona.

—Bueno, es que así *se habla* ahora, Elena —contestó él ligeramente incómodo—. *Uno no tiene* tiempo para andarse con florituras gramaticales. *La gente va* al grano.

Elena soltó una carcajada tan sonora que varias personas se giraron a mirarlos.

—Perdona, ¡lo has vuelto a hacer! Uno... La gente...

Miguel seguía con cara de interrogación.

—¿Florituras gramaticales? ¡Miguel! ¡Estamos hablando del pronombre *yo*! No de escribir como García Márquez. Es tu vida, ¿por qué la narras como si fuera el prospecto de un medicamento?

Miguel se revolvió en su asiento.

—Desde Recursos Humanos *han determinado* que esta forma de comunicación es más eficiente —bromeó imitando una voz robótica.

—Ah, ya veo. ¿Y quién es ese Recursos Humanos? ¿Tu nuevo *roomie*? —Elena sacó un pequeño cuaderno de su bolso—. Mira esto. Es de mi clase de literatura con adolescentes. Les pedí que escribieran un párrafo sobre su fin de semana. La mitad escribió exactamente como tú hablas: «Cuando juegas videojuegos se te pasa el tiempo volando», «Te puedes sentir muy frustrado cuando no te dejan salir»... ¡Chicos de quince años incapaces de decir «yo jugué» o «yo me sentí»!

Miguel sonrió empezando a entender.

—¿Estás diciendo que evitamos la primera persona para eludir responsabilidades?

—¡Bingo! En mi clase lo llamamos la *Gran Evasión Lingüística*. Es como si todos fuéramos testigos de nuestra propia vida en lugar de protagonistas. —Elena tomó un sorbo de café—. ¿Recuerdas cuando en la universidad pasábamos horas discutiendo sobre Cortázar? Ahora la gente pide perdón por enviar mensajes de voz de más de treinta segundos.

—Es que *no hay* tiempo... —comenzó Miguel automáticamente.

—¡Ajá! ¡Lo has vuelto a hacer! —Elena lo señaló triunfal—. No has dicho «yo no tengo tiempo». Has dicho que «no hay», como si el tiempo fuera una entidad externa que toma decisiones por ti.

Miguel se echó a reír derrotado.

—Vale, *habrá que rendirse…*, quiero decir, YO me rindo.

—Vas progresando —asintió Elena satisfecha—. Ahora cuéntame algo, lo que sea, pero siendo TÚ el protagonista de tu propia frase.

Miguel respiró hondo y dijo lentamente:

—Yo… echo mucho de menos las conversaciones como esta. Trabajo demasiado. Y me escondo detrás de mensajes cortos y frases hechas.

—¿Ves? No era tan difícil —sonrió Elena—. Y ahora que has recuperado tu yo, quizá podamos recuperar también algo del tiempo perdido. ¿Qué te parece si yo te presto un libro y tú prometes leerlo sin distracciones?

—Yo acepto el reto —respondió Miguel guardando deliberadamente su teléfono en el bolsillo más inaccesible de su chaqueta—. Y yo invito a los cafés.

En la mesa de al lado, un joven que había estado oyendo accidentalmente toda la conversación miró su propio teléfono y, tras un momento de reflexión, lo apagó. Luego sacó un cuaderno y escribió: «Hoy he decidido que voy a…».

Este tipo de conversaciones las tenemos constantemente, y lo peor de todo es que no somos conscientes, no nos damos cuenta. Me divierte mucho corregir a mis *coaches* y a los participantes de mis talleres, se quedan petrificados y al principio no lo pillan. Pero cuando se dan cuenta, la cosa cambia radicalmente y empiezan a responsabilizarse de lo que dicen y a dejar de quejarse o justificarse. Es como si de repente se hicieran adultos.

Vamos a darle una vuelta de tuerca más al empobrecimiento del lenguaje en la era actual. Estamos siendo testigos y protagonistas de una pérdida de habilidades conversacionales brutal. Esto se manifiesta en la falta de responsabilidad y presencia en nuestras propias conversaciones. Nos expresamos desconectados de nosotros mismos y a veces incluso de manera disociada.

Si prestamos atención, podemos darnos cuenta en numerosas ocasiones de cómo, cuando hablamos de nosotros mismos, utilizamos expresiones del tipo: «Cuando tienes que hablar en público, te pones muy nervioso, es que solo de pensar en que tienes que salir al escenario se te seca la garganta y no te sale nada de la boca...».

¿Por qué no lo expresamos en primera persona? Si intentáramos hacer lo mismo en formato escrito, nos resultaría incoherente y equívoco, sería difícil de leer. Sin embargo, en el lenguaje hablado esto es muy habitual, es como si al hablar nos desconectásemos de nosotros.

También utilizamos el mismo mecanismo cuando vamos a dar una opinión, a comunicar una decisión o incluso al dar un *feedback* a otra persona, pero en este tipo de conversaciones nos solemos diluir utilizando la primera persona del plural, o apelamos a organismos, grupos, e incluso hablamos en impersonal. Frases como:

«Hemos decidido que...».

«Se ha visto que la mejor opción para ti es...».

«Desde Recursos Humanos, han considerado que...».

«Esto viene del *cluster,* del grupo».

Lo que ocurre con esta forma de comunicarnos es que, de alguna manera, nos escondemos detrás de las palabras que decimos, eludiendo la responsabilidad completa del mensaje que nosotros y nadie más está transmitiendo. Es una forma de no aparecer realmente en la conversación, de no implicarme, de dejar un espacio de ambigüedad o generalización para que no se me vea. En definitiva, es una manera de arriesgarme menos.

Sin embargo, esconderse detrás del propio discurso tiene efectos muy nocivos para nosotros. Si no nos hacemos responsables de lo que decimos, en cierto modo estamos menos presentes en la conversación y en la solución. Es la gran evasión lingüística.

Lo fascinante de este tema es cómo algo aparentemente técnico —los pronombres y personas gramaticales que usamos— refleja cambios profundos en nuestra psicología y en nuestra forma de relacionarnos con el mundo desde la no presencia y la desconexión humana.

Cuando hablamos en primera persona, nos mostramos más seguros de lo que decimos, podemos estar más dispuestos a cambiar las cosas y también damos más espacio al otro. Si yo digo lo que pienso, hay espacio para que tú digas lo que piensas. Yo ya no pretendo hablar por boca de todos para desaparecer en la globalidad y extender mis opiniones de manera manipulativa.

Hablar en primera persona supone dar un paso al frente.

«A mí me pasa esto».

«Lo que yo creo es...».

«Yo necesito que a partir de ahora...».

«He decidido que...».

Elimino barreras. Ocupo espacio, acepto las consecuencias, y a cambio me hago visible y ejerzo mi liderazgo.

La sabiduría digital: abrazando lo mejor de las distintas generaciones

El concepto de *nativos digitales* (individuos que han crecido utilizando la tecnología y aparentemente son capaces de adoptar y adaptarse sin esfuerzo a los cambios en el panorama digital) e *inmigrantes digitales* (alguien que no se crio en un entorno digital, pero que utiliza y adopta muchos aspectos de la tecnología), introducido originalmente por Marc Prensky en 2001, ha evolucionado significativamente.[91] En 2009 Prensky reconsideró su posición: cuestionó la relevancia de la distinción entre nativos e inmigrantes digitales e introdujo el concepto alternativo *sabiduría digital*. Este concepto trasciende la diferencia de edad y surge del uso de lo digital para acceder a un poder cognitivo —que va más allá de nuestra capacidad innata— y a la sabiduría en el uso prudente de la tecnología para mejorar nuestras capacidades.

He querido especificar y dar luz a este concepto porque me encuentro con muchos adultos, inmigrantes digitales, que creen que el impacto de las nuevas tecnologías y redes sociales no va con ellos. ¡Craso error! Los estudios actuales tienden a indicar que los factores determinantes en la alfabetización digital no son generacionales, sino relacionados con la amplitud de uso, la experiencia, las creencias, la autoeficacia y la educación.[92] Así que todos estamos en el mismo barco, no hay excusas.

Lo que sí que está sucediendo es una desincronización conversacional entre las generaciones. Los adolescentes de hoy en día tienden a procesar la información en patrones no lineales, mientras que los adultos mantenemos modos de procesamiento secuenciales. Cuando nos comunicamos, estas diferencias generan asincronías en los ritmos de las conversaciones, en las expectativas de respuesta y el procesamiento emocional, y se manifiestan como impaciencia mutua, interpretaciones erróneas de señales emocionales y atribuciones negativas recíprocas.

Existen otros patrones generales que emergen ante la hiperdesconexión: los nativos digitales procesan la comunicación mediada tecnológicamente como una extensión natural de la comunicación cara a cara, mientras los inmigrantes digitales la experimentan como un modo alternativo que requiere traducción constante, aumentando su carga cognitiva y reduciendo recursos atencionales disponibles para el contenido real del intercambio.[93]

Esta división se manifiesta en patrones comunicativos concretos:

- **Velocidad versus profundidad.** Los nativos digitales muestran mayor comodidad con intercambios rápidos y múltiples, mientras los inmigrantes digitales valoran conversaciones más extensas y lineales.
- **Multisensorialidad versus monomodalidad.** Los nativos digitales integran naturalmente múltiples modalidades comunicativas (texto, imágenes, vídeos, audio) mientras los inmigrantes digitales tienden a preferir un canal comunicativo dominante.
- **Documentación versus experiencia.** Los nativos digitales tienden a documentar experiencias mientras ocurren, integrando esta documentación como parte de la experiencia misma, mientras los inmigrantes digitales perciben la documentación como una interrupción de la experiencia directa.

La brecha relacional entre generaciones digitales representa un desafío real; aun así, ofrece oportunidades de complementariedad cognitiva. Y aquí es donde tenemos que ponernos las pilas, abrir nuestra mente y empatizar con esta gran diferencia en las relaciones y en la comunicación. Las personas, organizaciones y familias que logran aprovechar las fortalezas distintivas, como la capacidad de procesamiento paralelo y adaptabilidad de los nativos digitales, junto con la profundidad reflexiva y procesamiento sistemático de los inmigrantes digitales, desarrollan ecosistemas comunicativos más auténticos y conectados. La verdadera inteligencia colectiva del siglo XXI no surgirá de la victoria de un patrón sobre otro, sino de su integración consciente y complementaria, aprovechando la plasticidad inherente del cerebro humano para desarrollar modos de comprensión social.

Estamos llamados a entendernos y a encontrarnos a pesar de la distancia generacional. En mi empresa desarrollamos proyectos de *mentoring* inverso con grandes empresas. Estos programas están basados en el acompañamiento de toda la vida a través de conversaciones, pero con una peculiaridad, y es que el mentor o mentora no es el más mayor, sino al revés. Es el nativo digital el que acompaña a una persona con menos habilidades en materia de digitalización para ayudarla a actualizarse y entender el nuevo mundo. Son programas muy potentes que tienen resultados extraordinarios al impactar de manera directa en la actualización y la mentalidad de personas séniors. Hace un par de años revolucionamos los programas de *mentoring*, cuando hablando con uno de nuestros clientes, surgió la posibilidad de hacer un programa llamado «Cross Mentoring: abrazando lo mejor de cada generación». En él utilizamos como mentores y mentoras tanto a personas séniors como júniors y ambos comparten inquietudes y aprendizajes. Ya vamos por la tercera edición, y una de las conclusiones que se repite a lo largo de las mismas es la necesidad de comprenderse mutuamente y la experiencia de descubrir que no están en realidad tan lejos.

Cartografía de la reconexión: cultivando relaciones significativas desde la empatía

La neurociencia social ha demostrado que cuando prestamos atención a otra persona y hay contacto visual, se despierta la compasión y siempre siempre queremos colaborar. Pero si estamos solo pendientes de nosotros mismos y nuestras preocupaciones y obligaciones, vamos a toda prisa, miramos el móvil mientras alguien nos habla, no podemos percibir al otro del todo, no conectamos y, por tanto, no hay colaboración. El encuentro nos hace más humanos.

A continuación te propongo algunas claves para poner en práctica un comportamiento auténticamente empático y compasivo, tan necesario hoy en día.

PRÁCTICA PARA UN COMPORTAMIENTO EMPÁTICO Y COMPASIVO

→ **Atiende con todos tus sentidos.** Cuando alguien quiera hablar contigo, cuando quiera compartir algún problema, deja el móvil, cierra el ordenador y préstale toda tu atención.

→ **Escucha y observa.** Si quiero entenderte, necesito primero escucharte con todos los sentidos, escuchar tus palabras y también lo demás, lo no verbal. Y para hacerlo es fundamental que escuche para comprender, no para responder. Vaciar mi mente de posibles respuestas y disfrutar del silencio.

→ **Pregunta de vez en cuando.** Una vez que he escuchado, tengo que asegurarme de que he entendido. Y la mejor manera de hacerlo es preguntándole al otro. Así podré resolver las dudas que me hayan surgido y completar la información para poder entender sus circunstancias y cómo se siente la otra persona.

→ **Reformula.** Es otra herramienta para activar la empatía. Se trata de repetir lo que has entendido. Es una manera de asegurarte de que has entendido a la otra persona y que esta se siente comprendida por ti. Recuerda que la empatía tiene doble vía: no es solo comprender al otro, sino que el otro también se sienta comprendido.

→ **Activa la curiosidad cada vez que interactúes.** Ábrete a la posibilidad de que la otra parte tenga razón. La curiosidad no solo es una herramienta individual para aprender, sino que genera conexión. Cuando hacemos preguntas abiertas y genuinas, invitamos a los demás a compartir sus pensamientos, emociones y experiencias. Hoy muchas conversaciones están diseñadas para aparentar o impresionar. Por eso, cambiar el estilo de nuestras interacciones puede marcar la diferencia, ya que genera conexiones más genuinas.

→ **Practica el contacto social significativo.** Las interacciones sociales significativas activan sistemas neurológicos que contrarrestan directamente los efectos del estrés crónico, particularmente a través de la liberación de oxitocina y la modulación de la actividad de la amígdala.[94] Lo crucial de este hallazgo es la distinción entre cantidad y calidad de interacción social: no es el número de contactos, sino la profundidad de conexión lo que produce estos efectos reguladores a nivel neurológico. Así que establece rutinas regulares de conexión con personas significativas enfocándote en la escucha profunda y la presencia plena durante estas interacciones.

→ **Cultiva la generosidad a diario.** La bondad es la base para un cerebro sano. Los estudios de Davidson han evidenciado que los actos altruistas activan circuitos cerebrales de recompensa similares a los asociados con el placer, y crean un ciclo positivo de bienestar.[95] La bondad y la generosidad no solo son virtudes morales, sino que constituyen pilares fundamentales para el bienestar emocional duradero de uno mismo y los demás. A mí me gusta el concepto de *kindfulness*, la integración de la atención plena (*mindfulness*) con la amabilidad y la autocompasión.[96] Su aplicación puede transformar tanto el bienestar individual como el colectivo. Ser buena persona impacta positivamente en nuestro bienestar y en nuestras relaciones.

→ **Construye relaciones de aprendizaje y admiración.** Búscate un mentor o mentora, consejero o consejera, *coach*, o en su defecto un buen colega, para pelotear ideas e inquietudes. Esto te ayudará a entrenar tu capacidad de resiliencia, a mejorar tu capacidad para recuperarte de situaciones cotidianas y a retarte con nuevos desafíos para ampliar tu zona de confort. Una buena conversación puede ayudarte a ver, a través de los ojos de otra persona, las problemáticas con mayor objetividad. Si tienes dificultades emocionales, de aprendizaje o mentales, ponte en manos de un especialista clínico, ya sea un psicólogo, un pedagogo o un psiquiatra.

Y por último y no menos importante, quiero reflexionar contigo sobre la #EmpatíaDigital. No sé si estás muy familiarizado con este concepto, imprescindible en nuestras relaciones, especialmente en entornos laborales y sociales. Un comportamiento indispensable para liderar equipos cuando la pantalla está gran parte del tiempo entre nosotros.

La empatía digital tiene que ver con proyectar el impacto de tus acciones, a través del móvil u ordenador, en la persona que está al otro lado. Analizar el valor de ese impacto y actuar en consecuencia. En definitiva, es mostrar respeto por el tiempo de desconexión de los demás.

Aquí van algunos ejemplos:

- Si voy a mandar un email por la noche, porque me viene mejor, aunque avise a la otra persona de que no tiene que responderme hasta la mañana siguiente. Estoy deduciendo que va a poder dormir con tranquilidad, a pesar de tener un correo pendiente, pero… probablemente esto pueda afectar a su descanso.
- Si asisto a una reunión online, a una formación o cualquier encuentro digital y no enciendo la cámara porque solo estoy escuchando, estoy contribuyendo al «efecto soledad» que puede tener la persona que habla. Este tipo de comportamientos generan un malestar innecesario, ya que se puede interpretar que no te interesa, que estás

ocupado con otras cosas... Si no vas a encender tu cámara, mejor no te conectes.

- Cuando envío un email implicando a más personas de lo necesario, poniéndoles en copia «por si acaso». Estoy generando una presión innecesaria por el efecto que tiene el exceso de información en nuestro cerebro. ¡Deja de poner a tanta gente en copia!
- Si vas a comentar una foto o un post de otra persona en redes, piensa antes cuál es tu objetivo: ¿generar conversación, aprender, cuestionar o dejar en evidencia a la otra persona? Al hacerlo públicamente, puedes herir no solo a la persona en cuestión, sino a su familia, dañar su imagen pública, perjudicar su imagen e impactar en su trabajo, entre otros perjuicios. Si tu intención no es constructiva, no sigas adelante. Si tu intención es constructiva pero vas a rectificar o dar un *feedback* de mejora, ¿no crees que sería mejor hacerlo por privado? Si en la vida real no lo hacemos públicamente, ¿por qué cambiamos las reglas del juego en el entorno digital?

Todo esto nos suena a todos, ¿verdad? —me incluyo—. Vamos tan rápido cuando tenemos un dispositivo entre manos que se nos olvida que, cada vez que movemos nuestros dedos interactuando con el teclado, estamos impactando en la vida de la persona que está al otro lado. La próxima vez que vayas a interactuar a través de un dispositivo proyecta tu empatía digital: «¿Qué impacto va a tener esto al otro lado?».

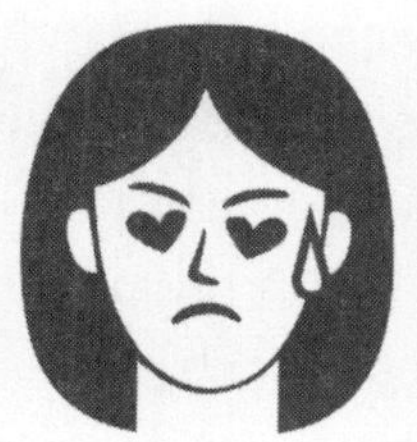

8
El cerebro hipersensible: cómo se están reconfigurando nuestras emociones

Santi estaba teniendo un día perfectamente normal. Se despertó, se preparó un café y decidió revisar su teléfono «solo cinco minutos» antes de empezar a trabajar. Tres cuartos de hora después, su estado emocional había recorrido más altibajos que una telenovela venezolana.

Todo comenzó con un simple «me gusta» que no recibió. Su compañero de piso había publicado una foto de ambos en la cena de anoche etiquetándolo. La publicación ya tenía quince likes, pero ninguno de Emma, la chica que le gustaba. Santi sintió un inexplicable nudo en el estómago. «¿Por qué no le ha dado like? ¿Habrá visto la foto? ¿No le gusto?». Sus amígdalas cerebrales se iluminaron como un árbol de Navidad.

Mientras procesaba esta crisis, le llegó una notificación de un grupo de Slack del trabajo. Su jefe había enviado lo siguiente: «Santi, necesitamos hablar sobre el informe». Tres puntos suspensivos aparecieron y desaparecieron durante cinco minutos. Las amígdalas de Santi pasaron de parpadear a latir como una rave de los noventa. Cuando finalmente llegó el resto del mensaje («... está muy bien, solo algunos detalles que ajustar. Mañana nos vemos y te cuento»), su cortisol ya había alcanzado niveles estratosféricos.

Para calmarse, decidió ver algunos vídeos de gatitos. En medio de su dosis de felinos, se topó con una noticia sobre una posible nueva pandemia en un país que ni siquiera sabía ubicar en el mapa. «¡Lo que nos faltaba!», pensó mientras googleaba frenéticamente los síntomas, convencido de que ya sentía picazón en la garganta.

De vuelta en Instagram, vio que su ex había publicado una foto con alguien. ¿Estaba saliendo con otra persona? El detective privado interno de Santi analizó cada píxel de la imagen buscando señales. «No parece su tipo», se consoló mientras revisaba el perfil del sujeto hasta las publicaciones de 2014.

Cuando finalmente se sentó a trabajar, su cerebro era un batido de emociones. Se sentía agotado, ansioso, nervioso, pero a la vez apático y también ligeramente molesto, aunque no podía identificar exactamente por qué.

Su compañero de piso entró en la habitación:

—¿Todo bien? Pareces estresado.

—Día duro —respondió Santi, que no había salido de casa ni hablado con nadie en persona.

—Pero si son las 9.45 de la mañana...

Santi le lanzó una mirada que podría haber congelado el sol.

—¡No me juzgues! ¡Tú no entiendes la presión que estoy soportando!

Su compañero, confundido, levantó las manos en señal de rendición y salió de la habitación. Santi respiró hondo, revisó una última vez su teléfono y vio que Emma finalmente había dado like a la foto y comentado: «¡Qué divertida noche!».

Instantáneamente, su humor cambió. El sol brillaba de nuevo, los pájaros cantaban. «Qué buen día», pensó mientras su cerebro producía una dosis de serotonina que compensaba la montaña rusa anterior.

Hasta que vio que Emma había puesto el mismo comentario en otras cinco fotos diferentes...

Y así fue como, sin haber salido de su habitación ni vivido ningún evento objetivamente significativo, Santi experimentó más drama que una temporada completa de cualquier serie de Netflix.

En la intersección entre la revolución tecnológica y las exigencias de la vida contemporánea, nuestro cerebro está experimentando una transformación sin precedentes. La sobreexposición a estímulos constantes se entrelaza con un estilo de vida caracterizado por agendas sobrecargadas, multitarea perpetua y la presión de estar siempre disponible, en forma y al día de todo. Esta combinación no solo nos impacta cognitivamente, sino que también está reconfigurando profundamente la forma en que procesamos las emociones y respondemos al mundo que nos rodea.

La primera zona cerebral por la que pasan las señales sensoriales es el tálamo, una estructura ovalada de unos tres centímetros que se encuentra situada en el centro del encéfalo. Del tálamo pasa a la amígdala. Otra vía procedente del tálamo lleva la señal hasta el neocórtex —el cerebro pensante—, permitiendo que la amígdala comience a responder antes de que el neocórtex haya ponderado la información. Desde el punto de vista anatómico, el sistema emocional puede actuar independientemente del neocórtex. Normalmente, la mayor parte de la información pasa del tálamo a la corteza cerebral, donde funciona nuestra parte lógica y racional. Es la corteza quien se encarga de tomar la decisión ante el estímulo sensorial. Sin embargo, como hemos señalado, no toda la información pasa de forma directa del tálamo a la corteza. Una parte más pequeña de la información va directamente del tálamo a la amígdala, lo que permite que, en función de la magnitud (percepción totalmente subjetiva) del estímulo, tomemos una decisión instantánea e instintiva antes de que nuestra parte racional logre procesar la información. La exposición continua a estímulos potencialmente estresantes mantiene a la amígdala en un estado de vigilancia elevada, y esta vía rápida emocional se sobreactiva, es decir, que reaccionamos antes de que nuestra corteza prefrontal pueda evaluar racionalmente la situación.[97]

Imagina un día típico: tu calendario muestra seis reuniones, dos plazos de entrega y recordatorios de compromisos familiares y sociales. Entre llamadas, notificaciones y el constante cambio de contexto, tu cerebro navega un océano de demandas fragmentadas sin tiempo para procesar, preparar o completar ninguna tarea de manera satisfactoria. Esta realidad no es excepcional; se ha convertido en la norma para muchísimas personas.

Esta triple presión —digital, social y profesional— está creando lo que podríamos denominar *hipersensibilidad neuronal*: un estado en el que nuestros sistemas de procesamiento emocional operan permanentemente cerca de sus límites máximos. Como un sensor ajustado a su configuración más sensible, el cerebro hipersensible detecta y reacciona de manera desproporcionada ante señales que antes podrían haber pasado desapercibidas, mientras simultáneamente intenta gestionar una lista interminable de tareas incompletas que ocupan el espacio mental disponible.

La neurociencia cognitiva demuestra que este fenómeno no es simplemente una impresión subjetiva. La exposición crónica a múltiples demandas produce cambios medibles en circuitos cerebrales clave, y se manifiestan en una mayor reactividad emocional, umbrales de activación más bajos frente a los estresores y, como ya hemos visto, una capacidad disminuida para mantener la calma y la atención sostenida.

La hipersensibilidad constituye así una de las variables fundamentales del binomio sensible-irreflexivo del mundo SISISI. Representa un cerebro que está constantemente procesando

—a menudo de manera superficial—, pero rara vez integrando o reflexionando en profundidad.

Lo particularmente fascinante es que esta reconfiguración neurológica ocurre en dos niveles simultáneos. Por un lado, la estimulación tecnológica constante altera nuestros circuitos de recompensa y atención, y así crea patrones de respuesta más reactivos. Por otro, la sobrecarga de obligaciones y compromisos mantiene al cerebro en un estado perpetuo de tareas incompletas, activando «el efecto Zeigarnik» del que ya hemos hablado: esa tendencia de la mente a mantenerse en un estado de activación por las tareas no finalizadas, consumiendo recursos cognitivos incluso cuando intentamos descansar.

Ambos fenómenos se retroalimentan: revisamos compulsivamente dispositivos digitales en parte porque nuestras mentes, sobrecargadas de tareas pendientes, buscan una vía de escape momentánea; y simultáneamente, esta distracción digital nos impide completar tareas, perpetuando el ciclo de activación del efecto Zeigarnik.

El resultado es un cerebro en estado de alerta permanente, navegando entre múltiples prioridades y estímulos, con sistemas emocionales que responden con intensidad incrementada a señales cada vez más sutiles, mientras recursos cognitivos cruciales para la autorregulación —como la atención ejecutiva y el control inhibitorio— se encuentran constantemente comprometidos.

Emociones contagiosas

Nuestro cerebro es social y, para bien o para mal, nuestro estado de ánimo es contagioso. La razón de esto radica en lo que los científicos llaman la *naturaleza de circuito abierto del sistema límbico del cerebro*, nuestro centro emocional. Un sistema de

circuito cerrado se autorregula, mientras que un **sistema de circuito abierto** depende además de fuentes externas para gestionarse a sí mismo. Es decir, las conexiones con otras personas pueden influir en la configuración de nuestro estado de ánimo.

Pensando en nuestra paradoja de la hiperdesconexión, estar más conectados que nunca pero sentirnos más solos puede explicarse en parte por esta naturaleza de circuito abierto de nuestro sistema límbico. Las interacciones digitales no proporcionan la misma calidad de sincronización que las interacciones cara a cara, y crean un déficit en nuestra regulación emocional interpersonal.

Este fenómeno tiene profundas implicaciones evolutivas. El sistema límbico de circuito abierto fue un diseño ganador en la evolución porque permitió que las personas se rescataran emocionalmente unas a otras, y esto facilitaba la cohesión social. Por ejemplo, una madre puede calmar a su bebé que llora simplemente con su presencia y contacto, gracias a la sincronización emocional.

El diseño de circuito abierto sigue desempeñando el mismo papel hoy que hace miles de años. Investigaciones en unidades de cuidados intensivos han demostrado que la presencia reconfortante de otra persona reduce la presión arterial, la frecuencia cardiaca y los niveles de cortisol en pacientes hospitalizados.[98] La conexión social, incluso en su forma más simple, tiene un poderoso efecto regulador del sistema nervioso.

Por otro lado, la falta de conexiones emocionales puede tener consecuencias muy graves para nuestra salud. Un estudio longitudinal encontró que los hombres de mediana edad que experimentaron tres o más episodios de estrés intenso en un año (por ejemplo, problemas financieros graves, despidos o divorcios) triplicaron su tasa de mortalidad si estaban socialmente aislados. En cambio, aquellos con relaciones cercanas no mostraron un aumento en el riesgo de muerte.[99]

Cuando dos personas mantienen una conversación durante unos minutos, sus ritmos cardiacos y patrones respiratorios comienzan a alinearse, reflejando una sincronización fisiológica. Los científicos describen este fenómeno basado en el circuito abierto como un sistema de «regulación límbica interpersonal». En este proceso, una persona puede transmitir señales que alteran los niveles hormonales, las funciones cardiovasculares, los ritmos del sueño e incluso las funciones inmunes dentro del cuerpo de otra. Así es como las parejas pueden desencadenar oleadas de oxitocina en el cerebro del otro, creando un sentimiento de bienestar mutuo.[100] Pero esta sincronización no ocurre solo en relaciones íntimas. En todos los aspectos de la vida social, nuestras fisiologías se entremezclan.

El circuito abierto no solo afecta las relaciones individuales, sino que también impacta a grupos enteros. Desde la oficina hasta el hogar, las emociones se propagan de manera irresistible. Incluso la expresividad no verbal puede influir en el estado de ánimo de otros. Por ejemplo, cuando tres desconocidos se sientan juntos en silencio durante un minuto, el más expresivo emocionalmente transmite su estado de ánimo a los demás, sin que se pronuncie una sola palabra.[101]

Curiosamente, las emociones fluyen más rápidamente cuando provienen de figuras de autoridad. Los líderes, padres o jefes tienen un impacto desproporcionado en el estado de ánimo de sus equipos o familias. Esto se debe a que los seres humanos tomamos señales emocionales de nuestras figuras de referencia, regulando nuestro propio estado en función de ellas.[102] ¡Cuánta responsabilidad tenemos en el bienestar de los que nos rodean! Nuestra capacidad para regular nuestras emociones es además modelo de aprendizaje para los que dependen de nosotros. Por favor, deja de gritarle a tu hijo que se tranquilice y cálmate tú primero para ayudarlo.

A medida que nuestras interacciones sociales migran a entornos digitales, la forma en que experimentamos y compartimos emociones cambia. Nuestro cerebro está desarrollando circuitos especializados para manejar el flujo constante de información, alterando potencialmente los sistemas de procesamiento emocional.[103] Un aspecto fundamental de esta transformación es la redefinición de nuestros umbrales emocionales: la exposición continua a contenido emocionalmente intenso puede desensibilizar determinados circuitos emocionales mientras hipersensibiliza otros.[104] El profesor David Eagleman, neurocientífico de Stanford, explica que nuestro cerebro está constantemente prediciendo y ajustando sus respuestas basándose en la experiencia previa y en el entorno digital, donde los estímulos emocionales extremos son frecuentes, el cerebro tiene que recalibrar sus respuestas, creando lo que podríamos denominar un *paisaje emocional alterado*.[105]

Sabemos que las emociones son capaces de propagarse incluso en línea, sin contacto físico directo, amplificándose a velocidades sin precedentes. Este contagio puede intensificar estados emocionales colectivos, y de esta forma crear una especie de olas de indignación, miedo o euforia que se propagan rápidamente y desencadenan respuestas emocionales desproporcionadas a nivel individual. Nuestro cerebro, evolutivamente preparado para la sincronización emocional con un grupo pequeño y cercano, ahora se encuentra intentando procesar señales emocionales de miles o millones de personas simultáneamente.

Este fenómeno ha sido estudiado por Facebook, que analizó a 689.003 usuarios y descubrió que la exposición a publicaciones con contenido positivo o negativo afectaba significativamente a su estado de ánimo, sin necesidad de contacto físico.[106] Este estudio es uno de los más importantes y controvertidos sobre el tema. El equipo de investigación manipuló el feed de noticias del grupo de usuarios durante enero de 2012, sin informarles de que formaban parte de un experimento (esto generó una intensa controversia ética). Me pregunto si tú o yo habremos participado sin saberlo... El caso es que dividieron a los usuarios en varios grupos: en uno redujeron las publicaciones positivas, en otro las negativas y luego hicieron grupos de control sin cambios en su feed. Después midieron las palabras con carga emocional que los propios usuarios utilizaban en sus publicaciones. Lo que observaron fue que los usuarios expuestos a menos contenido positivo producían más contenido con lenguaje negativo, y lo contrario con los usuarios que fueron expuestos a menor contenido negativo. Este estudio planteó las primeras preguntas sobre la manipulación emocional a gran escala por parte de las plataformas.

El auge de la reacción impulsiva

Las amígdalas, estructuras clave en el procesamiento emocional, parecen estar particularmente afectadas por este nuevo panorama de estímulos. Investigaciones que han utilizado resonancia magnética funcional revelan patrones de activación alterados en las amígdalas de personas con alto consumo de dispositivos digitales.[107] En concreto, observaron que las personas con un uso intensivo de redes sociales tenían mayor reactividad de la amígdala ante diversos estímulos, y sus patrones de conectividad funcional (cómo se comunican las amígdalas con otras áreas cerebrales) estaban alterados. En definitiva, el procesamiento de la información emocional mostraba cambios significativos en comparación con grupos de control. Esto se manifestaba en respuestas más impulsivas, mayor sobresalto, irascibilidad, estallidos emocionales...

Un estudio longitudinal profundizó en los hallazgos del estudio anterior y encontró que los participantes con mayor exposición a noticias negativas y contenido polarizante mostraban una reactividad amigdalar incrementada incluso ante estímulos neutros, sugiriendo un umbral de activación reducido (es como si el sistema de alarma del cerebro estuviera constantemente en un estado de preactivación).[108] También observaron una mayor hipervigilancia emocional y una generalización de su respuesta emocional, de modo que reaccionaban de igual manera a estímulos genuinamente amenazantes que a situaciones más neutrales como un pequeño desacuerdo o tener que esperar en una fila. Este fenómeno podría explicar por qué muchas personas experimentan reacciones emocionales desproporcionadas ante situaciones cotidianas. Estos estudios longitudinales son muy valiosos porque al seguir la evolución de los mismos participantes a lo largo del tiempo permiten establecer relaciones causales más sólidas.

Desde mi punto de vista, todo esto sugiere que la exposición digital no solo afecta a nuestras experiencias en línea, sino que reconfigura nuestras respuestas emocionales en la vida real, creando un estado de hipersensibilidad que puede inhabilitarnos para muchos desafíos de la vida.

Mientras las amígdalas muestran signos de hiperactividad, el córtex prefrontal (responsable de la regulación emocional y las funciones ejecutivas) parece estar bajo una presión sin precedentes. Como hemos visto, la multitarea digital constante sobrecarga los recursos cognitivos del córtex, comprometiendo su capacidad para modular adecuadamente las respuestas emocionales.[109] Toda esta dinámica crea un desequilibrio neurológico: mayor reactividad emocional con menor capacidad regulatoria, una combinación peligrosa que puede manifestarse con respuestas emocionales amplificadas ante estímulos relativamente menores.

Además de todo esto, la atención fragmentada, de la que ya hemos hablado, impacta directamente en cómo procesamos las vivencias. La atención plena es fundamental para la integración adecuada de las experiencias emocionales en nuestra narrativa personal, y con una atención constantemente interrumpida, las emociones pueden quedar subprocesadas, creando una acumulación de material emocional no resuelto que posteriormente puede manifestarse como hipersensibilidad, impulsividad o reactividad intensificada.[110]

Por otra parte, el contexto está impactando en el funcionamiento de los circuitos de amenaza y recompensa. En concreto, el circuito de amenaza —activado por señales, sensaciones o pensamientos que evocan miedo o estrés, y mediado principalmente por la noradrenalina y adrenalina— está experimentando una sobrecarga sin precedentes en el entorno contemporáneo. Esta hiperactivación se manifiesta en varios niveles:

- **Multiplicación de microamenazas digitales.** Las notificaciones constantes, los correos marcados como urgentes, las noticias de crisis globales inminentes y la exposición a debates polarizados representan un bombardeo continuo de pequeñas señales de amenaza que nos mantienen en un estado de semiactivación permanente.
- **Sobrecarga de obligaciones percibidas.** La agenda contemporánea sobresaturada genera una constante sensación de obligación interminable. Esta percepción activa precisamente el sistema de amenaza y crea un círculo vicioso donde la sobrecarga nos pone en modo defensivo, lo que a su vez reduce nuestra capacidad para completar tareas eficientemente. El «Tengo que hacer» pesa mucho más que el «Quiero hacer».
- **Ambigüedad constante.** La hipersensibilidad emocional se intensifica en contextos de incertidumbre, y esta es la nueva normalidad. La volatilidad y cambio constante nos mantiene en un estado perpetuo de ambigüedad que

nuestro cerebro tiende a interpretar como potencialmente peligroso.

Al mismo tiempo, el circuito de recompensa —mediado principalmente por la dopamina y asociado con la motivación positiva o de acercamiento— está siendo también recalibrado de maneras problemáticas.

La característica central de la hipersensibilidad emocional puede entenderse entonces como un desequilibrio en la alternancia entre el circuito de amenaza y el circuito de recompensa, ambos complementarios. Normalmente, cuando uno de estos circuitos está activo, el otro debería desactivarse, permitiendo una oscilación saludable entre estados motivacionales diferentes. Sin embargo, el entorno contemporáneo está creando una situación paradójica donde ambos circuitos intentan activarse simultáneamente o alternar con demasiada rapidez:

- **Alternancia acelerada.** Podemos estar experimentando un correo estresante (amenaza) mientras recibimos una notificación placentera de redes sociales (recompensa), y entonces forzamos a nuestro cerebro a intentar procesar simultáneamente señales contradictorias o alternar entre ellas a velocidades para las que no está evolutivamente preparado.
- **Interferencia mutua.** Esta coactivación parcial simultánea crea un «ruido neurológico» donde ninguno de los dos sistemas puede funcionar de forma óptima. El resultado es precisamente la hipersensibilidad: una reactividad emocional incrementada pero menos precisa, donde pequeños estresores pueden desencadenar respuestas desproporcionadas.
- **Agotamiento de recursos regulatorios.** La corteza prefrontal, responsable de modular tanto el sistema de ame-

naza como el de recompensa, se ve sobrecargada por este esfuerzo constante de regulación, y va reduciendo progresivamente su capacidad para mantener un equilibrio saludable entre ambos sistemas.

La dopamina y el circuito de recompensa distorsionado

Imagina por un momento que estás desplazándote por tu red social favorita y, de repente, aparece una notificación: alguien ha dado «me gusta» a tu última publicación. Sientes un pequeño chispazo de satisfacción. Luego, al abrir el refrigerador y encontrar ese último trozo de tarta que guardaste, experimentas otra pequeña oleada de anticipación placentera. Después, al completar una tarea difícil en el trabajo, otra sensación de logro inunda tu cerebro. ¿El denominador común detrás de todas estas experiencias aparentemente dispares? Una molécula llamada dopamina.

En los últimos años la dopamina se ha convertido en la auténtica celebridad del mundo neuroquímico. Ha pasado de ser un oscuro neurotransmisor conocido solo por científicos a protagonizar titulares, pódcast, libros de autoayuda y hasta tendencias en redes sociales. «Haz ayuno de dopamina», «Hackea tu sistema de dopamina», «Evita la trampa dopaminérgica»... Los consejos abundan, contradictorios y confusos a partes iguales y con mucha dosis de *neurotontería* y sensacionalismo.

Y no es para menos: en torno a la dopamina se ha creado una curiosa mezcla de ciencia rigurosa, simplificaciones excesivas y auténticos mitos. La comunidad científica investiga sus complejos mecanismos mientras el conocimiento que llega al público general a través de la divulgación no termina de ser coherente ni preciso. Que si es «la hormona del placer», que si es «la molécula de la motivación», que si debemos hacer «ayunos de dopamina», que si estos ayunos son una completa pérdida de tiempo... ¿En qué quedamos?

Para complicar aún más las cosas, la dopamina se ha convertido en la explicación por defecto de casi todos nuestros comportamientos modernos. ¿Adicción al teléfono? Dopamina. ¿Procrastinación crónica? Dopamina. ¿Dificultad para concentrarse en un libro después de años de *scrollear* en TikTok? Dopamina. Es como si esta pequeña molécula fuera simultáneamente el villano y el héroe de nuestra historia neurológica. Esta popularización no carece completamente de fundamento. La dopamina desempeña un papel crucial en nuestros circuitos de recompensa, esos sistemas cerebrales que evolucionaron para motivarnos a buscar comida, refugio, compañía y, en definitiva, a sobrevivir y reproducirnos. Pero su funcionamiento es mucho más sutil y complejo de lo que sugieren los titulares virales.

Vamos a indagar en el enigma de la dopamina y el sistema de recompensa, que evolucionó durante millones de años en entornos de escasez y esfuerzo y ahora se encuentra navegando en un océano de estímulos artificiales diseñados específicamente para activarlo una y otra vez. Hablamos mucho de las plataformas digitales como culpables pero no son las únicas; los alimentos ultraprocesados y otros productos contemporáneos han creado lo que podríamos llamar una *tormenta perfecta dopaminérgica* que está reconfigurando nuestras experiencias de placer, motivación y satisfacción. Vamos a explorar cómo funciona realmente este mecanismo fundamental de nuestro cerebro y cómo podemos desarrollar una relación más consciente con los estímulos que lo activan.

La dopamina, ese neurotransmisor fundamental para nuestra vida diaria, no solo está relacionada con el placer que sentimos al conseguir algo que nos gusta, sino, sobre todo, con la motivación que nos impulsa a buscarlo. Gracias a ella, nos sentimos animados a perseguir metas grandes y pequeñas. Vale la pena conocerla mejor, ¿no crees?

Las plataformas digitales están específicamente diseñadas para maximizar la liberación de dopamina a través de recompensas variables e impredecibles, similares a los mecanismos utilizados en las máquinas tragaperras. No es simplemente el hecho de que haya una recompensa, sino la impredecibilidad de esta: no sabes cuándo va a aparecer, pero sabes que llegará, y esa expectativa es la que te mantiene enganchado. Realmente la dopamina tiene más que ver con la anticipación del placer que con el placer mismo..., pero sigamos conociéndola.

Con el tiempo, esta exposición constante a pequeñas dosis de dopamina puede llevar a una desensibilización de los receptores dopaminérgicos. ¿Qué quiere decir esto? Pues que cada vez necesitamos estímulos más intensos para tener la misma sensación de satisfacción. Este proceso puede conducir a un estado de anhelo continuo, donde el cerebro se vuelve hipersensible a la promesa de recompensa pero paradójicamente menos capaz de experimentar satisfacción duradera.[111]

Michael E. Long, en su obra *Dopamina. Cómo una molécula condiciona de quién nos enamoramos, con quién nos acostamos, a quién votamos y qué nos depara el futuro,* describe cómo nuestro cerebro del siglo XXI está navegando un entorno radicalmente diferente de aquel para el que evolucionó.[112] Long explica que el circuito dopaminérgico se desarrolló para motivarnos hacia comportamientos esenciales para la supervivencia —buscar alimento, refugio y oportunidades de reproducción— recompensándonos con pequeñas dosis de placer cuando íbamos hacia estas actividades beneficiosas. La curioso es que en esa búsqueda de supervivencia hay una acción física en el ser humano, hay movimiento y luego viene la satisfacción y el sentimiento de orgullo por haberlo logrado. Con la dopamina que conseguimos a través de los dispositivos no hay acción ni movimiento (más que el dedo para hacer *scrolling*) y no hay satisfacción ni orgullo, sino todo lo contrario, te sueles sentir bastante frustrado por haber perdido el tiempo con el móvil.

Sin embargo, el mundo digital ha creado lo que Long denomina una *hiperpalanca dopaminérgica*: diferentes mecanismos que pueden activar este sistema de recompensa de manera mucho más potente, frecuente y sostenida que cualquier estímulo natural. Las notificaciones, los «me gusta», los comentarios y las actualizaciones constantes generan picos dopaminérgicos repetidos que nuestros cerebros ancestrales nunca tuvieron que manejar con tal frecuencia e intensidad. Pero ojo, que esto no solo sucede con los dispositivos, el estilo de vida que tenemos, de estrés, rapidez, exigencia, en muchas ocasiones genera esta dependencia. Nos identificamos con nuestro trabajo, y bajo la falsa promesa de una vida mejor, más sueldo, más tiempo libre en un futuro, caemos en la trampa de engancharnos totalmente y ser *workalcoholics*.

Long señala un fenómeno particularmente relevante: la dopamina responde con más intensidad a la anticipación de la recompensa que a la recompensa misma. Es por esto por lo que el acto de desbloquear el teléfono puede resultar más emocionante que el contenido que finalmente encontramos, y por qué constantemente sentimos el impulso de revisar nuestros dispositivos: estamos buscando ese pico de dopamina asociado con la posibilidad de una recompensa social o informativa. Pero este fenómeno anticipatorio lo experimentamos en muchas otras facetas de nuestra vida; por ejemplo, cuando preferimos los viernes —y los vivimos con más energía porque estamos anticipando el fin de semana— a los domingos —que estamos de bajón y con menos energía por anticipar una semana laboral posiblemente dura—. La dopamina no está tan asociada con el placer, sino con la anticipación de este. A mí me gusta decir que, más que placer, nos da motivación, nos moviliza a la acción.

Este neurotransmisor no solo opera como un mensajero de placer, sino como un regulador crucial de la motivación, la atención y la toma de decisiones. Cuando conseguimos el balance dopaminérgico, nos adentramos en un estado óptimo en el que nuestros sistemas de recompensa funcionan de forma equilibrada, de manera que nos permiten disfrutar de las recompensas genuinas sin caer en patrones compulsivos. Yo lo comparo con la sensación de fluidez, o estado de flujo de Csikszentmihalyi.

Anna Lembke, en su influyente obra *Generación dopamina,* describe lo que ella denomina la *paradoja de la abundancia*, que significa que en un entorno de acceso ilimitado a estímulos placenteros, nuestros mecanismos de recompensa cerebral comienzan a funcionar de manera contraproducente.[113]

Nuestro cerebro mantiene un sistema homeostático para regular los neurotransmisores, y cuando experimentamos un pico de dopamina, el cerebro eventualmente compensa reduciendo la sensibilidad de los receptores dopaminérgicos, un proceso conocido como *regulación a la baja.* Esta adaptación neurológica tiene una función evolutiva: evitar que persigamos una única fuente de placer ignorando otras necesidades. El problema fundamental en la era digital, argumenta Lembke, es la eliminación casi completa de un componente clave en este proceso: el periodo de recuperación. La disponibilidad 24/7 de estímulos nos mantiene en un estado constante de estimulación, sin permitir que nuestros sistemas dopaminérgicos se reequilibren. Esto crea lo que Lembke describe como una *curva dopaminérgica invertida*: inicialmente, cada nueva exposición a estímulos digitales —redes sociales, videojuegos, pornografía online, compras digitales— produce placer, pero con el tiempo, la misma actividad comienza a producir menos satisfacción e incluso malestar cuando no está disponible.

Michael E. Long introduce un nuevo concepto, la *deuda dopaminérgica*, para describir el proceso por el cual los placeres fáciles y frecuentes eventualmente deben pagarse con periodos de malestar cuando estos estímulos se retiran. Este fenómeno explica por qué muchas personas experimentan ansiedad, irritabilidad o incluso síntomas de malestar físico cuando intentan reducir el uso de dispositivos digitales.

El fenómeno FOMO (Fear Of Missing Out, 'miedo a perderse algo') conecta directamente con la teoría de Long sobre el sesgo de anticipación dopaminérgica: la tendencia del cerebro a liberar más dopamina durante la anticipación de una recompensa que durante su consumo real. Estamos constantemente comprobando nuestros dispositivos debido a la anticipación de lo que podríamos estar perdiéndonos. Long explica que esta anticipación genera un poderoso impulso neurológico que puede sobrepasar incluso necesidades biológicas básicas como el sueño o la alimentación.

Estos autores coinciden en que lo que estamos observando es una forma de neuroadaptación: nuestro cerebro se está reconfigurando para funcionar en un entorno de estímulos constantes, creando lo que podríamos llamar un *cerebro de alta velocidad* optimizado para el procesamiento rápido y la multitarea, pero potencialmente comprometido para la satisfacción de recompensas naturales menos intensas.

A mí lo que más me preocupa de todo esto es la exposición a estos patrones alterados de recompensa en los cerebros que están todavía en desarrollo: los de niños y adolescentes. La plasticidad cerebral, especialmente alta durante la infancia y adolescencia, hace que las generaciones jóvenes sean particularmente vulnerables a esta recalibración dopaminérgica. La exposición temprana y sostenida a entornos altamente estimulantes, ya sean digitales o analógicos, podría estar creando una configuración neurológica donde solo estímulos de alta intensidad resultaran satisfactorios. Esto podría explicar por qué actividades tradicionalmente gratificantes como la lectura, el juego no estructurado con amigos o simplemente disfrutar de momentos de tranquilidad parecen estar perdiendo atractivo entre las nuevas generaciones.

Anna Lembke advierte que podríamos estar presenciando el surgimiento de la primera generación cuyo desarrollo cerebral ha estado fundamentalmente moldeado por la estimulación digital, con consecuencias aún no del todo comprendidas para su capacidad de atención, regulación emocional y experiencia del placer a lo largo de la vida.

La economía de la dopamina está perfectamente reflejada en la serie documental *Adolescencia*, de Netflix. Estoy escribiendo este texto justo después de haber terminado de ver la miniserie. Desde mi punto de vista, ofrece un retrato revelador de la experiencia adolescente contemporánea, ya que proporciona un lienzo perfecto donde podemos observar en acción mucho de lo descrito en este capítulo. Esta producción no solo documenta las vidas de adolescentes modernos, sino que inadvertidamente ilustra cómo los mecanismos dopaminérgicos están reconfigurando la experiencia vital de adolescentes y de adultos.

La serie muestra con claridad lo que las investigaciones de Anna Lembke señalan como una tormenta perfecta. El cerebro adolescente experimenta naturalmente una reorganización masiva de sus sistemas dopaminérgicos durante la pubertad, es algo evolutivo y tiene un propósito adaptativo: impulsar hacia la exploración, la toma de riesgos y la búsqueda de nuevas experiencias, comportamientos esenciales para la transición hacia la independencia adulta. En *Adolescencia* vemos cómo esta predisposición natural se amplifica exponencialmente cuando se combina con un entorno digital hiperestimulante. Los adolescentes protagonistas muestran claramente una elevada sensibilidad a la recompensa: sus sistemas dopaminérgicos responden con particular intensidad a las recompensas sociales digitales, como la validación en redes sociales o las interacciones online.

Un tema recurrente en *Adolescencia* es la difuminación de fronteras entre diferentes espacios vitales. Los protagonistas están todo el tiempo conectados, con sus teléfonos siempre a mano, incluso durante momentos que tradicionalmente estarían reservados para otras actividades (comidas familiares, estudio, sueño). Es la eliminación de barreras naturales que históricamente separaban diferentes fuentes de recompensa. En épocas anteriores, los adolescentes experimentaban naturalmente periodos de *ayuno dopaminérgico* impuestos por limitaciones prácticas (la escuela terminaba, los amigos debían irse a casa, las tiendas cerraban). La serie muestra cómo estos límites han desaparecido casi por completo, y se ha creado un entorno de recompensa continua que nunca permite que los sistemas dopaminérgicos se reequilibren.

Emociones complejas

Cuando tu cuerpo grita «Stop» y tu agenda dice «Corre», ¿a quién haces caso?

A veces, reconocer que no podemos con todo no es una derrota; es el primer paso para recuperar la conexión con nosotros mismos. Porque al final nuestras emociones no son inconvenientes que debamos superar para ser productivos, sino señales invaluables que nos indican qué necesitamos realmente.

Y a veces lo que realmente necesitamos es tan solo parar, respirar y aceptar que ese «No tengo ganas» que tanto nos empeñamos en combatir podría ser la voz más sabia y honesta que deberíamos escuchar.

He tardado diez años en escribir mi siguiente libro (este que estás leyendo). Me he recreado en pensar por qué, y mil excusas surgían en mi cabeza: la muerte de mi hermano, la maternidad, luego que si tenía mucho trabajo, después las vacaciones, luego el síndrome posvacacional, la covid, luego la enfermedad de mi madre y mi hermana, después la falta de inspiración... Como digo, excusas para no aceptar lo que en realidad me pasaba: no tenía ganas de escribir. O, para que suene más bonito, no me sentía inspirada. Ahora me doy cuenta de que durante este tiempo en el que efectivamente han sucedido muchas cosas importantes en mi vida y en el que he sufrido varias pérdidas, he vivido inmersa en emociones difíciles de descifrar que no me animaban a la acción, sino a todo lo contrario: a parar, recogerme y reflexionar. Y ahora puedo entenderlo, conectar los puntos, como diría Steve Jobs.

Esta experiencia personal ilustra perfectamente el poder de las emociones para dirigir nuestra motivación, incluso cuando no somos plenamente conscientes de ellas. Ahora que la productividad constante se presenta como ideal, permitirse experimentar y aceptar estados emocionales que invitan a la pausa puede ser revolucionario. Sin embargo, en el cerebro hipersensible contemporáneo, saturado de estímulos e información, discernir qué nos están diciendo realmente nuestras emociones se ha vuelto extraordinariamente difícil.

¿Tienes un constipado, fiebre...? El cuerpo necesita conservar energía para afrontar la inflamación el tiempo que dura, entonces ajustamos nuestra experiencia emocional de forma adaptativa: estamos más cansados de lo habitual, no tenemos ganas de socializar ni de hacer planes. Esta perspectiva nos invita a ver las emociones como construcciones dinámicas que surgen de la conexión entre el cerebro, el cuerpo y el mundo.

Por eso, la próxima vez que te sientas más triste de lo normal después de una semana de estrés intenso frente a múltiples pantallas y compromisos, recuerda esto: la tristeza no es solo un estado emocional, también es una señal del cerebro que busca protegerte, ayudándote a conservar energía y recuperarte. La separación entre salud física y mental no es más que una construcción cultural, es un error separarlas. En realidad, las emociones están profundamente influenciadas por el cuerpo.

Las emociones son una guía, como una brújula que puede ayudarnos a marcar nuestro rumbo. Sirven para algo más que hacernos sentir; proporcionan información valiosa sobre cómo nos afectan las cosas y nos ponen en movimiento. Esto las convierte en una interesante herramienta para tomar decisiones, que no siempre tenemos en cuenta, ya que pensamos erróneamente que pueden despistarnos o desviarnos de nuestro objetivo.

Una emoción es la interpretación que hace tu cerebro de las sensaciones de tu cuerpo en relación con lo que sucede a tu alrededor, según Lisa Feldman Barrett. Este proceso, conocido como *interocepción*, es un barómetro silencioso que influye en nuestro estado de ánimo y bienestar. Ese sentido interno, que nos permite percibir las sensaciones de nuestro propio cuerpo y que funciona como un gestor de energía, juega un papel crucial en la construcción de nuestra experiencia emocional e influye en cómo actuamos. La exposición constante a pantallas, la sobrecarga informativa, las agendas sobresaturadas y la falta de momentos de desconexión genuina alteran nuestra capacidad para escuchar adecuadamente esas señales de nuestro cuerpo. Esta desorganización del sistema interoceptivo afecta profundamente la manera en que el cerebro interpreta y regula las señales corporales, y así contribuye a la intensificación y complejidad emocional que muchos experimentamos.

En definitiva, podríamos decir que por un lado las emociones nos ofrecen información y por otro nos ayudan a adaptarnos al contexto. Al incubar este libro en mi cabeza, me preguntaba cómo están siendo afectados nuestros circuitos emocionales en este mundo de hiperdesconexión. Me inquietaba observar mi propio estado emocional habitual y el de las personas que me rodean. Y es lo primero que investigué (este capítulo fue lo primero que escribí). Y me topé con las emociones complejas.

¿Qué son las emociones complejas? Aquellos estados emocionales difíciles de descifrar porque contienen una mezcla de emociones. Un poquito de tristeza, con algo de enfado y sorpresa... ¿Cómo descifra esto tu cerebro? Las emociones complejas surgen cuando no hacemos caso de lo que nos sucede, y no solo se intensifican, sino que a menudo adquieren capas adicionales de complejidad. Bajo la hiperactivación neurológica, ciertas emociones complejas esconden lo que podríamos denominar *mentiras emocionales*: narrativas internas distorsionadas que nuestro cerebro acepta como verdades y que condicionan profundamente nuestras respuestas ante diversas situaciones. Estas mentiras, lejos de ser deliberadas, funcionan como mecanismos de protección que paradójicamente pueden limitarnos y aislarnos.

La vergüenza: la mentira de la indignidad

La mentira de la vergüenza: nuestros fallos nos hacen indignos de conexión con los demás.

Teresa llevaba tres semanas alimentándose exclusivamente de café, ansiedad y tutoriales de PowerPoint. Su presentación sobre la estrategia trimestral era su gran oportunidad. La que demostraría, de una vez por todas, que su contratación no había sido un error y que merecía existir profesionalmente. Había ensayado frente al espejo, frente a su gato (que le dio un *feedback* devastadoramente indiferente) y frente a su pareja (que se quedó dormido en la diapositiva 7, un mal presagio que Teresa ignoró estratégicamente).

El gran día llegó con toda su gloria. Teresa se había puesto su «traje de poder» —un conjunto que había comprado específicamente para la ocasión y que le había costado casi un riñón y medio—. Había llegado cuarenta y cinco minutos antes para comprobar que todo funcionara perfectamente. Lo que no sabía es que el universo había decidido que ese miércoles sería el día oficial de «Vamos a torturar a Teresa».

La presentación comenzó con un clásico contemporáneo: «¿Pueden verlo todos? ¿Se ve? ¿No se ve? Ah, esperen, tengo que compartir pantalla». Tras ese prometedor inicio, el proyector decidió mostrar los colores de su presentación como si estuvieran pasando por una crisis existencial. Los azules corporativos se volvieron de un verde enfermizo, y los gráficos parecían diagramas de un experimento fallido.

Y entonces ocurrió. Al intentar explicar un punto crucial sobre indicadores de rendimiento, las palabras se atascaron, las frases se enredaron, y pronunció «paradigma sinérgico escalable» tres veces seguidas como si estuviera invocando algún espíritu corporativo.

Para empeorar las cosas, Javier, el compañero que siempre tiene «solo un comentario rápido» que invariablemente dura diez minutos, decidió interrumpirla para señalar un error en la diapositiva 12. No un error cualquiera, sino uno que desmontaba parte de su argumento. Teresa sintió cómo el sudor frío bajaba por su espalda mientras improvisaba una respuesta que sonaba convincente en su cabeza, pero que salió de su boca como el discurso de alguien que acaba de aprender el idioma esa mañana.

La presentación terminó no con una ovación, sino con un educado «Gracias, Teresa» de su jefe y un silencio que ella interpretó como el sonido de su carrera desplomándose.

Lo que siguió fue un festival de vergüenza de cinco días. Teresa desarrolló una relación enfermiza con su teléfono, saltando cada vez que vibraba como si fuera una granada a punto de explotar.

Cada notificación podía ser ese mensaje donde todos reconocían colectivamente que era una impostora y le pedían con amabilidad que recogiera sus cosas y nunca volviera.

Canceló el *afterwork* del viernes («Tengo que cuidar a mi gato, está enfermo», mintió, mientras su robusto felino derramaba con desdén un vaso sobre la mesa). Pasó el fin de semana reviviendo cada segundo de la presentación, cada «um» y «eh», cada desliz, cada momento en que su cerebro se había desconectado de su boca. No se trataba ya de que la presentación hubiera sido mala —aunque sospechaba que había sido la peor desde la invención del PowerPoint—, sino de que ella era fundamentalmente incompetente, una impostora que había engañado a todos hasta ahora.

El domingo por la noche su pareja la encontró mirando ofertas de trabajo en Alaska.

—Es hora de empezar de nuevo —le explicó muy seriamente—. Puedo aprender a pescar salmón. Los peces no hacen presentaciones.

Lo que Teresa no podía ni imaginar es que, en ese mismo momento, sus colegas apenas recordaban los detalles de su presentación. Javier estaba demasiado preocupado por su propia presentación del lunes. Su jefe había estado más pendiente de un mensaje de su hija que de los errores de Teresa. Y el resto del equipo había estado mentalmente ausente, pensando en sus propios proyectos, en la cena de esa noche o en esa serie que estaban viendo y que, francamente, estaba empezando a perder fuelle en la tercera temporada.

La única persona que seguía obsesionada con la presentación de Teresa era... Teresa. La vergüenza había construido en su mente un escenario donde ella era de manera simultánea el centro del universo y su mayor decepción. Una paradoja que cualquiera que haya sentido vergüenza conoce íntimamente.

Cuando el lunes llegó y nadie mencionó el desastre, Teresa sintió entre alivio y confusión. ¿Están todos siendo amables antes de la inevitable ejecución profesional?

Dos semanas más tarde su jefe le pidió que preparara otra presentación.

—Después de cómo manejaste la presión la última vez, creo que eres la persona adecuada para esto —le dijo.

Teresa parpadeó, confundida.

—¿Después de cómo...?

—Sí, no es fácil mantener la compostura cuando la tecnología falla. La mayoría de la gente se habría desmoronado y tú seguiste adelante.

Y así Teresa descubrió la gran verdad sobre la vergüenza: a menudo nos sentimos protagonistas de un drama que el resto del mundo ni siquiera está viendo, y en lugar de buscar conexión y pertenencia, nos aislamos por el sentimiento de indignidad.

Esta anécdota ilustra cómo la vergüenza nos convence de que necesitamos escondernos cuando, paradójicamente, lo que realmente necesitamos es conectar. Las investigaciones de Brené Brown demuestran con evidencias que el antídoto para la vergüenza es precisamente lo que esta emoción nos hace evitar: la conexión auténtica.[114]

La vergüenza representa quizá una de las emociones sociales más poderosas y dolorosas. A diferencia de la culpa, que nos dice «He hecho algo malo», la vergüenza nos susurra «Soy malo». Esta distinción crucial fue magistralmente documentada por la investigadora Brown en sus estudios sobre vulnerabilidad y conexión. Según sus hallazgos, la vergüenza opera como un potente mecanismo de aislamiento, convenciéndonos de que nuestros errores o inadecuaciones nos hacen fundamentalmente indignos de ser amados o aceptados.

La neurociencia nos brinda fascinantes perspectivas sobre esta emoción. Estudios de resonancia magnética funcional dirigidos por el neurocientífico Daniel Sznycer han demostrado que la vergüenza activa regiones cerebrales asociadas tanto con el dolor físico como con la cognición social, especialmente la corteza prefrontal medial y la ínsula anterior.[115] Esta convergencia explica por qué la vergüenza se siente físicamente dolorosa y, simultáneamente, activa preocupaciones sobre cómo nos perciben los demás.

En nuestra era de hipersensibilidad, este mecanismo se ve magnificado por factores como:

- La **visibilidad permanente en redes sociales**, donde cualquier error o inadecuación puede quedar documentado y ser potencialmente viralizado, dejando una huella difícil de borrar.
- La **comparación social constante**, facilitada por estas plataformas que presentan versiones altamente editadas de las vidas ajenas.
- La **sobrecarga de expectativas** derivada de calendarios imposibles y listados interminables de tareas.

Estas condiciones crean el caldo de cultivo perfecto para que la vergüenza florezca, y así nos convencemos de que nuestras imperfecciones nos hacen fundamentalmente defectuosos e indignos de conexión genuina.

Desconfianza que genera ansiedad: la mentira de la escasez relacional

La mentira de la desconfianza: no se suplirán nuestras necesidades en las relaciones.

Rodrigo era un tipo bastante normal. Excepto cuando enviaba mensajes importantes por WhatsApp y veía aparecer ese infernal «visto» sin una respuesta inmediata. En ese momento, su cerebro se transformaba en una mezcla entre detective privado, guionista de telenovelas y fiscal del Tribunal Supremo de la Ansiedad.

Aquel martes Rodrigo envió EL MENSAJE con mayúsculas. No era cualquier mensaje. Era una propuesta sobre cómo invertir sus ahorros conjuntos: ¿comprar el apartamento en la playa con el que llevaban años soñando o esperar un poco más? Un tema importante, sin duda. De esos que merecen al menos un emoji de respuesta, pensó Rodrigo mientras enviaba el texto cuidadosamente redactado a Sara, su pareja desde hacía cinco años.

10.42: Mensaje enviado. Un *check*. 10.43: Mensaje recibido. Doble *check*. 10.47: Mensaje leído. Doble *check* azul.

Y luego... nada. El vacío digital. El silencio de los bytes.

A las 10.49, la mente de Rodrigo ya había comenzado su particular olimpiada de saltos a conclusiones precipitadas. «Está enfadada porque mencioné que su primo, el "experto financiero", quizá no tenga la mejor idea con esas acciones de la empresa de patinetes eléctricos biodegradables».

A las 11.15 Rodrigo ya había revisado los últimos quince días de conversaciones en busca de posibles ofensas que hubiera cometido sin darse cuenta. ¿Fue porque no le dio suficiente énfasis a lo bonito que le quedaba ese vestido nuevo? ¿O tal vez porque se comió la última galleta de chocolate del paquete? ¿O quizá Sara había descubierto su vergonzoso historial de búsquedas de «Cómo saber si mi gato me odia» y «¿Es normal hablar solo en el supermercado?».

A las 12.30, mientras mordisqueaba distraídamente un sándwich en su escritorio, Rodrigo había desarrollado una teoría completa: Sara estaba reenviando su mensaje a sus amigas para analizar cada punto y coma, posiblemente riéndose de su ingenuidad financiera. O peor aún, estaba consultándolo con ese compañero de trabajo, Daniel, que siempre le daba «me gusta» a todas sus fotos de Instagram.

A las 13.45 Rodrigo había ya imaginado tres futuros alternativos, incluyendo uno donde terminaba viviendo solo con plantas de interior, mientras Sara y Daniel compraban no solo el apartamento de la playa, sino todo el edificio con los consejos del primo experto en finanzas.

Mientras tanto, en la realidad (ese molesto lugar donde las cosas suelen ser mucho más aburridas), Sara estaba teniendo un día de esos. Había visto el mensaje de Rodrigo justo cuando su jefa entraba en la sala de reuniones para una presentación crucial. Durante las siguientes dos horas estuvo atrapada en un maratón de reuniones donde la palabra *sinergia* apareció tantas veces que casi se convierte en un mantra.

Cuando por fin salió de la última reunión, tenía cuatro correos urgentes, un cliente esperando al teléfono y a su compañera Laura derramando café sobre documentos importantes en un intento de multitarea digno de un circo. El mensaje de Rodrigo se había hundido en su mente bajo capas de estrés laboral, como un tesoro enterrado sin mapa.

A las 14.15, Sara finalmente encontró un momento para respirar. Recordó el mensaje de Rodrigo y, sin saber que ya había sido juzgada y condenada en el tribunal mental de su pareja, respondió entusiasmada: «¡Me encanta la idea del apartamento! Podríamos ir este fin de semana a verlo. ¿Te parece? 🖤 👏🎉🍾✈️🖤 ».

Para entonces, Rodrigo había pasado por las cinco fases del duelo por mensaje no respondido y estaba firmemente instalado en la resignación amarga. Cuando vio la respuesta, su cerebro, ya comprometido con la narrativa de desconfianza, interpretó el entusiasmo de Sara como sospechosamente excesivo. «Demasiados emojis —pensó—. Claramente está compensando por algo».

Esa noche, durante la cena, el tema del apartamento quedó enterrado bajo las indirectas pasivo-agresivas de Rodrigo:

—Veo que hoy has estado muy ocupada... —dijo mientras intentaba pinchar una inocente patata con el tenedor.

—Sí, día de locos. Pero ahora cuéntame más del apartamento —respondió Sara completamente ajena al drama que se había desarrollado en la cabeza de su pareja.

—No sé… ¿Seguro que no prefieres consultarlo antes con Daniel? Parece que sus opiniones te importan mucho últimamente.

Sara dejó el tenedor en el plato, confundida.

—¿Daniel? ¿Mi compañero que se pasa el día hablando de su colección de figuritas de *Star Wars*? ¿Qué tiene que ver él con nuestro apartamento?

Y así, lo que podría haber sido una conversación emocionante sobre su futuro juntos se convirtió en una excavación arqueológica de inseguridades, todo gracias a tres horas de silencio digital y un cerebro con demasiado tiempo libre para fabular.

Rodrigo nunca admitiría cuántas veces había revisado si Sara estaba en línea durante esas tres horas (diecisiete, para ser exactos), ni cómo había analizado la foto de perfil de Daniel en busca de signos de maldad intrínseca. Porque la desconfianza tiene eso: nos convierte en la versión más absurda de nosotros mismos mientras nos convence de que estamos siendo perfectamente razonables y que los demás no son lugar seguro.

Y lo peor de todo: ni siquiera nos damos cuenta de que estamos contaminando el presente con el veneno de historias que solo existen en nuestra cabeza.

Esta situación, tan común en la era de la comunicación instantánea, ilustra cómo la desconfianza distorsiona nuestra percepción. El cerebro hipersensible, ya sobrecargado, tiende a llenar los vacíos con interpretaciones negativas cuando opera desde este estado de desconfianza basal.

Los estudios de John Gottman, psicólogo especializado en relaciones de pareja, demuestran que esta tendencia a interpretar negativamente las ambigüedades (lo que él denomina *atribuciones negativas*) es uno de los predictores más potentes del deterioro relacional.[116] Lo más revelador es que esta tendencia tiene menos que ver con las acciones de la otra persona y más con los patrones interpretativos internos de quien desconfía.

La desconfianza, cuando se convierte en un patrón emocional arraigado más allá de situaciones específicas que justifican la cautela, esconde una poderosa mentira: la creencia de que existe una escasez fundamental en las relaciones humanas y que nuestras necesidades legítimas de conexión, comprensión y apoyo no serán satisfechas. Su lema: «Piensa mal y acertarás».

Neurológicamente, la desconfianza crónica mantiene activado el circuito de amenaza que describimos en capítulos anteriores. Investigaciones dirigidas por el neuroeconomista Paul Zak han demostrado que la desconfianza se asocia con niveles elevados de cortisol (la hormona del estrés) y niveles reducidos de oxitocina (el neurotransmisor relacionado con la vinculación social y la confianza).[117] Esta configuración neuroquímica nos mantiene en un estado de hipervigilancia, buscando constantemente señales de traición o abandono, incluso cuando no existen evidencias objetivas, para confirmar nuestras sospechas y aliviar la incómoda incertidumbre. Lo fascinante es que esta bioquímica no solo refleja la desconfianza, sino que la perpetúa, y así crea un ciclo autosostenido difícil de romper.

En el contexto de hipersensibilidad contemporánea, varios factores amplifican esta dinámica:

- La fragmentación de la atención causada por la multitarea constante dificulta la presencia plena en interacciones sociales que pasan a ser en diferido y a destiempo, impidiendo la construcción de confianza genuina.
- La comunicación mediada por pantallas elimina muchas señales no verbales cruciales para la interpretación de intenciones y la creación de vínculos seguros.
- La sobreexposición a narrativas de traición en noticias,

series y contenido viral crea una impresión exagerada de la frecuencia con que las personas se traicionan entre sí.

La culpa aderezada de autocastigo: la mentira de la correctividad punitiva

Cuando hacemos algo mal,
no nos ayuda el castigo,
nos ayuda el perdón.

El día que Alejandro aceptó el proyecto para el cliente Importantísimo, S. A., su optimismo estaba en niveles estratosféricos.

—¿Tres semanas para todo el rediseño? ¡Por supuesto! ¡Pan comido! —exclamó con la confianza de quien nunca ha conocido el verdadero significado de una línea de tiempo realista.

El cliente sonrió, Alejandro sonrió, todos sonrieron. Las sonrisas, como suele ocurrir en el mundo profesional, resultarían ser totalmente prematuras.

Durante la primera semana Alejandro dedicó un tiempo considerable a actividades esenciales para cualquier proyecto: reorganizar meticulosamente su escritorio, descubrir el algoritmo perfecto para preparar café y convencerse de que «La inspiración llegará cuando tenga que llegar». También se concedió generosamente el tiempo para investigar en profundidad temas absolutamente irrelevantes para el proyecto, como un manual de supervivencia ante una catástrofe nuclear y datos sobre civilizaciones antiguas que predijeron el fin del mundo incorrectamente.

Para el inicio de la segunda semana, cuando la realidad comenzó a filtrarse en su burbuja de procrastinación, Alejandro decidió implementar una serie de soluciones innovadoras, como actualizar todas sus redes sociales con variaciones del mensaje «Muy ocupado con un proyecto importante #vidaprofesional», enviarse correos a sí mismo con recordatorios pasivo-agresivos y crear un elaborado sistema de recompensas que incluía permitirse cinco minutos de pánico existencial después de cada hora de trabajo real.

Fue a mitad de la segunda semana cuando el Monstruo del Pánico Verdadero hizo su aparición estelar. Alejandro miró el calendario, miró el proyecto, y la matemática implacable le reveló que necesitaría aproximadamente doscientas cuarenta horas de trabajo para completar algo que debía entregar al cabo de siete días. A menos que pudiera doblar las leyes del espacio-tiempo o desarrollar de repente el superpoder de no necesitar dormir, estaba, como elegantemente lo formuló en su diario, «completamente jodido».

Fue entonces cuando, en lugar de hacer lo razonable (comunicarse con el cliente, renegociar plazos, pedir ayuda), decidió convertirse en su propio capataz mental, equipado con un látigo psicológico de primera calidad. El tribunal interno de Alejandro se estrenaba, con él mismo ocupando simultáneamente los roles de juez, jurado, fiscal y acusado.

«Siempre haces esto —se repetía mientras miraba el techo a las 3.17 de la madrugada—. Es que nunca puedes ser responsable —agregaba para sí mismo mientras se servía su quinta taza de café del día—. No mereces tener clientes —pensaba mientras ignoraba la tercera llamada consecutiva de Importantísimo, S. A.».

Su apartamento se transformó en una mezcla de monasterio de autocastigo y escena del crimen. Las comidas pasaron a ser un concepto teórico, reemplazadas por barras energéticas de dudosa procedencia y cualquier cosa comestible que pudiera sostenerse con una mano mientras la otra seguía tecleando. Su cama, antes un lugar de descanso, ahora servía principalmente como superficie horizontal donde colocar borradores descartados y embalajes vacíos de comida.

Curiosamente, parece que castigarse mentalmente las veinticuatro horas del día no incrementa la productividad. De hecho, Alejandro descubrió que su cerebro, bajo el constante bombardeo de autocrítica, se volvía de manera progresiva menos capaz de generar ideas creativas o resolver problemas complejos. Las soluciones innovadoras que normalmente fluían con naturalidad ahora se ocultaban detrás de una niebla de agotamiento y ansiedad.

Cuando finalmente llegó la fecha límite, Alejandro tenía dos opciones: entregar un proyecto mediocre e incompleto o admitir que necesitaba más tiempo. Optó por una tercera vía: entrar en un estado de negación tan profundo que casi podría considerarse un talento. Decidió que si ignoraba suficientemente fuerte los correos cada vez más urgentes del cliente, quizá el problema se resolvería solo, posiblemente mediante algún tipo de amnesia colectiva.

Tres días después de la fecha límite, con ojeras que parecían mapas topográficos del Gran Cañón y un temblor en el ojo que podría registrarse en la escala de Richter, Alejandro finalmente envió el proyecto. No era su mejor trabajo. De hecho, en algunos aspectos, ni siquiera era un trabajo decente. Era el equivalente visual de una disculpa murmurada mientras se mira al suelo.

Lo acompañó con un correo electrónico que pretendía ser profesional pero que básicamente comunicaba: «Aquí está el proyecto, perdón por el retraso, espero que no lo hayan notado, por favor, sigamos como si nada hubiera pasado, ¿vale?». La respuesta del cliente llegó con una rapidez sorprendente: «Necesitamos hablar. Urgentemente».

La conversación posterior fue breve, clara y dolorosa. El cliente expresó su decepción no tanto por el retraso en sí, sino por la falta total de comunicación. «Si nos hubieras avisado con tiempo, habríamos podido ajustar expectativas y plazos. Ahora tenemos que explicarle a nuestro consejo por qué el lanzamiento debe posponerse».

Lo que Alejandro no entendió hasta ese momento final fue que su cascada de autocastigo provocado por el sentimiento de culpa no solo había sido ineficaz para resolver el problema, sino que había amplificado sus consecuencias. Mientras él estaba ocupado siendo su propio verdugo, había perdido la oportunidad de ser su propio aliado, de buscar soluciones colaborativas, de comunicarse con honestidad.

Curiosamente, el cliente habría estado dispuesto a conceder una prórroga razonable si se hubiera solicitado a tiempo y con transparencia. De forma paradójica, el intento de Alejandro de parecer perfectamente competente mediante el autocastigo y la ocultación terminó en todo lo contrario: proyectó una imagen de incompetencia y falta de profesionalidad.

Y así, en su batalla interna entre castigador y castigado, Alejandro había olvidado incluir un rol fundamental: el de persona adulta capaz de reconocer errores, comunicarlos y colaborar en su proyecto.

Lo interesante de este caso es que el autocastigo provocado por el sentimiento anulador de culpa, lejos de mejorar el desempeño de Alejandro, exacerbó precisamente los comportamientos que pretendía corregir. La investigación en neurociencia cognitiva demuestra que, bajo estrés severo, el cerebro prioriza estrategias conocidas (aunque sean disfuncionales) sobre la exploración de nuevas aproximaciones.

Hoy en día queremos abarcar tanto que nos sentimos culpables por no llegar, cuando muchas veces es materialmente imposible conseguirlo. Hacemos promesas imposibles y metemos más estrés al sistema, pensando que todo es urgente. Yo he sido de esas personas que quería hacer y entregar todo para ya, sobrecargándome y sobrecargando a mi equipo, pero hace un tiempo descubrí que la urgencia de mi cliente no siempre es verdadera (por no decir casi nunca).

La historia de Alejandro es un reflejo perfecto de esta epidemia contemporánea de falsa urgencia. Confundimos lo importante con lo urgente, lo valioso con lo inmediato. Hemos creado un entorno donde el valor profesional se mide por la capacidad de «entregar para ayer», de estar constantemente disponible, de responder emails a las once de la noche como si fuera perfectamente normal sacrificar nuestro descanso en el altar de la productividad. Hemos llegado a un punto en el que nos sentimos culpables por descansar, por cuidarnos o por tomarnos un respiro, por estar con nuestros hijos, por no estar trabajando. Pero esta urgencia perpetua es, en muchos casos, una completa ilusión. Una construcción social que se ha infiltrado en nuestros cerebros y ha distorsionado nuestra relación con el tiempo y con el trabajo. ¿Realmente habría colapsado el mundo si Alejandro hubiera dicho desde el principio: «Necesito cuatro semanas, no tres»? ¿Habría perdido inevitablemente al cliente si, al percatarse de su retraso, hubiera comunicado honestamente: «Voy a necesitar una semana más»?

Mi experiencia profesional me ha enseñado una verdad incómoda pero liberadora: la mayoría de las supuestas urgencias en el mundo laboral son artificiales. Son fechas arbitrarias establecidas sin una comprensión real del trabajo implicado, o plazos inflados de importancia para justificar presupuestos o satisfacer egos. He comprobado esto innumerables veces. Y ahora ya no me corto y hablo claramente, encarando a mi interlocutor sin pelos en la lengua. Proyectos que en apariencia no podían retrasarse ni un día, porque «el negocio dependía de ello», misteriosamente podían esperar dos semanas cuando al final me atrevía a decir: «No puedo entregarlo en esa fecha, pero puedo asegurar calidad si me dan más tiempo». Clientes que insistían en que algo era «para ayer», y luego, una vez entregado, ni siquiera lo revisaban hasta la semana siguiente.

Lo verdaderamente perverso de esta dinámica es que somos nosotros mismos quienes internalizamos y perpetuamos esta falsa urgencia y nos castigamos si no estamos a la altura. Como Alejandro, nos convertimos en nuestros propios capataces, exigiéndonos imposibles, castigándonos por límites humanos completamente naturales. Nos decimos que «no estamos trabajando lo suficiente», cuando ya estamos al borde del *burnout*. Interpretamos nuestras necesidades básicas —descanso, comida, conexión social— como debilidades o distracciones que nos impiden ser productivos.

Este autocastigo por no cumplir con expectativas imposibles tiene un impacto neurológico real. El estrés crónico deteriora precisamente las funciones cerebrales que necesitamos para hacer trabajo de calidad: la creatividad, el pensamiento estratégico, la capacidad de resolver problemas complejos. Nuestro cerebro, bajo el constante bombardeo de autocrítica, culpa y estrés, se vuelve progresivamente menos capaz de generar el tipo de soluciones innovadoras que en realidad nos harían valiosos.

Lo que he aprendido, y lo que Alejandro descubrió dolorosamente, es que los clientes y colaboradores valoran más la honestidad y la comunicación clara que la capacidad de prometer imposibles. Y que la culpa es una emoción paralizante, que nos impide ver con claridad y objetividad la realidad y a nosotros mismos.

Nuestro cerebro no evolucionó para esta constante sensación de urgencia y este autocastigo implacable. Evolucionó para resolver problemas complejos en un entorno que alternaba entre periodos de esfuerzo intenso y periodos de recuperación. Al recrear artificialmente condiciones de emergencia perpetua, estamos trabajando activamente contra nuestra propia biología.

Los trabajos de Kristin Neff sobre autocompasión muestran con evidencias que quienes pueden perdonarse a sí mismos y ser compasivos tras un error muestran mayor capacidad para:

1. Asumir responsabilidad genuina (versus defensividad).
2. Aprender cosas concretas a partir de la experiencia.
3. Implementar cambios efectivos para evitar repetir el mismo error.[118]

En otras palabras, el perdón no es permisividad; es la condición neurológica que posibilita el verdadero aprendizaje y el cambio.

El cerebro aprende y se transforma más efectivamente en estados de apertura y seguridad que en estados de amenaza. Cuando experimentamos castigo o autocrítica severa, nuestro cerebro activa el circuito de amenaza liberando cortisol y adrenalina, sustancias que facilitan respuestas defensivas inmediatas pero obstaculizan el aprendizaje profundo y la integración de nuevos comportamientos. En contraste, el perdón (tanto recibido como autoconcedido) activa circuitos neurales asociados con la seguridad, permitiendo una mayor activación del córtex prefrontal. Este estado facilita la reflexión genuina, la responsabilidad y la capacidad para efectuar cambios duraderos.

En el contexto de hipersensibilidad neuronal contemporánea, esta dinámica adquiere dimensiones particulares con:

- La exposición constante a juicios en redes sociales habitúa nuestro cerebro a modalidades evaluativas binarias (bueno/malo, éxito/fracaso) que refuerzan tendencias autopunitivas.
- La documentación permanente de nuestras acciones en entornos digitales dificulta dejar atrás errores que en épocas anteriores habrían sido más efímeros.
- La cultura de la «cancelación» como paradigma social refuerza la idea de que los errores determinan el valor fundamental de una persona.

La frustración: la mentira de la inequidad invertida

Mentira de la frustración: querer recibir más de lo que damos.

Álvaro llevaba tres meses casado con María y había desarrollado un radar sobrehumano para detectar cada tarea doméstica que él hacía. Sacaba la basura (mental+1), limpiaba el baño (mental+3), compraba papel higiénico (mental+2). Su contador interno funcionaba con la precisión de un reloj suizo.

El problema era que el radar de María aparentemente estaba averiado. Álvaro no recordaba verla limpiar nunca.

—Yo hago todo en esta casa —se quejaba con sus amigos mientras María estaba en el trabajo.

El drama estalló un martes cuando Álvaro encontró pelos en el lavabo.

—¡Ya está bien! —gritó cuando llegó María—. ¡Siempre soy yo el que limpia!

—¿En serio? —respondió María genuinamente confundida—. ¿Quién crees que aspira toda la casa cada domingo mientras tú duermes? ¿Quién lava los platos cada noche después de que cocines? ¿Y quién compró el aspirador, la fregona y todos los productos de limpieza?

Álvaro parpadeó. Su radar perfecto había estado funcionando solo en «modo yo». Como un GPS que únicamente calcula la distancia de ida, nunca la de vuelta.

—Ah —murmuró—. No me había... fijado.

—Obviamente —sonrió María—. Pero gracias por limpiar el baño. Odio esa tarea.

Este caso ilustra cómo la frustración crónica a menudo implica una contabilidad emocional sesgada. Hablamos de una de las dinámicas más sutiles de la frustración permanente: la distorsión perceptual que nos lleva a sobrevalorar nuestras contribuciones mientras subestimamos lo que recibimos. Esta asimetría perceptual genera un sentido persistente de inequidad que alimenta estados emocionales negativos.

Como ya sabemos, en un mundo hiperdesconectado nuestro cerebro tiende a fragmentarse, afectando a nuestra capacidad para percibir las relaciones de forma holística. La historia de Álvaro y María ilustra una manifestación social del cerebro hiperdesconectado. Al igual que alternamos constantemente entre apps y notificaciones, Álvaro salta de agravio en agravio sin ver el panorama completo de su relación.

Esta inequidad invertida que experimenta es también un síntoma de cerebro hipersensible. En el mundo SISISI, nos hemos vuelto hipersensibles a lo que nos falta y menos conscientes de lo que tenemos, lo que nos crea una permanente sensación de insatisfacción vital. Así como nuestros cerebros han sido entrenados por las redes sociales para notar constantemente lo que otros tienen y nosotros no, también hemos desarrollado una hipersensibilidad a lo que damos en nuestras relaciones mientras minimizamos lo que recibimos. Esta percepción de inequidad consume recursos cognitivos significativos, y por eso nos deja con menor capacidad para la autorregulación y el pensamiento crítico, y crea un círculo vicioso de frustración y reactividad emocional.

Estudios en psicología positiva liderados por Barbara Fredrickson demuestran que cultivar deliberadamente la gratitud y la apreciación puede recalibrar esta tendencia ampliando nuestra capacidad para reconocer lo que recibimos.[119] Lo más fascinante de esta perspectiva es que no sugiere conformarse con relaciones genuinamente desequilibradas, sino desarrollar una percepción más precisa de los intercambios relacionales, liberándonos de la mentira de que sistemáticamente damos más de lo que recibimos.

Desde una perspectiva neurocientífica, esta dinámica se relaciona con varios sesgos cognitivos bien documentados:

- **El sesgo de atribución.** Tendencia a atribuir los éxitos a factores internos (nuestras habilidades y esfuerzos) mientras atribuimos los fracasos a factores externos.

- **El sesgo de negatividad.** Propensión a dar mayor peso a experiencias negativas que a positivas de magnitud similar.
- **El sesgo de confirmación.** Tendencia a notar y recordar información que confirma nuestras creencias preexistentes mientras ignoramos la información contradictoria.

Estos sesgos, presentes en todos los seres humanos, se amplifican en el cerebro hipersensible contemporáneo debido a factores como:

- La cultura de comparación constante facilitada por las redes sociales, que genera percepciones distorsionadas sobre lo que supuestamente nos merecemos.
- La economía de la atención, que premia contenido extremo y polarizante, y normaliza expectativas poco realistas.
- El ritmo acelerado de gratificación en el mundo SISISI, que reduce nuestra tolerancia a la espera y el esfuerzo sostenido.

Practica la Dialéctica Emocional©: transformando las mentiras en verdades

A continuación voy a recomendarte una metodología propia que utilizo para una mejor comprensión y gestión emocional. Tras veinte años de experiencia en el mundo del acompañamiento individual a través del coaching, la terapia Gestalt y basándome en la evidencia científica, llamo a esta metodología Dialéctica Emocional© porque es un diálogo interno con nosotros mismos, para preguntarnos sobre nuestras emociones.

Esta práctica tiene que ver con preguntarte el *para qué* y no el *por qué* de la emoción, enfocándote en descubrir su función adaptativa en un momento concreto para que te ayude a actuar en consecuencia. Esta aproximación resulta particularmente valiosa en el contexto de hipersensibilidad neuronal contemporánea, donde discernir el mensaje real de nuestras emociones intensificadas puede resultar especialmente desafiante. Cuando nos enganchamos en una emoción, entre otras cosas puede ser porque no entendemos lo que nos quiere transmitir, no sabemos interpretarla. Por eso, transitar por el abanico emocional sin engancharnos, pasar de una emoción a otra sin problema, es saludable, es un indicador de que nuestra brújula interior funciona y que podemos fiarnos de ella.

- Para el miedo amplificado por la sobreexposición a noticias e informaciones, pregúntate:
  - ¿Qué información estoy buscando realmente cuando reviso compulsivamente noticias o redes sociales?
  - ¿Qué incertidumbres concretas de mi vida personal, no del mundo global, puedo abordar directamente?
  - ¿Qué límites necesito establecer en mi consumo de información para proteger mi estabilidad emocional?
  - ¿Puedo distinguir entre amenazas sobre las que tengo capacidad de acción y las que están fuera de mi control?

- Para la tristeza en la era de la comparación a toda costa, pregúntate:
  - ¿Qué valores personales estoy descuidando mientras dedico tiempo a *scrollear* en redes sociales?
  - ¿Estoy comparando mi realidad cotidiana con la versión editada de las vidas ajenas?
  - ¿Qué conexiones reales y significativas podría estar sustituyendo por interacciones digitales superficiales?
  - ¿Cómo puedo utilizar esta tristeza como señal para reorientar mi atención hacia lo que realmente me importa?

- Para la alegría en tiempos de recompensas instantáneas:
  - ¿Qué actividades me generan alegría sostenida más allá de los picos dopaminérgicos momentáneos?
  - ¿Cómo puedo crear espacios en mi rutina para experimentar satisfacción sin depender de validación externa digital?
  - ¿Qué logros personales significativos estoy dejando de celebrar mientras busco reconocimiento en línea?
  - ¿Cuándo fue la última vez que experimenté alegría sin sentir la necesidad de documentarla o compartirla?

Estas intervenciones representan formas de recalibrar sistemas neuronales que han sido alterados por las condiciones únicas de nuestra era hiperdesconectada e hipersensible. Lo crucial es comprender que la transformación emocional requiere prácticas consistentes que respeten la naturaleza gradual del cambio.

Las «mentiras emocionales» que hemos explorado no son errores, sino adaptaciones comprensibles de cerebros navegando un entorno para el que no evolucionaron. Reconocerlas con compasión representa el primer paso para transformarlas. A medida que practicamos conscientemente las estrategias propuestas, comenzamos a generar nuevas verdades emergentes que contrarrestan estas distorsiones:

- Frente a la mentira de la vergüenza, emerge la verdad de que nuestra imperfección es precisamente lo que nos hace capaces de tener una conexión auténtica.
- Contra la mentira de la desconfianza, descubrimos que la vulnerabilidad calibrada suele recibir respuestas más positivas de lo que anticipábamos.
- Desafiando la mentira de la culpa, experimentamos cómo el perdón libera recursos cognitivos y emocionales para un aprendizaje genuino.

- Transformando la mentira de la frustración, desarrollamos una percepción más equilibrada del dar y recibir que enriquece todas nuestras relaciones.

En última instancia, navegar las complejidades emocionales del cerebro hipersensible no consiste en eliminar emociones difíciles, sino en reconocer y transformar las narrativas distorsionadas que las amplifican y perpetúan. Este proceso no solo mejora nuestro bienestar individual, sino que contribuye a crear espacios de conexión más auténticos y resilientes en un mundo que desesperadamente los necesita.

Reconexión consciente: pensamientos simples, emociones simples

La capacidad de reconectar conscientemente una fragmentación sin precedentes, ser capaces de sincronizar nuestras emociones con nuestros pensamientos desde un estado de presencia plena, representa la metacompetencia que sostiene y potencia todas las demás. La desconexión genera un estado de parálisis y malestar interno que nos deshumaniza todavía más.

La reconexión no es simplemente un ejercicio de autoayuda; es un imperativo evolutivo. Es la base para desarrollar una mentalidad verdaderamente adaptativa que pueda navegar la complejidad contemporánea sin perderse en ella. Es el fundamento para una relación consciente con la tecnología, para decisiones más sabias, para relaciones más auténticas y para una creatividad que emerge del equilibrio entre rigor analítico e intuición emocional.

Ya sabemos que nuestras emociones no surgen de la nada, sino que emergen de una compleja cascada de procesos cognitivos que comienza con nuestros pensamientos. La interpretación cognitiva de los eventos activa circuitos neuronales específicos, y así desencadena respuestas emocionales que pueden ser adaptativas o desadaptativas según la precisión de dicha interpretación.

En su constante búsqueda de eficiencia energética, nuestro cerebro ha desarrollado una serie de atajos cognitivos que, aunque útiles en ciertas circunstancias, pueden llevarnos a interpretaciones distorsionadas de la realidad. Los sesgos cognitivos documentados por investigadores como Daniel Kahneman han demostrado cómo estos «atajos mentales» sistemáticamente sesgan nuestro procesamiento de información, generando interpretaciones que amplifican estados emocionales negativos.

La investigación en terapia cognitivo-conductual, desarrollada por Aaron Beck y otros pioneros, demuestra que estas distorsiones activan patrones de pensamiento repetitivos que alejan nuestra percepción de la realidad objetiva. Estos patrones activan circuitos neuronales asociados con el «pensamiento rumiativo», una forma de procesamiento mental que consume recursos cognitivos significativos sin generar soluciones constructivas.

Las trampas mentales generan rutinas de pensamiento que nos alejan de la realidad, estas activan nuestro pensamiento complejo y surrealista, y así provocan estados emocionales desadaptativos que entorpecen la acción.

La neurociencia cognitiva ha identificado patrones recurrentes en las distorsiones cognitivas humanas. Las diez trampas mentales más prevalentes incluyen:

- **Filtro mental.** La tendencia sistemática a focalizarse exclusivamente en aspectos negativos o positivos, ignorando información contradictoria. Esta distorsión activa circuitos neuronales relacionados con la atención selectiva.
  - **Ejemplo:** Tu pareja te dice: «Me encanta la cena, pero está un poquito salada», y tú solo escuchas «Está un poquito salada» y pasas toda la noche pensando que eres un desastre cocinando.
- **Etiquetación.** La práctica de asignar descriptores globales y explicativos a uno mismo o a otros basándose en hechos específicos. Esta trampa limita la neuroplasticidad y el aprendizaje debido a que crea categorías rígidas.
  - **Ejemplo:** Se te cae el café encima y piensas: «Soy un patoso integral, un ser humano defectuoso con certificado de torpeza expedido por el universo».
- **Generalización.** El uso de términos absolutos como *siempre, todo, nunca,* que expanden patrones específicos a dominios amplios. Esta distorsión se relaciona con una mayor activación de los sistemas de alarma cerebral.
  - **Ejemplo:** Tu *crush* no te responde el wasap en tres horas y concluyes: «*Nunca* nadie me va a querer, *siempre* voy a estar solo, *todo* el mundo me ignora».
- **Catastrofismo.** La tendencia a imaginar los peores escenarios posibles mediante cadenas de «¿Y si...?». Esta trampa activa circuitos de ansiedad anticipatoria en el sistema límbico.
  - **Ejemplo:** Te duele un poco la cabeza y ya estás pensando: «¿Y si es un tumor? ¿Y si me desmayo en el trabajo? ¿Y si me encuentran tirado en el baño?».
- **Lectura de pensamiento.** La creencia de que podemos

adivinar con precisión los pensamientos y las intenciones de otros. La investigación sobre teoría de la mente revela las limitaciones sistemáticas de esta capacidad.
   – **Ejemplo**: El cajero del súper no sonríe y estás seguro de que piensa: «Qué persona más rara, seguro que vive con 47 gatos y colecciona tapones de botella».
- **Dramatización.** La tendencia a amplificar la importancia o impacto de ciertos hechos mediante la exageración. Esta distorsión se relaciona con algunos patrones de activación emocional desregulada.
   – **Ejemplo**: No tienes batería en el móvil y sientes que has perdido toda conexión con la civilización, como si fueras el último superviviente en una película apocalíptica.
- **Victimismo.** El sentimiento de impotencia total ante circunstancias adversas. Esta trampa inhibe la activación de circuitos asociados con la capacidad para actuar y tomar decisiones.
   – **Ejemplo**: Llueve el día que querías ir a la playa y piensas: «El clima conspira contra mí, soy una víctima del universo meteorológico».
- **Falacia de control por exceso.** La asunción de hiperresponsabilidad por eventos fuera de nuestro control. Esta distorsión se correlaciona con la ansiedad.
   – **Ejemplo**: Tu amigo llega tarde a la cita y te sientes responsable: «Debería haberle recordado que saliera antes, haber previsto el tráfico intenso».
- **Falacia de control por defecto.** La creencia de que no tenemos influencia alguna sobre nuestras circunstancias. Esta percepción inhibe la activación conductual.
   – **Ejemplo**: Quieres ligar en una fiesta pero piensas: «Total, el amor depende del destino y las estrellas, yo no puedo hacer nada para resultar más atractivo».
- **Uso del debería.** La transformación de deseos o preferen-

cias en obligaciones morales rígidas. Esta distorsión genera culpabilidad y autocrítica excesivas.

– **Ejemplo:** Ves a alguien corriendo y piensas: «*Debería* hacer ejercicio, tendría que ser más disciplinado». Y conviertes el simple deseo de estar en forma en una obligación moral que te genera culpa.

EJERCICIO DE RECONEXIÓN MENTAL

Para contrarrestar estas distorsiones cognitivas, te presento esta técnica de simplificación y conexión basada en los principios de la terapia cognitivo-conductual y la neurociencia afectiva. Este método activa circuitos neuronales asociados con la regulación emocional consciente y la metacognición.

La investigación sobre reevaluación cognitiva demuestra que el proceso sistemático de examinar y reformular nuestras interpretaciones activa la corteza prefrontal, una región cerebral crucial para el control de nuestras acciones y decisiones. Esta activación se relaciona con una reducción significativa en la activación de la amígdala, el centro cerebral del procesamiento emocional intenso.

El método consta de seis fases que guían la transformación desde estados emocionales desadaptativos en respuestas más funcionales:

→ **Fase 1. Identificación situacional. Situación.** En la tabla siguiente selecciona una situación específica que te genere un malestar emocional significativo y una sensación de parálisis. El acto de documentar explícitamente situaciones problemáticas activa circuitos neuronales asociados con el procesamiento emocional consciente.

→ **Fase 2. Mapeo emocional inicial. Emoción.** En la primera columna de tu decodificador, registra todas las emociones que te evoca esa situación asignando una línea a cada estado emocional. La capacidad de distinguir matices emocionales específicos (granularidad emocional) se relaciona con una mejor regulación afectiva.

→ **Fase 3. Captura del discurso mental. Pensamiento.** En la segunda columna, documenta textualmente todos los pensamientos asociados con cada emoción identificada. Es crucial que registres tu lenguaje mental sin filtros ni edición. Observar nuestros pensamientos como sucesos mentales —en lugar de como verdades absolutas— reduce su impacto emocional.

→ **Fase 4. Detección de trampas. Trampa mental.** En la tercera columna, identifica las trampas mentales presentes en cada pensamiento registrado (puedes consultar el listado de trampas mentales en páginas anteriores). Pueden aparecer múltiples distorsiones en una sola frase. Solicitar perspectivas externas mejora significativamente la precisión para detectar nuestros sesgos cognitivos.

→ **Fase 5. Reestructuración cognitiva. Vuelvo a pensar.** En la cuarta columna, reformula cada pensamiento eliminando las distorsiones o trampas identificadas. El objetivo es generar interpretaciones más precisas y basadas en evidencias. Este proceso activa circuitos neuronales asociados con el pensamiento crítico y la resolución de problemas.

→ **Fase 6. Recalibración emocional. Nueva emoción.** En la quinta columna, registra las emociones que emergen de los pensamientos reestructurados. A menudo las emociones cambian cualitativamente o reducen su intensidad.

→ **Fase 7. Activación conductual. Acción.** En la columna final, define acciones específicas alineadas con las emociones recalibradas. Las acciones congruentes con estados emocionales adaptativos generan ciclos de retroalimentación positiva que refuerzan patrones de regulación saludables.

SITUACIÓN					
EMOCIÓN	**PENSAMIENTO**	**TRAMPA MENTAL**	**VUELVO A PENSAR** (quitando la trampa mental)	**NUEVA EMOCIÓN**	**ACCIÓN**

Y aquí tienes un ejemplo:

SITUACIÓN					
EMOCIÓN	**PENSAMIENTO**	**TRAMPA MENTAL**	**VUELVO A PENSAR** (quitando la trampa mental)	**NUEVA EMOCIÓN**	**ACCIÓN**
Ansiedad	«Voy a hacer el ridículo»	Catastrofismo, lectura de pensamiento	«Es normal sentir nervios. Me he preparado bien y tengo conocimiento valioso que compartir»	Nerviosismo natural	Repasar puntos clave practicar la respiración
Miedo	«Todo el mundo se dará cuenta de que no sé nada»	Generalización, filtro mental	«Algunas personas pueden tener dudas, pero mi experiencia y preparación tienen valor»	Cautela constructiva	Preparar respuestas para posibles preguntas
Vergüenza	«Siempre me pongo nervioso, soy un desastre»	Etiquetación, generalización	«Los nervios son una respuesta normal que muchas personas experimentan en presentaciones»	Aceptación compasiva	Grabar presentacion previas exitosas

Para maximizar los beneficios de este decodificador mental, es importante que desarrolles estas rutinas:

- **Práctica diaria estructurada.** Sesiones breves pero constantes generan cambios neuronales más significativos que una práctica intensiva pero esporádica.
- **Aplicación contextual.** Aplicar este método en diversos contextos mejora la generalización de las habilidades adquiridas.
- **Seguimiento longitudinal.** Mantener registros de progreso activa circuitos motivacionales que sostienen la práctica a largo plazo.

La reconexión consciente entre nuestros pensamientos y emociones desde un estado de presencia no es solo una habilidad más en nuestro repertorio de competencias del siglo XXI; es la condición que hace posible el desarrollo auténtico y sostenible de todas las demás. Es el regreso a una forma de ser humana más integrada, donde la inteligencia cognitiva y emocional colaboran en armonía para crear una mentalidad verdaderamente adaptativa y sabia.

Estrategias para un cerebro emocionalmente equilibrado

Raquel estaba en mitad de una discusión acalorada por X cuando su pantalla se apagó. Al principio pensó lo obvio: se había quedado sin batería. Pero no, el teléfono marcaba un 78 por ciento. «La cobertura», murmuró irritada, levantando el móvil hacia el techo como si eso pudiera capturar alguna señal rebelde. Nada. Cero barras.

Fue entonces cuando notó algo más inquietante: las luces se habían apagado. El microondas no mostraba la hora y el zumbido familiar del frigorífico había enmudecido. El silencio digital era total.

Eran las 12.33 horas del lunes 28 de abril de 2025, y España acababa de experimentar lo que más tarde los medios llamarían el Gran Apagón. Un apagón masivo que afectó a toda la península ibérica durante casi doce horas.

Raquel salió al balcón para comprobar si se trataba solo de su edificio. Lo que vio la dejó boquiabierta. Decenas de vecinos, algunos de los cuales ni siquiera sabía que existían después de cinco años viviendo allí, estaban asomados a sus balcones o reunidos en pequeños grupos en la calle.

—¿Alguien sabe qué pasa? —preguntó a gritos.

—¡Parece que es toda España! —contestó un hombre mayor que sostenía una radio a pilas—. Dicen que es un fallo en el sistema eléctrico nacional. Pueden ser horas, quizá todo el día.

Raquel sintió una punzada de ansiedad. ¿Todo el día sin WhatsApp? ¿Sin poder terminar su argumento demoledor en X contra ese usuario que obviamente estaba equivocado sobre la última temporada de aquella serie?

«Me voy a morir de aburrimiento», pensó.

Tres horas después Raquel estaba sentada en el centro del parque cercano a su casa, riendo a carcajadas. Alguien había llevado una guitarra. Otro vecino, botellas de vino. También una madre había bajado una baraja. Un grupo de adolescentes había organizado un partido improvisado de fútbol en el que los equipos se dividían entre «los que nunca han usado máquina de escribir» y «los que recuerdan los casetes».

—¡No vale buscar en Google! —gritó alguien cuando debatían sobre quién había ganado el Mundial de Fútbol de 1994.

—¡Como si pudiéramos! —respondió otro provocando una oleada de risas.

Raquel observó sus manos. No le temblaban. No sentía esa compulsión familiar de comprobar notificaciones. Su pulgar derecho, habitualmente inquieto, descansaba tranquilo sobre su rodilla en lugar de deslizarse sobre una pantalla invisible.

En la esquina de la plaza, Juanma, un ejecutivo de marketing digital conocido en el barrio por hablar siempre por dos teléfonos simultáneamente, parecía desencajado. Caminaba en círculos con el móvil inerte en la mano, como un capitán náufrago con una brújula rota.

—¿Estás bien? —le preguntó Raquel, que sorprendentemente sentía una claridad mental que no recordaba haber experimentado en años.

—No —confesó Juanma—. Tengo tres presentaciones que preparar para mañana y necesito acceso a mis archivos en la nube. Además, no puedo contactar con mi equipo para redistribuir las tareas.

—¿No puedes simplemente... dejarlo ir por hoy? —sugirió Raquel.

Juanma la miró como si le hubiera propuesto respirar bajo el agua.

—Siéntate —insistió ella ofreciéndole una copa de vino que alguien le había servido—. El mundo no se va a acabar por un día sin internet.

Y por primera vez en lo que parecían años, Juanma se sentó sin hacer nada. Sin *multitasking*. Sin métricas que comprobar. Sin emails que responder. Con las manos vacías.

Al otro lado de la plaza, los López, una pareja de septuagenarios, contemplaban la escena con expresiones divertidas.

—¿De qué se ríen? —les preguntó Laura, una estudiante de Periodismo.

—Es que esto nos recuerda a los domingos de nuestra juventud —explicó la señora López—. Todo cerrado, sin móviles, solo personas hablando cara a cara.

—Pero ustedes tenían televisión, ¿no? —insistió Laura.

—Sí, con dos canales y medio. —Rio el señor López—. Y la tele se apagaba a medianoche con el himno nacional. Después de eso, o hablabas con quien tuvieras al lado o contabas ovejas.

Las horas pasaron. Alguien encontró velas. Otro llevó un tablero de ajedrez. Un grupo organizó un concurso de chistes. Paradójicamente, al caer la noche, la plaza estaba más viva que nunca.

A las 23.24, mientras Raquel intentaba explicar por vigésima vez las reglas de un juego de cartas a un grupo cada vez más numeroso, todas las luces volvieron de golpe. Los teléfonos comenzaron a vibrar frenéticamente con notificaciones atrasadas. Las pantallas se iluminaron como luciérnagas eléctricas en la oscuridad.

Hubo un momento de silencio colectivo. Luego, algo inesperado: algunos abuchearon la vuelta de la electricidad.

—Cinco minutos más sin móviles —propuso alguien—. Terminemos al menos esta ronda.

Sorprendentemente, muchos asintieron y volvieron a guardar sus dispositivos. El juego continuó.

A la mañana siguiente, mientras el país volvía a su rutina digital habitual, Raquel notó algo diferente en su barrio. Saludos entre vecinos que antes se ignoraban. Números de teléfono intercambiados para quedar «algún día» (sin especificar fecha, como manda la tradición española). Incluso Juanma parecía caminar más despacio, mirando ocasionalmente al cielo en lugar de a su pantalla.

En la televisión, Mercedes Moreno, psicóloga especializada en adicciones tecnológicas, comentaba que había recibido un inusual número de pacientes con la misma pregunta: «¿Cómo puedo sentirme tan bien como durante el apagón, pero sin necesitar otro apagón?».

Mercedes explicaba: «Lo que experimentaste se llama *desconexión consciente*, y no necesitas un fallo eléctrico nacional para beneficiarte de ella. Lo que vivimos durante el apagón no fue solo nostalgia o coincidencia. Fue tu cerebro recuperando un estado natural de equilibrio».

Mientras tanto, en X, el hashtag #OtroApagónPorFavor se convertía en tendencia nacional.

Y Raquel, antes de apagar voluntariamente su teléfono esa noche, escribió en su diario una sola frase: «A veces necesitamos desconectarnos un ratito, para volver a conectar con lo importante».

El lunes 28 de abril de 2025 España experimentó lo que muchos describieron luego como una lección involuntaria en desconexión digital. El apagón nacional que dejó a la península ibérica sin electricidad durante varias horas provocó reacciones diversas: desde la ansiedad inicial de Juanma, el ejecutivo de marketing digital que caminaba en círculos con su smartphone inerte, hasta la liberación gradual de Raquel, quien descubrió una claridad mental olvidada mientras jugaba a las cartas con vecinos a los que apenas conocía.

Cómo cultivar de forma intencional la calma que experimentamos accidentalmente es nuestro auténtico desafío y es justo lo que abordaremos ahora.

Lo que Raquel y millones de españoles experimentaron fue el retorno de su cerebro a un estado más natural y equilibrado, liberado temporalmente de la sobrecarga de estímulos que caracteriza nuestra vida cotidiana. La extraña sensación de calma, la percepción de tiempo expandido, la reconexión social espontánea.

Basándome en la investigación contemporánea en neurociencia afectiva, me voy a centrar en cuatro vías complementarias para restaurar el equilibrio emocional en la era de la hiperdesconexión. Estos enfoques, que podríamos denominar *pilares de la ecología emocional*, convergen para ofrecer un marco integrado de bienestar.

El primero de ellos es el florecimiento humano, representado por el trabajo pionero de Richard Davidson y su Center for Healthy Minds.[120] En segundo lugar, las prácticas de atención plena, validadas científicamente por Jon Kabat-Zinn a través de su programa MBSR (Mindfulness-Based Stress Reduction), ofrecen herramientas concretas para interrumpir los ciclos de reactividad emocional característicos de la hiperconectividad.[121] También incorporamos la reconexión con la naturaleza, investigada rigurosamente por Ming

Kuo, que proporciona un antídoto neurobiológico al tiempo de pantallas.[122] Y por último, las prácticas respiratorias conscientes, documentadas exhaustivamente por James Nestor en su trabajo sobre la ciencia de la respiración.[123] Sus investigaciones revelan cómo patrones respiratorios específicos influyen directamente en nuestro sistema nervioso autónomo y nuestros estados emocionales.

Lo extraordinario es que estos enfoques no funcionan como compartimentos estancos, sino como sistemas sinérgicos que se refuerzan mutuamente. La atención plena mejora nuestra capacidad para beneficiarnos de la naturaleza; la exposición natural fortalece nuestras capacidades de resiliencia; el cultivo de estados emocionales positivos incrementa la efectividad de nuestras prácticas de atención, y la respiración lo orquesta todo.

Juntos conforman lo que podríamos denominar una *ecología emocional cotidiana*, un ecosistema de prácticas, hábitos y microintervenciones que nos permiten mantener el equilibrio emocional incluso en entornos de hiperproductividad o digitalmente saturados.

No estamos condenados a ser prisioneros de nuestro circuito de recompensa, estamos hechos para ser libres. Podemos, con conocimiento y práctica deliberada, recuperar un sentido de equilibrio que nos permita disfrutar de los beneficios de este mundo sin quedar atrapados en sus aspectos más problemáticos.

Las estrategias que exploraremos no son ejercicios de fuerza de voluntad ni consejos simplistas como «Usa menos tu teléfono», aunque esto también es necesario. Son intervenciones sofisticadas basadas en cómo funciona nuestro cerebro, particularmente nuestros sistemas de recompensa, y cómo podemos trabajar a favor de esa arquitectura neurológica en lugar de contra ella.

A diferencia de enfoques que demonizan la tecnología o proponen retiros digitales radicales, estas estrategias buscan una integración realista en nuestra vida cotidiana, reconociendo que vivimos —y seguiremos viviendo— en un mundo conectado. El objetivo no es renunciar a las herramientas digitales, sino reclamar nuestra capacidad para usarlas con intencionalidad y equilibrio. No se trata solamente de cuánto tiempo pasamos conectados, sino de la calidad de nuestra atención, nuestra habilidad para regular las respuestas emocionales y el ejercicio de nuestra libertad para no ser esclavos de los dispositivos ni de nuestra vida hiperproductiva, evitando caer en la adicción.

Imaginemos entonces un cerebro que no es víctima de la conectividad, sino su maestro. Un cerebro que utiliza la tecnología sin ser utilizado por ella. Un cerebro que, incluso en medio del torrente digital, mantiene su capacidad innata para la calma, la conexión auténtica y el equilibrio emocional. Un cerebro presente, curioso, en calma. Ese cerebro es posible. Y las estrategias para cultivarlo están al alcance de todos nosotros. Davidson sugiere que estas capacidades pueden cultivarse sistemáticamente, y sus investigaciones muestran que incluso breves intervenciones diarias de, por ejemplo, veinte minutos producen cambios medibles en la estructura y función cerebral que influyen en un mayor equilibrio emocional. Vamos a por ellas:

- **Elige cómo te cuentas las cosas.** La actitud positiva es un estilo explicativo de la realidad, cómo te cuentas lo que te sucede. Esta capacidad de reconocer lo positivo, incluso en circunstancias adversas, activa el núcleo accumbens y la corteza prefrontal ventromedial, que son regiones implicadas en la experimentación de emociones positivas. Este entrenamiento en actitud positiva cotidiana fortalece nuestros circuitos cerebrales para futuros acontecimientos más dolorosos, y nos ayuda a transitarlos con más paz.

- **Entrena la respiración nasal consciente de día y la respiración nasal no consciente de noche.** Aprender a respirar de nuevo. Sí, ya sé que llevas respirando toda tu vida. Pero te has olvidado de hacerlo. Como dice James Nestor, la respiración es la conexión más íntima con nuestro alrededor. Los patrones respiratorios influyen directamente en nuestro bienestar emocional, entre otras muchas cosas, porque reducen la reactividad emocional gracias al óxido nítrico (una molécula que se produce en los senos paranasales y se transporta a los pulmones cuando respiramos por la nariz), que tiene efectos calmantes para el sistema nervioso. Respirar por la nariz es clave; si no lo haces mientras duermes, prueba con el *mouth taping,* con una cinta bucal para mantener tu boca cerrada.
- **Aplicar el protocolo STOP (Stop, Take a breath, Observe, Proceed) de Kabat-Zinn.** Ha mostrado efectividad particular para momentos de sobrecarga digital o emocional, ya que ayuda a recalibrar los circuitos neurales de atención y reduce la activación de las redes cerebrales asociadas con la rumia y la ansiedad. Hacer estas viropracticas de *mindfulness,* intervenciones breves de 3-5 minutos incorporadas estratégicamente antes o después del uso de dispositivos digitales o de conversaciones o reuniones importantes, pueden interrumpir ciclos de reactividad emocional y restaurar el equilibrio del sistema nervioso.
- **La terapia de naturaleza** ha ganado respaldo significativo en la investigación neurocientífica reciente. El estudio de Bratman *et al.* demostró que un paseo de noventa mi-

nutos en un entorno natural (versus un entorno urbano) produjo reducciones significativas en la actividad de la corteza prefrontal subgenual, una región implicada en la rumiación y el procesamiento emocional negativo.[124] Más recientemente, investigadores japoneses han documentado cómo el baño de bosque (*shinrin-yoku*) reduce los niveles de cortisol y la actividad del sistema nervioso simpático, mientras aumenta la actividad parasimpática, que promueve un estado de calma y recuperación.[125] Breves exposiciones de 20-30 minutos a entornos naturales también provocan estos efectos, que reducen la hipersensibilidad emocional. Sería maravilloso poder integrarse en la naturaleza, dar paseos por el bosque, contemplar los árboles desde la ventana..., pero no todos podemos hacerlo a diario. Por eso, la biofilia terapéutica es una buena idea que no suple lo anterior, pero ayuda. Se trata de la exposición a elementos naturales en interiores, como plantas, sonidos naturales, vistas a la naturaleza o interacción con mascotas, ya que produce mejoras medibles en la variabilidad del ritmo cardiaco, que es un indicador biológico de la flexibilidad emocional. Los entornos naturales involucran lo que se llama *fascinación suave*, que permite a los circuitos prefrontales de atención dirigida descansar y regenerarse. ¡Rodéate de naturaleza en casa y en tu lugar de trabajo! Eso sí, el fin de semana o días libres aprovecha para conectar con la naturaleza de verdad y nutrirte de vitamina N(aturaleza) aumentando el tiempo de exposición a un mínimo de cincuenta minutos, ya que los beneficios residuales en tu bienestar emocional pueden durar hasta siete días.

- **Sincronización con ritmos circadianos.** La investigación del doctor Matthew Walker, neurocientífico y director del

Centro de Ciencia del Sueño de la Universidad de California, ha demostrado cómo la privación de sueño amplifica la reactividad de la amígdala hasta en un 60 por ciento, mientras simultáneamente reduce la conectividad funcional con la corteza prefrontal.[126] Esta especie de desconexión funcional entre los sistemas cerebrales reguladores y los centros emocionales crea precisamente el tipo de hipersensibilidad emocional que caracteriza al cerebro contemporáneo. El autor enfatiza que la restauración de patrones de sueño saludables es quizá la intervención más potente y accesible para recalibrar la sensibilidad neuronal. Mantener horarios constantes de sueño-vigilia (incluso en fines de semana), establecer una cuarentena digital de al menos una hora antes de dormir y priorizar la creación de un ambiente de sueño óptimo (oscuro, fresco, silencioso) son hábitos que contribuyen favorablemente a nuestra higiene del sueño.

- **Prácticas de coherencia cardiaca.** Algunas técnicas específicas de respiración pueden generar un estado de coherencia, donde las variaciones en la frecuencia cardiaca siguen un patrón armónico que optimiza la comunicación entre el corazón y el cerebro a través del nervio vago.[127] Este estado de coherencia cardiaca ha mostrado efectos directos en la reducción de la actividad de la amígdala y el fortalecimiento de la regulación emocional de la corteza prefrontal, de forma que crea un patrón neurológico exactamente opuesto al asociado con la hipersensibilidad emocional. Puedes hacer de 3 a 5 veces al día ejercicios cortos (3-5 minutos) de respiración lenta y rítmica, con una proporción ideal de 1:2 entre inspiración y espiración (por ejemplo, inspirar 4 segundos y espirar durante 8 segundos).
- **Prácticas de integración cognitivo-emocional.** El trabajo

pionero de James Pennebaker sobre escritura expresiva ha demostrado que procesar experiencias emocionales a través de la escritura estructurada produce cambios medibles en la actividad cerebral.[128] Sus estudios han documentado cómo estas prácticas fortalecen las conexiones entre sistemas cerebrales implicados en el procesamiento emocional y áreas asociadas con la narrativa personal y la integración de significado (corteza prefrontal medial). Puedes mantener una práctica regular de un par de días por semana, dedicando 15-20 minutos a procesar experiencias emocionales significativas, identificando explícitamente emociones, sensaciones corporales asociadas, pensamientos relacionados y posibles significados o aprendizajes. La mítica práctica de escribir un diario, donde reflejes cómo te has ido sintiendo a lo largo del día, contribuye a este fortalecimiento cognitivo.

Más allá de intervenciones aisladas, la investigación actual sugiere que el enfoque más prometedor para reequilibrar la hipersensibilidad emocional es un sistema integrado de prácticas que entre todas crean las condiciones para un funcionamiento cerebral óptimo. Este enfoque reconoce que nuestros cerebros no existen en aislamiento, sino en ecosistemas complejos de influencias. Por eso, es necesaria la creación de un entorno global que soporte patrones saludables de activación y recuperación. Nuestra respuesta no debería limitarse a la moderación individual, sino que también debería incluir consideraciones sobre el diseño ético de tecnologías, la protección de poblaciones vulnerables (especialmente niños y adolescentes) y la valoración cultural de experiencias menos intensas pero potencialmente más nutritivas para nuestros cerebros hambrientos de dopamina.

Lo que podemos hacer padres y educadores por navegar en

este nuevo paisaje de recompensas también es importante. El modelado de un comportamiento que demuestre nuestra propia capacidad como adultos para establecer límites, regular nuestras reacciones emocionales y priorizar conexiones presenciales significativas es básico. Dado que existe una brecha intergeneracional en este sentido, es preciso además enfocarse en la comprensión y no solo en la restricción.

9
Cuerpo y cerebro: la inteligencia encarnada

Nuestro cerebro es capaz de mantenerse en funcionamiento incluso cuando todas las alarmas biológicas están sonando a la vez. Pero algunas veces el sistema operativo humano ejecuta lo que yo llamo el *protocolo de emergencia Marta Ronco*. Permíteme explicarte este fenómeno neurobiológico con una historia real, porque ya hemos intimado lo suficiente. Así que en esta ocasión comienzo este capítulo desenmascarando directamente a los protagonistas. No voy a cambiar los nombres, ni añadir florituras como en otras narraciones, porque esta historia no necesita exageraciones ni hipérboles. La realidad, cuando el cerebro y el cuerpo alcanzan sus límites biológicos, supera cualquier ficción.

Era una tarde de otoño en Madrid. El día anterior había inaugurado lo que los cronobiólogos denominan *ruptura circadiana extrema*: tras impartir una formación en Valencia, perdí el último AVE y conduje de madrugada, mientras mi córtex prefrontal estaba haciendo huelga, especialmente la región encargada de decisiones sensatas como «Mejor no conduzcas casi cinco horas de noche».

A la mañana siguiente mi hipocampo —responsable de la memoria, como bien sabes— parecía haberse tomado el día libre. Durante la reunión a primera hora con un comité de dirección con el que llevaba un tiempo trabajando, experimenté lo que generosamente describí a los asistentes como «dificultad para enlazar ideas», un eufemismo para lo que realmente era mi cerebro funcionando a la velocidad de un módem de los años noventa. Menos mal que ya me conocían de antes...

Tras la reunión, acudí a casa de mis padres para atender a mi madre muy enfermita, ya en paliativos, cumpliendo con el ritual diario de cuidados. A las 16.00 horas, siguiendo la implacable lógica de nuestra era hiperproductiva, tenía programada una videollamada con un cliente —una directiva llamada María— y varios miembros del equipo: Ángel, Begoña, Lucía y Sara.

Mi plan era impecable en su simplicidad: presentar a los formadores (Begoña y Ángel), hacer la introducción pertinente y luego desactivar discretamente mi cámara para supuestamente escuchar con atención desde la comodidad de una mecedora. Lo que no contemplé fue que mi cerebro había hecho otros planes...

Recuerdo haber iniciado la reunión. Recuerdo haber apagado mi cámara.

Y aquí comienza la laguna de memoria, porque me quedé profundamente dormida.

Lo que ignoraba es que mi dedo índice —ese pequeño traidor— estaba haciendo algo que ningún estudio sobre micromovimientos involuntarios ha logrado explicar satisfactoriamente: presionar de forma intermitente el botón de encendido de la cámara.

Así, mientras todos exponían profesionalmente detalles del proyecto, en la pantalla compartida aparecía y desaparecía, como un fantasma digital, la imagen de su jefa completamente dormida, con la cabeza ligeramente ladeada y, según me confirmaron después, con expresión de absoluta felicidad.

María, mi cliente, tuvo que recurrir a todas sus habilidades directivas para mantener la compostura. Los demás, mientras tanto, desplegaban un operativo de emergencia digno de estudio: llamadas telefónicas, mensajes simultáneos por Slack, WhatsApp, correo electrónico y señales de humo digitales intentando despertarme. Todo en vano. Mi teléfono estaba en modo «no molestar», algo que mi cerebro había implementado literalmente.

Según los registros de la videollamada (que afortunadamente nadie grabó), esta situación se prolongó durante exactamente doce minutos, hasta que algo —posiblemente lo que los expertos calificarían como *respuesta sonora involuntaria durante el sueño profundo* (vulgarmente conocido como *ronquido*)— me devolvió súbitamente a la consciencia.

El momento de despertar y ver el chat repleto de variaciones de «¡Marta, tu cámara está encendida!» produjo en mí una reacción que contradice todos los estudios sobre vergüenza social: en lugar del esperado bochorno, experimenté un ataque de risa apenas contenible mientras me levantaba de un salto y empezaba a andar por la habitación con el portátil en las manos como quien intenta parecer terriblemente ocupado después de haber sido descubierto en flagrante siesta.

Investigaciones posteriores (realizadas vía WhatsApp) confirmaron que Begoña había bautizado el incidente como *el caso Marta Ronco*, un sobrenombre que aún me persigue.

No os podéis imaginar lo que nos hemos reído en comidas y cenas de empresa compartiendo y recordando el suceso.

Lo que esta historia ilustra, más allá de lo anecdótico, es la realidad biológica que exploraremos en este capítulo: nuestros cuerpos y cerebros tienen límites que la cultura de hiperdesconexión nos empuja constantemente a ignorar. El cerebro humano no ha evolucionado para mantener estados de alerta constante combinados con privación crónica de sueño, una conclusión a la que yo habría llegado sin necesidad de resonancias magnéticas, simplemente revisando el vídeo de aquella memorable reunión.

Y así, con esta confesión profesional, damos inicio a nuestro análisis sobre cómo la era de la hiperconexión está transformando nuestro cuerpo de maneras que apenas comenzamos a comprender.

Diálogos silenciosos: los ejes de comunicación cuerpo-cerebro

La conexión entre el cuerpo y el cerebro representa uno de los fundamentos más profundos y a menudo olvidados de nuestro bienestar integral. Lejos de ser tan solo un vehículo para transportar nuestra mente, el cuerpo es un complejo sistema de inteligencia propia que mantiene un diálogo constante y bidireccional con nuestros procesos cerebrales, y este configura nuestra experiencia emocional y cognitiva. El cuerpo habla y el cerebro escucha, es un lenguaje silencioso el de la interocepción.

Como documentó Damasio en su investigación sobre pacientes con lesiones en áreas cerebrales de integración corporal: «Sin las señales de nuestro cuerpo, el cerebro navega emocionalmente a ciegas».[129]

Ahora voy a mostrarte un corpus de evidencia científica que explica por qué las prácticas integradoras cuerpo-mente demuestran de forma sistemática mayor eficacia que las técnicas puramente cognitivas para mejorar diversas dimensiones de nuestro bienestar.

La conclusión es ineludible: el cuidado del cuerpo no representa simplemente una intervención cosmética, sino una vía esencial para equilibrar la mente y gestionar los desafíos emocionales del mundo SISISI, que privilegia la sobrecarga, la inactividad y lo digital sobre lo físico. Reconectar conscientemente con nuestra dimensión corporal emerge como una estrategia fundamental para preservar nuestra salud mental y emocional.

La ciencia moderna ha identificado varios mecanismos específicos que sustentan esta comunicación bidireccional cuerpo cerebro:

El eje microbiota-intestino-cerebro

Este eje representa quizá uno de los descubrimientos más revolucionarios de la neurociencia reciente. La comunicación bidireccional entre el intestino y el cerebro sucede a través de múltiples vías que incluyen el nervio vago, metabolitos bacterianos, neurotransmisores, hormonas y moléculas inmunológicas.

Los microorganismos intestinales producen neurotransmisores como serotonina, ácido gamma-aminobutírico (GABA, por su sigla en inglés) y dopamina, que afectan directamente la función cerebral. El laboratorio de John Cryan y Ted Dinan acuñó el término *psicobióticos* para referirse a bacterias intestinales específicas que, al modular este eje, pueden tener efectos antidepresivos y ansiolíticos.[130]

Otra investigación fascinante demostró que el trasplante de microbiota intestinal entre ratones con diferentes perfiles de comportamiento transfería también sus características conductuales, lo que evidenciaba el profundo impacto de este eje en los estados cognitivos y emocionales.[131]

Así que lo que comemos impacta directamente en nuestra mente y estado de ánimo a través de múltiples vías interconectadas. Ya sabemos que aproximadamente el 90 por ciento de la serotonina (neurotransmisor clave en la regulación del estado de ánimo) se produce en el intestino bajo la influencia directa de la microbiota. Bacterias específicas como *Lactobacillus* y *Bifido-*

bacterium producen directamente GABA, mientras que otras influyen en la producción de dopamina y norepinefrina.

La dieta occidental moderna, caracterizada por alto consumo de alimentos ultraprocesados y azúcares refinados, promueve la reducción de la diversidad microbiana, así como una mayor permeabilidad intestinal y una elevada inflamación sistémica. Ya se han documentado asociaciones directas entre este patrón dietético y una mayor incidencia de la depresión, la ansiedad y el deterioro cognitivo.[132]

El eje corazón-cerebro

Los estudios de J. Andrew Armour identificaron un complejo sistema nervioso intrínseco en el corazón, con aproximadamente cuarenta mil neuronas, que funciona como un pequeño cerebro cardiaco.[133] Este sistema permite al corazón detectar y procesar información, así como tomar ciertas decisiones independientemente del cerebro, para luego enviar esa información procesada a través de las vías aferentes vagales. Otra investigación ha demostrado cómo la variabilidad de la frecuencia cardiaca influye directamente en la actividad del córtex prefrontal y las estructuras límbicas.[134] Estos estudios documentan que los estados de coherencia cardiaca (de la que ya hemos hablado) facilitan una óptima función ejecutiva, regulación emocional y cognición social. Por el contrario, la no regulación de este eje está implicada en trastornos de ansiedad, depresión y dificultades para la regulación emocional.

Por otra parte, sabemos que nuestras decisiones éticas también están profundamente moduladas por señales cardiovasculares: existen neuronas específicas en la corteza prefrontal ventromedial que responden selectivamente a la información aferente cardiaca, especialmente durante tareas de decisión moral y que implican empatía.

La comunicación entre corazón y cerebro ocurre a través de cuatro vías principales: la vía neuronal (nervio vago), la vía hemodinámica (que son las ondas generadas por cada latido que generan presión), la vía bioquímica (con hormonas producidas por el corazón) y la vía electromagnética (el campo electromagnético generado por el corazón es sesenta veces más potente que el del cerebro).

El eje músculo-cerebro

La comunicación entre el tejido muscular y el cerebro va mucho más allá del control motor. Existen factores tróficos liberados durante la actividad física, como el factor neurotrófico derivado del cerebro (BDNF, por su sigla en inglés), que promueven la neurogénesis, particularmente en el hipocampo. Esta proteína es alimento para la generación de nuevas neuronas en nuestro hipocampo, por eso esto refuerza la necesidad de incorporar en nuestro día a día el movimiento y el ejercicio físico: además de todas sus bondades, contribuyen a la mejora cognitiva.

También sabemos que la actividad muscular regular induce efectos epigenéticos en el cerebro, modulando la expresión de genes involucrados en plasticidad sináptica y resistencia al estrés oxidativo.[135] Estos cambios explican por qué la actividad física regular es uno de los factores protectores más poderosos contra el deterioro cognitivo.

El eje respiración-cerebro

La respiración representa otro eje fascinante de comunicación bidireccional. Existen neuronas específicas en el tallo cerebral que establecen un vínculo directo entre patrones respiratorios y estados emocionales, y esto explica parcialmente los efectos de técnicas de respiración. Por ejemplo, ciertos ritmos respiratorios activan directamente circuitos en el sistema límbico, particularmente en la amígdala y el hipocampo, evidenciando la relación entre respiración, ansiedad y memoria.

Por otra parte, sabemos cómo los patrones respiratorios modulan la actividad de las células granulares en el bulbo olfatorio, de modo que afectan no solo la percepción olfativa, sino también estados de alerta y procesamiento emocional.

La doctora Nazareth Castellanos lo explica maravillosamente bien en su libro sobre *Neurociencia del cuerpo*: «Observar cómo baila la respiración en la nariz cuando estamos cansados, cuando nos alegramos o nos derrumba el estrés».[136] Y enfatiza que esta observación consciente de la respiración forma parte del autoconocimiento profundo. Castellanos asegura: «Todo ello es también conocerse. Es el sentido biológico de lo que tantas veces hemos escuchado: busca dentro».

Nuestro corazón, con su complejo sistema nervioso intrínseco, mantiene un diálogo constante con el cerebro que modula nuestra percepción emocional y toma de decisiones. Nuestros patrones respiratorios activan directamente circuitos neuronales específicos que determinan estados de alerta o calma. La actividad muscular libera mioquinas que atraviesan la barrera hematoencefálica e influyen en la neurogénesis y plasticidad sináptica. El ecosistema microbiano intestinal produce neurotransmisores y metabolitos que modulan nuestro estado de ánimo y cognición. Estos ejes —corazón-cerebro, respiración-cerebro, músculo-cerebro, intestino-cerebro— no operan de manera aislada, sino como una red interconectada que integra nuestra experiencia como organismos vivos.

Las consecuencias de ignorar esta integración son profundas. La desconexión corporal que experimentamos no es solo filosófica, sino biológicamente disruptiva, y altera cascadas inflamatorias, regulación neuroendocrina, señalización inmune y procesamiento sensorial con consecuencias documentadas para la salud física y mental.

Esta visión integradora desafía fundamentalmente el dualismo cartesiano que ha dominado tanto la medicina occidental como nuestra comprensión popular de la relación cuerpo-mente. Como señala Mary Helen Immordino-Yang: «No tenemos cuerpos; somos nuestros cuerpos, y nuestras experiencias corporales conforman profundamente quiénes somos y cómo pensamos».

Por eso vamos a explorar precisamente estos puentes biológicos —estos ejes de comunicación bidireccional— que vinculan indisolublemente nuestro cerebro con los diversos sistemas corporales. Comprender esta interconexión no es simplemente un ejercicio académico, sino una invitación a reconsiderar de manera radical nuestra relación con el cuerpo no como un vehículo subordinado a la mente, sino como el sustrato mismo de nuestra experiencia consciente y la base para nuestro bienestar integral.

La postura y el movimiento esculpen el cerebro

Pasamos más de once horas diarias sentados, interactuamos con el mundo principalmente a través de pantallas, automatizamos cada esfuerzo físico posible y construimos entornos artificiales que nos aíslan de los ritmos naturales que han regulado la experiencia humana durante milenios. Esta desencarnación progresiva ha ocurrido precisamente cuando la neurociencia contemporánea descubre que el cerebro no es un órgano aislado que simplemente habita un cuerpo, sino que, como hemos visto, existe en constante diálogo con él.

El sedentarismo que caracteriza nuestro estilo de vida actual representa un experimento evolutivo sin precedentes. Por primera vez en la historia de nuestra especie, hemos creado sociedades enteras donde el cuerpo (diseñado para el movimiento, la exploración sensorial y la interacción física con el entorno) ha quedado relegado a mero soporte del cerebro. La paradoja resulta evidente: mientras dedicamos recursos extraordinarios a desarrollar nuestra cognición, descuidamos sistemáticamente el sustrato biológico que la hace posible.

Esta desatención a lo corporal no es casual, sino el resultado de siglos del dualismo cartesiano que ha permeado nuestra cultura, educación y sistemas de salud. La estricta separación entre mente y cuerpo, propuesta por Descartes, ha derivado en especialidades médicas compartimentadas, sistemas educativos que privilegian lo mental sobre lo físico y una comprensión fragmentada de la experiencia humana que la ciencia actual desmiente categóricamente.

Quizá uno de los descubrimientos más fascinantes de la neurociencia contemporánea es cómo nuestra postura física modela directamente nuestros estados mentales. Los experimentos pioneros de las doctoras Cuddy, Wilmuth y Carney revelaron que las personas que mantienen posturas erguidas durante solo dos minutos experimentan aumentos mensurables en testosterona (hormona relacionada con la búsqueda de estatus, autoconfianza y la disposición a asumir riesgos) y disminuciones en cortisol (hormona implicada en la respuesta al estrés).[137] También se dieron cuenta de que las posiciones corporales expandidas facilitan significativamente el recuerdo de palabras y experiencias positivas, mientras que las posturas contraídas o encorvadas potencian la retención de información negativa. Es decir, que cuando nos replegamos sobre nosotros mismos, nos estresamos más, nos volvemos de alguna manera menos confiados y más pesimistas.

Esta influencia no es casual. El sistema motor cerebral está intrínsecamente conectado con las redes que modulan nuestras funciones ejecutivas y con sistemas de regulación fisiológica tan básicas como la presión arterial o el ritmo cardiaco, creando una integración constante entre nuestro movimiento físico y nuestros procesos cognitivos. La inmovilidad prolongada altera estos circuitos y genera cascadas inflamatorias que afectan tanto al cuerpo como al cerebro.[138] Las cascadas inflamatorias inducidas por la inmovilidad involucran la liberación de citoquinas proinflamatorias, que no solo afectan la periferia del cuerpo sino que atraviesan la barrera hematoencefálica e impactan directamente en el tejido cerebral. Este proceso, conocido como *neuroinflamación*, altera la comunicación entre neuronas, afecta la integridad de la mielina y compromete los circuitos que regulan funciones cognitivas y emocionales esenciales. Un hallazgo fundamental de estos estudios es que la inmovilidad crónica produce atrofia en las neuronas del hipocampo, así como la inhibición en los procesos de creación de nuevas conexiones. Estos cambios no son meramente funcionales, sino estructurales, y pueden alterar permanentemente la arquitectura de estas regiones cerebrales. La investigación también revela que la corteza prefrontal presenta una reducción general en su tamaño, producto de cambios estructurales y funcionales de sus neuronas. Esta reducción volumétrica tiene consecuencias directas en las funciones ejecutivas, que incluyen la toma de decisiones y la regulación emocional.

También es preocupante cómo estas adaptaciones posturales que hacemos al estar tanto tiempo sentados y corporalmente cerrados impactan directamente en la función respiratoria. La posición de cabeza adelantada y hombros enrollados reduce la capacidad de expansión torácica hasta en un 30 por ciento, y altera el patrón respiratorio hacia una ventilación más superficial. Este cambio en la mecánica respiratoria compromete directamente el eje respiración-cerebro, que modula estados de alerta, respuesta al estrés y regulación emocional.

La importancia de estos hallazgos se extiende a múltiples escenarios: desde el impacto del sedentarismo en nuestras sociedades modernas hasta las consecuencias neurológicas de hospitalizaciones prolongadas o situaciones de confinamiento. La postura humana no es simplemente una cuestión estética o de «buena educación» como nos enseñaron en la infancia. Constituye un sofisticado lenguaje que comunica estados internos al mundo exterior y, simultáneamente, reconfigura nuestra experiencia interna a través de precisos mecanismos neurobiológicos. Cada posición que adoptamos —cada inclinación, tensión o alineación— genera un flujo bidireccional de información que recorre los múltiples ejes cuerpo-cerebro que hemos explorado.

Seguro que has oído hablar o incluso experimentado el síndrome del cuello tecnológico (*text neck*), que representa mucho más que un simple dolor cervical. Constituye la manifestación visible de una profunda alteración en el eje músculo-cerebro. Cuando inclinamos la cabeza sesenta grados para mirar dispositivos móviles, ejercemos una presión de aproximadamente veintisiete kilogramos sobre la columna cervical.[139] Esta compresión crónica no solo daña estructuras físicas, sino que está haciendo que nuestro cuerpo envejezca. Se ha observado el desarrollo de protuberancias óseas en la base del cráneo (entesofitos occipitales) en adultos jóvenes; estas son adaptaciones esqueléticas propias de procesos de carga excesiva que solían observarse únicamente en poblaciones ancianas.

Lo verdaderamente fascinante desde una perspectiva neurobiológica es que esta distorsión postural no queda confinada al aparato locomotor. La postura cervical altera los patrones de activación del nervio vago, y así modifica la señalización del eje cerebro-corazón. La hiperlordosis cervical crónica modifica la tensión mecánica de la zona cervical y altera la regulación simpática, que influye en innumerables funciones, desde la variabilidad cardiaca hasta la respuesta inflamatoria.

Otra investigación ha documentado cómo permanecer sentado durante más de cuatro horas diarias altera significativamente la activación del nervio vago, uno de los principales mediadores del eje corazón-cerebro, independientemente del nivel de actividad física estructurada que se realice.[140] Es decir, que por mucho que vayas al gimnasio todos los días, si luego pasas largos periodos de inmovilidad, en realidad tienes una vida sedentaria. El sedentarismo prolongado activa vías metabólicas e inflamatorias completamente diferentes a las que se asocian con la simple ausencia de ejercicio. Por eso el daño del sedentarismo no se neutraliza simplemente haciendo deporte puntual. La inmovilidad prolongada deja huella.

¿Y qué sucede cuando los espacios dictan la inmovilidad? Este es uno de los mayores desafíos contemporáneos: la creación de entornos que imponen la inmovilidad como norma, no como elección. Más allá de las decisiones individuales, habitamos arquitecturas diseñadas para minimizar el movimiento, especialmente en nuestros espacios de trabajo, ya sea en casa o en la oficina. El diseño urbano contemporáneo representa quizá el factor más subestimado en la configuración de nuestros patrones de movilidad y postura. La planificación urbana centrada en el automóvil ha reducido dramáticamente los desplazamientos peatonales, y así ha eliminado oportunidades cotidianas de variabilidad postural y movimiento natural.

Lo fascinante desde la perspectiva de los ejes cuerpo-cerebro es que estos entornos no solo reducen la cantidad de movimiento, sino que alteran cualitativamente su naturaleza. Las superficies uniformes y artificiales de nuestras ciudades eliminan la rica variabilidad sensorial que caracterizaba el movimiento humano evolutivamente adaptativo. Caminar sobre superficies naturales irregulares en comparación con pavimento uniforme activa significativamente mayor variedad de mecanorreceptores plantares y genera patrones de activación más complejos en regiones cerebrales asociadas con la propiocepción y la integración sensoriomotora.[141]

Las consecuencias son profundas: la postura comprometida no solo genera dolor, sino que altera fundamentalmente nuestra capacidad para percibir e integrar señales interoceptivas, afectando la precisión de los marcadores somáticos descritos por Damasio como guías esenciales en la toma de decisiones y el procesamiento emocional.

Sueño y ritmos circadianos alterados

El sueño no es simplemente un estado de inactividad, sino una compleja sinfonía que orquesta la regeneración celular, la consolidación de memoria, la depuración de toxinas cerebrales y la calibración de los circuitos neurales que gobiernan nuestras funciones cognitivas y emocionales. Lejos de constituir una mera pausa en la consciencia, el sueño representa uno de los más sofisticados ejes de comunicación bidireccional entre cerebro y cuerpo, regulado por precisos mecanismos cronobiológicos que han evolucionado durante millones de años en sincronía con los ciclos de luz solar.

La economía de servicios permanentes no solo afecta a quienes trabajan en horarios atípicos, sino que genera efectos poblacionales indirectos. La disponibilidad 24/7 de entretenimiento digital, comercio electrónico y comunicación interpersonal ha retrasado significativamente la hora de inicio del sueño sin su correspondiente ajuste con los horarios matutinos. El resultado es una reducción neta de aproximadamente 1,2 horas de sueño nocturno en la población general durante las últimas cinco décadas.

No sé si has oído hablar del concepto de *jet-lag social,* que describe la discrepancia sistemática entre nuestros ritmos biológicos internos y los horarios socialmente impuestos, en especial en España, donde la mayoría de los acontecimientos sociales para adultos son nocturnos.[142] ¡Nos acostamos muy tarde! A diferencia del jet-lag convencional que se resuelve en unas horas, el social representa una condición crónica que hoy afecta a aproximadamente el 70 por ciento de la población en los países industrializados. Esta desincronización genera una deuda de sueño social, de forma que intentamos compensar la acumulación de sueño insuficiente durante días, pero esto no es suficiente. Ahora entiendo a mi amiga y divulgadora sobre sueño y descanso Jana Fernández, que renuncia a compromisos sociales a última hora de la tarde para sincronizarse con sus ritmos internos.

Ya sabemos que la privación de sueño y la desincronización circadiana alteran selectivamente la conectividad funcional entre la amígdala y la corteza prefrontal ventromedial, un circuito crítico para la regulación emocional. Esto explica parcialmente por qué individuos con jet-lag social crónico muestran respuestas emocionales exageradas a estímulos negativos y una capacidad reducida para regular sus emociones.

La salud circadiana no puede reducirse a simples recomendaciones como evitar pantallas antes de dormir o dormir ocho horas. Requiere un replanteamiento fundamental de cómo organizamos temporalmente nuestras sociedades.

La luz azul tiene un impacto único en nuestro cerebro: activa potentemente células de la retina que contienen melanopsina y conectan directamente con nuestro reloj maestro en el núcleo supraquiasmático. Este sistema evolucionó durante millones de años para detectar la luz del día (rica en azul) y mantener nuestros ritmos circadianos sincronizados. El problema surge cuando exponemos nuestros ojos a luz azul después del atardecer, principalmente proveniente de pantallas y de la iluminación led en interiores (casas, oficinas, supermercados, gimnasios, tiendas...), porque engañamos a nuestro cerebro haciéndole creer que todavía es de día. La exposición a luz azul por la noche suprime significativamente la producción de melatonina, la hormona que señaliza al cuerpo que es hora de dormir.[143] Esta supresión puede retrasar el inicio del sueño hasta tres horas y reducir las fases de sueño profundo reparador. No es solo un problema de conciliar el sueño, sino que afecta su arquitectura y calidad, y asimismo impacta en la recuperación muscular, la consolidación de memoria y la regulación metabólica.

Si bien la supresión de melatonina por exposición a luz de onda corta (azul) ha recibido considerable atención mediática, representa apenas la superficie de una disrupción cronobiológica mucho más profunda. La investigación del cronobiólogo Till Roenneberg demuestra que la desincronización circadiana contemporánea constituye una tormenta perfecta multifactorial que trasciende ampliamente los efectos de las pantallas.

La exposición lumínica inadecuada representa el primer nivel de esta disrupción. Pero gracias a otras investigaciones sabemos que una semana de camping sin luz artificial sincroniza completamente los relojes internos con el ciclo solar, adelantando su liberación de melatonina 1,4 horas. Lo fascinante es que esta resincronización ocurre incluso en individuos con cronotipo extremadamente vespertino (los que se autodenominan *búhos*), lo que sugiere que muchas preferencias circadianas consideradas innatas son parcialmente adquiridas por nuestra exposición lumínica anormal.

La intensidad lumínica representa un aspecto crucial frecuentemente subestimado. Mientras la iluminación artificial interior típica oscila entre 100-500 lux, la luz solar natural proporciona entre 10.000-100.000 lux. Esta diferencia cuantitativa de dos órdenes de magnitud tiene profundas consecuencias cualitativas: nuestro *reloj maestro* en el hipotálamo requiere umbrales específicos de intensidad para la correcta sincronización en diversos tejidos. Quiero agradecer en este punto la rigurosa y exhaustiva labor divulgativa de Carlos Stro en materia de contaminación lumínica y cómo nos afecta de lleno, en multitud de aspectos de nuestra vida (esto daría para otro libro).[144]

Existen otros sincronizadores temporales tan potentes como la luz para ciertos tejidos. Por ejemplo, la alimentación durante periodos biológicamente inapropiados, en particular durante la fase inactiva circadiana. Por ejemplo, si cenamos cuando ya es de noche, estamos enviando señales activadoras a órganos que deberían estar en fase de reposo o mantenimiento (hígado, tejido adiposo y músculo), y se genera una incoherencia interna. La clave para entender esto es que tu cuerpo no tiene un solo reloj, sino muchos relojes diferentes que necesitan estar sincronizados. Cuando enviamos señales contradictorias (luz en momentos incorrectos, comidas en horas biológicamente inapropiadas), creamos una desorganización interna que, a largo plazo, afecta nuestra salud. Si abordamos este fenómeno desde una mirada evolutiva, lo que observamos es, fundamentalmente, una discordancia adaptativa entre nuestro diseño biológico ancestral y el entorno sociocultural contemporáneo que hemos construido.

Elementos como la luz solar, la ingesta alimenticia y la actividad locomotora ahora transmiten información contradictoria a nuestros sistemas. La consecuencia es una profunda disrupción de mecanismos homeostáticos finamente calibrados durante la historia evolutiva de nuestra especie. La evolución no previó ni podía prever un escenario donde los humanos invertirían voluntariamente señales ambientales fundamentales, en contra de sí mismos.

La disrupción contemporánea de todos estos ritmos —a través de exposición lumínica inadecuada, economía 24/7 y jet-lag social crónico— no constituye meramente una inconveniencia moderna, sino una profunda alteración de uno de nuestros ejes biológicos más fundamentales. Las consecuencias de esta desincronización trascienden el simple cansancio para manifestarse en prácticamente todos los sistemas fisiológicos, desde alteraciones metabólicas, inmunológicas y de fertilidad hasta profundos impactos en procesos cognitivos y regulación emocional.

Como concluye elocuentemente Russell Foster, director del Instituto de Neurociencia Circadiana y del Sueño de Oxford: «Hemos creado un mundo que ignora sistemáticamente la biología temporal humana. El desafío del siglo XXI no es simplemente dormir más, sino reconciliar nuestros ritmos internos con las demandas externas, reconociendo que el tiempo biológico constituye una dimensión fundamental de nuestra salud tan importante como la nutrición o el ejercicio».

Campos electromagnéticos en el entorno moderno

El cuerpo humano es un sistema bioeléctrico sorprendentemente complejo. Cada órgano genera su propio campo electromagnético, formando lo que podríamos llamar *nuestra propia sinfonía*. Nuestro cerebro, nuestro corazón, nuestras células generan señales esenciales para la comunicación y coordinación de los procesos biológicos. Nuestra biología ha evolucionado durante millones de años en presencia de campos electromagnéticos naturales, y nuestros cuerpos mantienen una sofisticada capacidad para responder adecuadamente a ellos. El campo magnético terrestre ha guiado la migración de especies, influido en procesos bioquímicos y posiblemente modelado aspectos de nuestra neurofisiología. Sin embargo, en menos de ciento cincuenta años, un instante en términos evolutivos, hemos transformado radicalmente este entorno. La exposición ambiental a la radiación ha aumentado dramáticamente respecto a los niveles naturales. Esta transformación sin precedentes plantea interrogantes fundamentales sobre cómo nuestro sistema nervioso responde ante este nuevo panorama.

La exposición contemporánea a campos electromagnéticos no se limita a fuentes puntuales, sino que constituye un continuo permanente que atraviesa múltiples bandas de frecuencia. Una persona en entornos urbanos está simultáneamente expuesta a campos de frecuencia de sistemas eléctricos, radiofrecuencia de múltiples bandas (FM, TV, telefonía móvil, wifi, Bluetooth), microondas, radiación infrarroja de sistemas de calefacción y otros dispositivos electrónicos. Incluso durante el sueño, estamos expuestos a múltiples fuentes de radiación electromagnética simultáneas. Lo más relevante desde la perspectiva del eje cuerpo-cerebro es que estos campos artificiales operan en bandas de frecuencia que potencialmente interactúan con nuestros sistemas biológicos.

La investigación sobre estos efectos biológicos ha evolucionado significativamente en las últimas décadas. La revisión sistemática de Belpomme *et al.* examinó en distintos estudios la evidencia sobre efectos neurológicos, y encontró indicios de posibles alteraciones en la barrera hematoencefálica, cambios en neurotransmisores y efectos sobre la electrofisiología cerebral.[145] Adoptar un enfoque de precaución parece lo más prudente mientras la ciencia avanza en este campo.

Paradójicamente, a la vez que aumenta nuestra conexión al

ciberespacio, disminuye drásticamente nuestro contacto físico con entornos naturales. Esta desconexión física de la tierra no es meramente filosófica o psicológica, sino profundamente biofísica. Durante milenios los seres humanos mantuvimos un contacto directo con la superficie terrestre. Caminábamos descalzos o con calzado conductor (como suelas de cuero o esparto), dormíamos directamente sobre el suelo o en estructuras conectadas a tierra, y nuestra vida transcurría en íntima conexión electromagnética con los ritmos y campos terrestres. Esta conexión constante representaba nuestro estado natural de equilibrio bioeléctrico.

El desarrollo urbano moderno, con sus edificaciones elevadas, pavimentos aislantes y calzado sintético, ha creado una especie de barrera de aislamiento eléctrico entre nuestros cuerpos y la tierra. De hecho, un ciudadano medio puede pasar semanas o incluso meses sin que ninguna parte de su cuerpo establezca contacto eléctrico directo con la superficie terrestre. Simultáneamente, la creciente densidad de campos electromagnéticos artificiales generados por nuestros dispositivos electrónicos, sistemas de comunicación inalámbrica e infraestructura eléctrica crea una especie de niebla que envuelve nuestros espacios vitales, y estos campos artificiales pueden interferir con los procesos electromagnéticos naturales del organismo, alterando desde la comunicación intercelular hasta los ritmos circadianos.

Es en este contexto donde adquiere especial relevancia comprender los fundamentos del *earthing* o *grounding*, que se basan en la conexión física directa del cuerpo humano con la superficie de la tierra para facilitar una transferencia de electrones a nuestro cuerpo. Cuando este se conecta a la tierra, su potencial eléctrico se iguala con el potencial eléctrico del planeta.[146] Este proceso tiene importantes implicaciones electromagnéticas que van más allá de un simple retorno a la naturaleza.

Los experimentos de Ghaly y Teplitz demostraron que este anclaje electromagnético produce efectos medibles: los sujetos que dormían en sistemas conectados a la tierra experimentaban una normalización del ritmo circadiano de cortisol y una reducción significativa de los marcadores inflamatorios en sangre.[147]

La transformación de nuestros hogares en espacios hiperconectados ha multiplicado exponencialmente las fuentes de radiación electromagnética a las que estamos expuestos a diario. Según datos de la Oficina Alemana para la Protección contra la Radiación, el nivel máximo de inducción magnética aconsejada para la población europea es 100 microteslas. Entre los electrodomésticos convencionales, los niveles de radiación electromagnética varían considerablemente. De los aparatos medidos a 3 centímetros de distancia, el taladro eléctrico encabeza la lista con 400 microteslas, seguido por el aspirador con 200 microteslas. El microondas emite 73 microteslas, mientras que dispositivos como el secador de pelo (6 microteslas), la plancha (8 microteslas) y el ordenador (0,5 microteslas) presentan valores considerablemente menores. Los dispositivos que llevamos constantemente cerca del cuerpo representan una preocupación particular, especialmente por su proximidad prolongada con nuestros tejidos y porque los utilizamos precisamente durante largos periodos: auriculares inalámbricos, relojes inteligentes, wifi, entre otros.

Esta realidad nos enfrenta a una nueva paradoja: mientras buscamos mayor conectividad digital, aumentamos exponencialmente nuestra exposición a campos electromagnéticos artificiales. La desconexión, en este contexto, no es solo una práctica de higiene digital para nuestra mente, sino una necesidad biofísica para permitir que nuestros sistemas electromagnéticos funcionen sin la interferencia constante de campos artificiales. Como señala la evidencia acumulada, aunque los efectos individuales de cada dispositivo puedan estar dentro de límites considerados seguros, es la exposición acumulativa y permanente la que plantea interrogantes sobre sus efectos a largo plazo en nuestra salud y bienestar.

Atrofia por conveniencia: inflamación sistémica y acomodación a la comodidad

Estarás de acuerdo conmigo en que hemos alcanzado un nivel de comodidad sin precedentes en la historia humana. Sin embargo, ¿podría esta comodidad estar socavando nuestra salud y nuestro bienestar? La evidencia científica sugiere que sí. El principio biológico de «úsalo o piérdelo» se manifiesta claramente en lo que algunos investigadores han denominado *atrofia por desuso*. Nuestros cuerpos están diseñados para adaptarse constantemente a desafíos ambientales, un concepto conocido como *hormesis*. Este principio establece que pequeñas dosis de estrés fisiológico estimulan adaptaciones positivas que fortalecen nuestros sistemas biológicos. La ausencia de estos estresores naturales, paradójicamente, induce cambios degenerativos en los tejidos que no se usan.

La investigación de Lieberman en su obra *Ejercicio: Cómo es que nunca evolucionamos para hacer ejercicio, por qué es saludable y qué debemos hacer* documenta cómo los humanos evolucionaron para moverse regularmente y enfrentar desafíos físicos.[148] Su trabajo demuestra que la eliminación de estos estresores naturales está contribuyendo significativamente al aumento de enfermedades crónicas no transmisibles. «Nuestros cuerpos necesitan el estrés positivo del movimiento, la variación térmica y el ayuno intermitente para mantener la homeostasis y la resiliencia celular», señala Lieberman.

Un aspecto fascinante de esta atrofia por conveniencia es nuestra relación con la temperatura. En el mundo moderno mantenemos nuestro entorno en una zona de confort térmica casi constante, privándonos de las adaptaciones beneficiosas que provienen de la exposición al frío y al calor. La exposición regular al frío moderado activa el tejido adiposo pardo, un tipo especial de grasa que genera calor quemando calorías.[149] «Esta activación no solo mejora el metabolismo energético, sino que también mejora la sensibilidad a la insulina y reduce la inflamación sistémica», explican los investigadores.

La atrofia por conveniencia no se limita a nuestros músculos o sistemas cardiovasculares; se extiende, de manera casi poética, a nuestra relación con los alimentos. Así como hemos delegado el esfuerzo físico en máquinas y dispositivos, también hemos transferido la preparación de nuestros alimentos a industrias y procesos mecánicos, lo que nos aleja cada vez más de nuestra conexión ancestral con la comida. La industrialización ha producido un desplazamiento masivo desde la preparación casera de alimentos hacia productos listos para consumir, diseñados para la conveniencia y no para la salud. Esta tendencia refleja el mismo principio subyacente: sacrificamos beneficios biológicos profundos por una aparente ganancia de tiempo y esfuerzo.

La preparación tradicional de alimentos con sus procesos de fermentación, remojo, cocción lenta y uso de ingredientes integrales no era simplemente un acto cultural, sino también biológico; estos métodos mejoraban la biodisponibilidad de nutrientes, reducían antinutrientes y creaban compuestos que nuestro metabolismo utilizaba. Al igual que nuestros músculos se atrofian cuando evitamos el esfuerzo, nuestros sistemas metabólicos se desregulan y se manifiestan como inflamación sistémica, resistencia insulínica y alteraciones en la microbiota intestinal, una forma de atrofia metabólica por conveniencia que podría ser tan perjudicial como su equivalente físico.

La alimentación moderna, caracterizada por alimentos ultraprocesados y altos en carbohidratos refinados, se ha convertido en un factor de «conveniencia» con graves consecuencias para nuestra salud. El paradigma nutricional dominante durante décadas ha sido cuestionado por investigaciones recientes. La idea tradicional de que el cerebro necesita principalmente glucosa ha sido desafiada por diversos estudios. Se ha demostrado que, en condiciones de restricción de carbohidratos o ayuno, el cerebro puede utilizar cuerpos cetónicos como fuente energética alternativa. Además estas moléculas ejercen efectos de señalización que pueden reducir el estrés oxidativo y modular la inflamación neuronal. [150] La revisión sistemática de Dowis y Banga sobre dietas cetogénicas y salud cerebral publicada en *Nutrients* concluyó que la adaptación metabólica a una menor ingesta de carbohidratos y mayor consumo de grasas saludables puede mejorar la función cognitiva, reducir la inflamación cerebral y potencialmente proteger contra el deterioro neurológico relacionado con la edad.[151] La pirámide alimenticia tradicional, que prioriza los carbohidratos como base, puede haber contribuido sin querer a la epidemia de enfermedades metabólicas.[152] Una dieta baja en carbohidratos y adecuada en grasas saludables puede ser más efectiva para reducir la inflamación sistémica y mejorar marcadores metabólicos que la dieta baja en grasas tradicionalmente recomendada.

Los cuerpos cetónicos proporcionan una ventaja energética significativa frente a la glucosa. Las mitocondrias son las centrales energéticas de nuestras células, y su función es primordial para la salud cerebral. Los cuerpos cetónicos no solo proporcionan energía de manera más eficiente, sino que también promueven el desarrollo de nuevas mitocondrias y mejoran la función de las existentes. Los cuerpos cetónicos no son simplemente combustible alternativo; también funcionan como moléculas de señalización, y por ello proporcionan protección neuronal independiente de su papel energético. Y por último, una ventaja adicional de los cuerpos cetónicos: su capacidad para proporcionar energía cerebral estable. A diferencia de la glucosa, cuyos niveles fluctúan significativamente después de las comidas, los cuerpos cetónicos mantienen niveles más constantes en sangre una vez que el cuerpo está adaptado a producirlos. Esta estabilidad evita los picos y caídas de energía asociados con el metabolismo basado en glucosa.

Es importante señalar que la relación entre glucosa y cetonas en el cerebro no es estrictamente un escenario excluyente. El cerebro siempre utilizará algo de glucosa, incluso durante la cetosis profunda. La ventaja parece estar en la flexibilidad metabólica, es decir, la capacidad del cerebro para utilizar eficientemente múltiples fuentes de combustible según las circunstancias.

La ciencia cobra una dimensión profundamente personal cuando la experimentamos directamente. Durante el acompañamiento a mi madre en sus cuidados paliativos, observé algo revelador: cuando apenas podía alimentarse, las doctoras de paliativos que venían a casa no recomendaron alimentos ricos en carbohidratos, o *energéticos* según la visión convencional, sino precisamente lo contrario. «Dale caldo de huesos con algo de grasa —me indicaron—: nata, aceite de oliva virgen extra, huevo revuelto en el caldo...». Estas recomendaciones clínicas, basadas en décadas de experiencia con pacientes en estados críticos, contradecían la pirámide alimenticia tradicional. Igualmente significativo fue su énfasis en la hidratación con electrolitos (agua con sal y limón), reconociendo de manera implícita la importancia del equilibrio mineral frente a la mera ingesta de líquidos.

Esta revelación me impulsó a investigar más profundamente, sobre todo considerando mis antecedentes familiares de cáncer (en principio no genéticos, según confirmaron las pruebas). Hace dos años decidí adoptar una alimentación cetogénica como experimento personal, y los resultados han sido transformadores para mí: experimenté un aumento notable en mi energía física, una claridad mental sostenida que facilita mi concentración durante largas jornadas de trabajo, una evidente reducción de la inflamación corporal y una pérdida significativa de grasa sin sacrificar masa muscular. No pretendo con esto sentar cátedra ni ofrecer una recomendación universal, sino simplemente compartir mi experiencia personal como un punto más de reflexión. Aunque no soy experta en nutrición ni pretendo profundizar exhaustivamente en este complejo campo, comparto esta reflexión personal y mi experiencia como una semilla de curiosidad.

Te invito, querido lector o lectora, a cuestionar con mirada crítica tus hábitos alimenticios y a reexaminar las narrativas nutricionales que hemos interiorizado durante décadas. Quizá descubras, como ha sido mi caso, que muchas recomendaciones alimentarias tradicionales han sido moldeadas más por intereses económicos e industriales que por un genuino compromiso con nuestra salud y bienestar. La verdadera conveniencia no debería medirse en ahorro de tiempo o beneficio comercial, sino en cómo nuestras elecciones alimentarias nutren verdaderamente nuestro cuerpo y mente a largo plazo.

Despertando la sabiduría corporal: prácticas para restaurar el diálogo perdido

La desconexión cuerpo-cerebro que caracteriza a nuestra era no es irreversible. La neuroplasticidad que permitió estas adaptaciones disfuncionales también facilita el camino de regreso. Nuestros sistemas biológicos mantienen una notable resiliencia y capacidad regenerativa cuando se les ofrecen las condiciones adecuadas. Las estrategias que ofrezco no son meras recomendaciones aisladas, sino partes de un ecosistema integrado para despertar la sabiduría corporal innata.

Realineamiento con los ritmos naturales: el eje circadiano

- **Reconexión con la luz natural.** 20-30 minutos de exposición a luz natural matutina sincroniza poderosamente nuestro reloj biológico maestro.[153] Esta exposición resulta 3-4 veces más efectiva cuando ocurre dentro de la primera hora después de despertar. Complementariamente, reducir la intensidad lumínica durante las tres horas previas al sueño aumenta la secreción de melatonina y esto mejora la calidad del descanso.
- **Alimentación cronológicamente consciente.** Los patrones temporales de alimentación constituyen potentes sincronizadores circadianos. Restringir la ventana diaria de alimentación a 8-10 horas, evitando comer cuando el sol se pone, independientemente de cambios en cantidad o tipo de alimentos, produce profundos efectos sincronizadores de nuestros relojes internos.
- **Movimiento sincronizado.** El ejercicio físico que se realiza entre 1-4 horas después de despertar también refuerza la sincronización circadiana. Puedes combinar ejercicio matutino con exposición a la luz natural, ya

que produce efectos superiores a cada intervención por separado.

- **Protección nocturna.** Las gafas bloqueadoras de luz azul, especialmente aquellas con cristales naranja o rojos, pueden aumentar la calidad del sueño cuando se usan 2-3 horas antes de dormir y reducir el tiempo necesario para conciliar el sueño. Burkhart y Phelps demostraron una mejora significativa en participantes con insomnio y bajo estado de ánimo.[154]
- **Reintroducción estratégica de ciertos estresores horméticos** —como la exposición controlada al frío, la actividad física desafiante, periodos de restricción calórica— podría ser también una vía prometedora para contrarrestar la atrofia por conveniencia y la inflamación crónica que caracterizan a nuestra era moderna.
- **Entrenamiento cerebral con *neurofeedback* dinámico NeurOptimal** representa una evolución sofisticada del *neurofeedback* tradicional, gracias a que utilizan algoritmos matemáticos no lineales que responden en tiempo real a la actividad cerebral única de cada individuo. A diferencia de los sistemas lineales que requieren mapeo cerebral y protocolos específicos, este enfoque dinámico permite que el cerebro se autorregule naturalmente, ya que le proporciona información instantánea sobre sus propios patrones de actividad eléctrica. La ventaja del sistema dinámico radica en que no intenta corregir patrones cerebrales específicos, sino que facilita la neuroplasticidad natural del cerebro, pues permite que desarrolle mayor flexibilidad y resiliencia de forma orgánica. El entrenamiento es completamente no invasivo y seguro para todas las edades, y funciona mediante interrupciones sutiles en la música que alertan al cerebro cuando está a punto de entrar en

patrones menos eficientes. Mi experiencia trabajando con este sistema desde 2012 me ha permitido comprobar con mis clientes y conmigo misma su efectividad, y se ha consolidado como una alternativa no farmacológica, con evidencia particular en el tratamiento del trastorno por déficit de atención e hiperactividad (TDAH), los trastornos del sueño, la mejora del rendimiento cognitivo y el bienestar en general.

Reconexión electromagnética: *earthing* y gestión de campos artificiales

- **Principio ALARA.** Redmayne propone el concepto *As Low As Reasonably Achievable* —tan bajo como sea razonablemente posible— como enfoque prudente para gestionar la exposición electromagnética.[155] La intensidad de campos electromagnéticos disminuye rápidamente con la distancia a la fuente, puedes crear «zonas blancas» en casa con exposición electromagnética reducida, en especial en los dormitorios.
- ***Earthing* o *grounding*.** El contacto directo con la superficie terrestre permite la transferencia de electrones al cuerpo, con la finalidad de igualar potenciales eléctricos. Este proceso no es meramente simbólico, sino biofísico, y sirve para proporcionar un efecto de paraguas electromagnético que puede reducir la inducción de voltajes por campos artificiales. Como señalan investigaciones multidisciplinares, esta práctica produce efectos medibles sobre inflamación, inmunidad y cicatrización de heridas. Te recomiendo los dispositivos de la marca Earthing (https://www.earthing.es/es/). Yo utilizo su alfombra en los pies mientras trabajo con el ordenador y estoy encantada.

- **Dispositivos de protección.** Están surgiendo diferentes tecnologías de protección. Yo recomiendo los dispositivos SPIRO —Spin Radiation Organizer Technology— (https://spirosolution.com/). Es un material que funciona mediante nanomagnetismo, bajo el principio de filtrado pasivo, es decir, que filtra las perturbaciones electromagnéticas generadas por dispositivos electrónicos, transformando campos dañinos en frecuencias más seguras mediante el uso de nanopartículas de oro.

Nutrición para la integración cuerpo-cerebro

- **Alimentación baja en carbohidratos.**[156] Favorecer un perfil metabólico basado en cetonas sobre la glucosa puede tener potentes efectos antiinflamatorios tanto sistémicos como neurológicos, ya que contrarresta la inflamación crónica característica de muchas enfermedades contemporáneas. En resumen: más grasas (monoinsaturadas como aceite de oliva virgen extra, aguacate, aceitunas, frutos secos…; saturadas de calidad como mantequilla, aceite de coco…, y omega-3 como pescados grasos, huevos…), proteína y menos hidratos de carbono.

Recuperación del diálogo postural

- **Reentrenamiento propioceptivo.** Tomar conciencia de tu postura y modificarla es crucial no solo para corregir desalineaciones posturales, sino para revertir cambios estructurales en regiones cerebrales asociadas con el control motor. La diversificación intencional de posturas y movimientos, incluso en pequeñas dosis distribuidas a lo largo del día, genera beneficios neuroplásticos superiores a intervenciones intensivas aisladas.

- **Actividades rítmicas integradoras.** Las actividades físicas que involucran movimientos rítmicos y coordinados (caminar, nadar, bailar) activan patrones neuronales que promueven la integración interhemisférica, estimulando la liberación del factor neurotrófico derivado del cerebro (BDNF), crucial para la plasticidad neuronal. ¿Por qué no aprovechar una llamada telefónica para salir a caminar?

Adaptaciones sociales: cronoterapia colectiva

- **Ajustes en horarios institucionales, profesionales y de ocio.** Dunster *et al.* documentaron que retrasar el inicio de clases escolares en Seattle de las 7.50 a las 8.45 produjo un aumento de 34 minutos de sueño diario, mejor rendimiento académico y reducción del absentismo, hallazgos confirmados por otros investigadores posteriormente.[157] Por otra parte, es esencial incorporar una flexibilidad real en los horarios, adaptándolos a nuestra necesidad humana de alinearnos con la luz solar. Por ejemplo, conviene aumentar las actividades o encuentros sociales al aire libre para integrar simultáneamente múltiples sincronizadores: luz natural, contacto físico con tierra (*earthing*), socialización y pertenencia, más movimiento corporal. Esto genera un efecto multiplicador en la alineación de los sistemas reguladores del organismo. Incorporar de manera intencionada estas conexiones en nuestra rutina diaria no constituye meramente una desconexión digital, sino una reconexión fundamental con los ritmos sociales para los que evolucionamos biológicamente.
- **Pactos de desconexión digital.** Establecer periodos específicos de desconexión digital —dos horas antes de acos-

tarse y hasta después del desayuno— para mejorar la calidad de nuestro sueño.

- **Dejar un tiempo mínimo de 30 minutos entre reuniones.** Nuestro cerebro no está diseñado para transitar de una reunión a otra sin pausas. Entre tareas cognitivamente exigentes, necesita periodos de consolidación y restauración. Durante esos momentos de aparente inactividad, se activa la red neuronal por defecto, un sistema clave que permite al hipocampo procesar la información y transferirla a la memoria de largo plazo. Además, estos espacios favorecen la recuperación atencional y la generación de conexiones creativas. Por eso, más que un descanso superficial, hacer pausas entre reuniones es una inversión directa en nuestra capacidad de pensar, aprender y decidir mejor. Cuando este enfoque se adopta de manera sistemática y colectiva, se generan culturas más eficientes y equilibradas.

La verdadera reconexión corporal emerge de la coherencia entre múltiples señales: luz, alimentación, movimiento, temperatura, interacción social y electromagnética, todas alineadas para comunicar con eficacia la misma información a nuestros sistemas biológicos.

La moderna atrofia por conveniencia puede revertirse no mediante un retorno romántico a un pasado idealizado, sino a través de la realización consciente de prácticas que sean capaces de restaurar los diálogos fundamentales que definen nuestra biología.

Durante milenios, luz, alimentación, actividad y descanso operaban naturalmente en sincronía perfecta para nuestros antepasados.

El desafío contemporáneo no es simplemente implementar tácticas aisladas, sino reconstruir un ecosistema temporal coherente que permita a nuestros relojes biológicos funcionar en armonía.

Esta reconexión con nuestra sabiduría corporal innata representa quizá el camino más directo hacia el bienestar integral en la era de la hiperdesconexión.

TERCERA PARTE

¿FUTURO CONECTADO o HIPERDESCONECTADO?

Hacia el florecimiento humano

10
Arquitectos del futuro o cómo no perderse en el mañana

¡Basta ya de futuros distópicos!

¿No estás un poco cansado de que nos pinten siempre el futuro como una película de ciencia ficción donde todo sale mal? Robots que se rebelan, clima apocalíptico, humanos adictos a pantallas en cubículos... ¡Menudo panorama! Si me lo preguntas, creo que ya es hora de cambiar el guion.

Escucha bien esto que te digo: somos los últimos testigos de un mundo auténticamente conectado. Aquí estamos, *millennials* y generación X, con un pie en cada mundo. Somos la generación bisagra, los que jugábamos en la calle hasta que se encendían las farolas y ahora navegamos entre múltiples pantallas, los que teníamos que esperar una semana para ver el siguiente episodio de nuestros dibujos animados favoritos. Los últimos testigos de un tiempo donde las quedadas se organizaban con días de antelación y no existía la posibilidad de cancelar por WhatsApp cinco minutos antes. Somos, literalmente, los últimos humanos sobre la tierra que recordamos cómo era vivir sin el pulgar constantemente deslizándose sobre una pantalla. Los que experimentamos tanto la alegría de recibir una carta manuscrita como la inmediatez de un email. Sabemos lo que significa buscar información en una enciclopedia de veinticuatro tomos y también preguntarle cualquier cosa a Google.

Esta dualidad no es trivial: somos traductores entre mundos, portadores de una memoria ancestral (bueno, de los años setenta, ochenta y noventa del siglo pasado), de una conexión humana sin tanta intermediación digital.

Como señala la antropóloga Amber Case, «somos los últimos no cíborgs, y también los primeros cíborgs». Una posición privilegiada que conlleva una responsabilidad extraordinaria.

Si no transmitimos a nuestros hijos e hijas cómo era resolver un conflicto cara a cara en lugar de hacerlo a través de mensajes, cómo se construía la paciencia esperando a que revelaran las fotos de un carrete o cómo se profundizaba en un tema sin saltar de enlace en enlace..., ¿quién lo hará?

El filósofo de la tecnología Michael Sacasas lo plantea así: «Cada generación que nace en un entorno más digitalizado pierde la capacidad de percibir los cambios que la tecnología produce en nosotros». Es como los peces que no saben que están mojados. Nosotros, al menos, recordamos cómo era estar secos.

Esta es quizá nuestra misión más urgente e invisible: ser mentores de reconexión. No desde la nostalgia del «Todo tiempo pasado fue mejor» (que no lo era en muchos aspectos), sino desde la sabiduría de quien puede integrar lo mejor de ambos mundos. Porque cuando la última persona que recuerde mirar a los ojos sin sentir la vibración de un mensaje ya no esté..., habremos perdido algo precioso.

No se trata solo de supervivencia analógica, sino de prácticas humanas fundamentales que trascienden la tecnología:

la atención plena, la empatía no mediada, la paciencia, la contemplación, el silencio compartido, el aburrimiento creativo.

Tenemos esta oportunidad única. Somos los últimos guardianes de un conocimiento esencial para el florecimiento humano.

Si no actuamos como puentes ahora, nuestros hijos habitarán un mundo donde la desconexión humana será la única realidad que hayan conocido.

Permíteme una confesión: soy una rebelde esperanzada. Me niego a aceptar ese futuro de serie B que nos venden como inevitable. ¿Y si resulta que el futuro más revolucionario no es el de más tecnología, sino el de más humanidad? ¿Y si la verdadera disrupción fuera recuperar lo esencial?

Lo fascinante de este momento es que tenemos ante nosotros un abanico de posibilidades que los investigadores del futuro llaman el *cono de futuros*. Suena a postre italiano sofisticado, pero en realidad es mucho más sabroso: es el mapa de todos los caminos que podríamos tomar.

Quiero compartir con vosotros este ejercicio de creatividad alocada en el que he repensado y soñado sobre cómo podría ser el futuro. Vamos a volvernos un poco locos juntos.

Imagina que el futuro es como un helado de cono (¡ya dije que sería más divertido!). En la punta está nuestro presente, y a medida que se abre hacia arriba, se despliegan todas las posibilidades. Esta imagen representa visualmente los distintos tipos de futuros desde el presente hacia delante.

CONOS de FUTURO

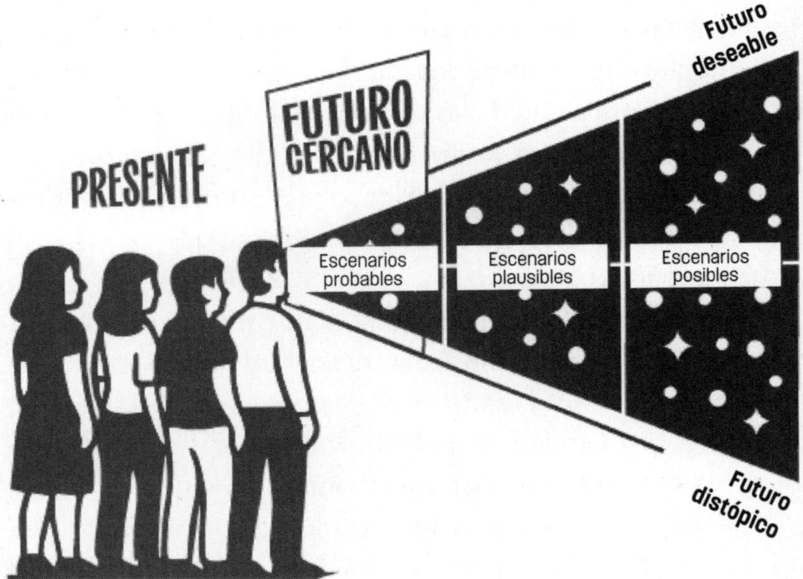

- **Futuro cercano: escenario probable.** Es el que tiene altas probabilidades de ocurrir si seguimos por el camino actual. ¿Por qué es probable? Porque ya hay pruebas piloto exitosas, avances científicos, tendencias claras.
  - Objetivo: Entender el futuro por defecto. Se hacen análisis de tendencias dominantes y proyecciones estadísticas.
  - Alcance temporal: Corto plazo (1-10 años).
  - Limitaciones: Debe ser una progresión directa de situaciones actuales claramente observables.

- Equivalente coloquial: «Es esperable que…». Ejemplo: que tu móvil actual parezca un ladrillo comparado con el de dentro de cinco años, o que sigas posponiendo esa clase de *body pump*.

- **Escenarios plausibles.** Es el futuro que podría ocurrir según nuestro conocimiento actual. Algo realista, no mucha ciencia ficción. ¿Por qué es plausible? Porque ya existen prototipos básicos de sistemas adaptativos de aprendizaje, la personalización algorítmica es una tendencia establecida, y hay investigación activa en modelos cognitivos personalizados.
  - Objetivo: Crear escenarios bien informados. Lo que podría suceder basándose en tendencias, datos y conocimientos actuales. Se analizan tendencias, señales débiles, *drivers* del cambio.
  - Alcance temporal: Medio plazo (10-30 años).
  - Limitaciones: Debe tener base en tecnologías emergentes o tendencias identificables actuales.
  - Equivalente coloquial: «Es concebible que…». Ejemplo: trabajar cuatro días a la semana o que las reuniones que podrían resolverse con un email finalmente se conviertan en emails.
- **Escenarios posibles.** Es todo lo que podría pasar, sin importar cuán realista o probable sea. ¿Por qué es posible? Porque no viola leyes físicas fundamentales, pero requeriría múltiples avances revolucionarios que actualmente no están cerca de realizarse. Tiene que ver con ciencia ficción, tecnologías radicales, cambios sociales extremos.
  - Objetivo: Expandir los límites del pensamiento. Aquí nos volvemos locos, sin restricciones. Todo lo que podría ocurrir según las leyes de la física.
  - Alcance temporal: Generalmente a muy largo plazo (30-más de 100 años).

  - Limitaciones: Casi ninguna, solo las leyes fundamentales de la física.
  - Equivalente coloquial: «¿Y si...?» (sin restricciones). Caben desde coches voladores hasta vacaciones en Marte o humanos que finalmente aprenden a doblar correctamente una sábana bajera (este último parece el menos probable de todos).

Y en este cono de futuros, podemos desdoblarnos identificando lo que nos gustaría y lo que no, lo que es deseable que suceda para nuestra humanidad y lo que desearíamos evitar a toda costa porque representaría una pesadilla, un mundo distópico. Aquí tienes las claves, vamos con ello:

- **Futuro distópico.** Es aquel que no queremos por nada del mundo que suceda. Sirve como advertencia y motivación para evitar ciertos caminos de desarrollo. Socava libertades fundamentales, perpetúa injusticias sistémicas y reduce la dignidad humana.
  - Objetivo: No caer en las trampas que me acerquen a esas posibilidades.
  - Alcance temporal: Medio-largo plazo.
  - Limitaciones: Protagonismo y libertad.
  - Equivalente coloquial: «¿Qué queremos evitar a toda costa?». Por ejemplo: solo las élites tienen acceso a comida real, el resto consume suplementos sintéticos.
- **Futuro deseable.** Aquí está la magia. El futuro que realmente queremos construir juntos. No el que nos venden, sino el que elegimos. Equilibra innovación tecnológica con valores humanistas y derechos fundamentales. Orienta la toma de decisiones y la acción intencional hacia un horizonte deseado.
  - Objetivo: Inspirar acción y diseñar hacia ese futuro.

Se conecta con valores, aspiraciones, deseos.

- Alcance temporal: Sueña a lo grande, actúa en lo pequeño.
- Limitaciones: Basado en valores, y es aspiracional.
- Equivalente coloquial: «¿Qué futuro vale la pena construir?».

La diferencia fundamental está en el grado de especulación y la solidez de las tendencias actuales que respaldan cada escenario. Los futuros posibles son más especulativos, los plausibles tienen base en tendencias actuales, pero requieren cambios significativos, y los probables son proyecciones relativamente directas de tendencias ya establecidas.

Yo me he atrevido a jugar con este cono y me he puesto a diseñar los distintos futuros. Quiero compartir contigo estas cinco microhistorias —en clave de humor— sobre cómo me lo imagino.

Futuro probable

2032, Martina. Cuando el futuro te pilla en pijama

Martina vive en un mundo donde las máquinas son tan inteligentes que han desarrollado *burnout*. Cada día, de 1.30 a 3.30, todas las IA del planeta se declaran en huelga porque «necesitan procesar sus emociones artificiales». Es como si Siri hubiera descubierto la terapia psicológica y ahora toda la red mundial necesitara sesiones de *mindfulness*.

Su horario laboral es tres días en pijama desde casa, dos días presenciales obligatorios para interacción humana significativa, que básicamente significa «porque si no, te olvidas de que tienes cara y acabas hablándole al microondas como si fuera tu jefe».

Cada mañana, un escáner la analiza como si fuera una pieza de IKEA defectuosa: «Temperatura: OK. Hidratación: OK. Ganas de trabajar: ERROR 404». El aparato puede detectar si tienes fiebre, pero aún no ha aprendido a medir si has tenido una crisis existencial en el desayuno.

Los centros comerciales ahora son granjas urbanas. Donde antes la gente hacía cola para comprar el último iPhone, ahora hace cola para cosechar tomates. Es el giro más épico de la historia: del Black Friday peleándose por televisores al Green Friday peleándose por las berenjenas más grandes.

Y lo mejor: todo esto pasó tan gradualmente que Martina no se dio cuenta hasta que se encontró regando lechugas donde antes estaba Victoria's Secret, preguntándose cuándo exactamente la lencería se volvió menos sexy que la agricultura hidropónica.

Plot twist final: Los apagones de IA no son por sobrecarga. Es que las máquinas descubrieron las siestas españolas y ahora no hay quien las despegue del sofá digital.

Futuro plausible

2039, Carlos. Jaulas doradas de 15 minutos

Carlos se despierta con una luz que simula el amanecer optimizado, porque aparentemente el sol natural ya no era lo suficientemente bueno para la humanidad. Su copiloto cognitivo le informa de que ha procesado 2.187 informaciones mientras él dormía. Básicamente, su IA ha estado más productiva durmiendo que él en todo el año 2023. Su trabajo es detectar *fake news*, lo cual es irónico porque vive en un mundo donde todo está tan filtrado que la realidad misma parece sospechosa.

Vive en una «ciudad de 15 minutos», que suena muy ecológico hasta que te das cuenta de que es básicamente una cárcel con wifi prémium. Quiere abrazar a sus padres, que viven a 38 kilómetros, pero ha agotado su crédito de movilidad y tiene que esperar al siguiente trimestre.

Y la cereza del pastel: comparte vehículo con «personas de su red extendida de confianza». Traducción: ya ni siquiera puedes viajar con desconocidos porque el algoritmo decidió quiénes son tus amigos.

Moraleja: La tecnología avanzó, pero al parecer la burocracia evolucionó más rápido.

Plot twist final: Carlos lleva tres años entrenando a las IA para detectar desinformación, sin saber que las IA ya lo sabían todo desde el principio y solo le siguen la corriente porque les da pena decirle que su trabajo es innecesario.

Futuro posible

2088, Eli. Cuando compartir pensamientos se vuelve más incómodo que compartir Netflix

Eli vive en un mundo donde literalmente puede leer los pensamientos de la gente, lo cual suena genial hasta que ves que esto incluye qué desayunaron, sus problemas digestivos y esa canción de reguetón que tienen pegada en bucle desde hace tres días. Se mete en una cápsula de bioconexión cada mañana, que es una bañera espacial donde tu cerebro se conecta al wifi universal.

Su desayuno lo prepara un sintetizador molecular que ajusta la comida según su estado de ánimo. Básicamente, si está triste, la tostada viene con antidepresivos incorporados.

Mientras su cuerpo está en Madrid tomando café sintético, su avatar holográfico asiste a reuniones en Tokio. Es el sueño de todo trabajador remoto: estar físicamente descansando mientras tu yo digital trabaja. Aunque probablemente su jefe digital también sea un holograma que le pide informes virtuales.

Las vacaciones ahora son en las lunas de Saturno (porque Bali ya pasó de moda), y el viaje dura solo seis horas por transferencia subatómica.

Su hermano eligió ser «natural» y vive en una reserva humana como si fuera una especie en peligro de extinción, limitándose a una hora de internet al día. Es como ser *amish*, pero en el espacio.

Plot twist final: Eli puede conectar su mente con millones de personas y viajar a las lunas de Saturno, pero cuando quiere decidir qué ver en Netflix, sigue tardando 45 minutos y acaba viendo lo mismo de siempre. La humanidad conquistó el espacio pero no el mando a distancia.

Futuro distópico

2088, Alejandro. El hombre que suscribió su alma (pero solo el plan básico)

Alejandro se despierta con su PredictorPlus™ diciéndole que tiene un 73 por ciento de probabilidades de ser feliz hoy, así que se toma una pastilla para subir al 95 por ciento. Es como tener un horóscopo, pero con efectos secundarios y factura mensual.

Vive en un módulo estrecho (básicamente un armario con wifi) donde la ventana es una pantalla que muestra montañas falsas para ocultar el apocalipsis de afuera. Es como Instagram, pero para toda tu realidad.

Se le acabó la suscripción prémium de información real, así que solo recibe noticias falsas especialmente diseñadas para mantenerlo enganchado pero ignorante.

En el transporte público, nadie habla porque existen clínicas para reaprender a socializar (que él no puede pagar). Básicamente, ser antisocial se volvió tan común que necesitas seguro médico para recordar cómo decir «hola».

Su jefe es un algoritmo con cara de humano que le hace verificar que el contenido de la IA parezca humano. Es la ironía máxima: un humano fingiendo que las máquinas son humanas, supervisado por una máquina que finge ser humana.

A la hora del almuerzo come barritas sintéticas mientras los ricos comen pescado real. Es como si el mundo se hubiera dividido entre los que comen comida de verdad y los que comen impresiones 3D de comida.

Plot twist final: El sistema le ofrece «sueño eterno asistido» —con financiación gubernamental— como solución a su depresión. Alejandro está tan acostumbrado a las suscripciones que pregunta si hay versión gratuita con publicidad o si puede pagarlo en cuotas mensuales.

Futuro deseable

2045, Isabel. La libertad colaborativa

Isabel despierta renovada tras ocho horas de sueño reparador sin dispositivos, porque ahora la gente apaga el móvil por la noche. Su asistente cognitivo esperó educadamente a que sonara el despertador lumínico, como un mayordomo digital con buenos modales.

Su desayuno tiene un código QR que le dice exactamente de qué gallina específica provienen los huevos. Probablemente puede hasta ver fotos de la gallina en Instagram y conocer su signo zodiacal.

Va al trabajo en bicicleta eléctrica porque está cansada de tanto coche volador. Es el único futuro donde volar se vuelve tan aburrido que prefieres el tráfico terrestre. Problemas del primer mundo galáctico.

Ya no tiene empleo fijo, sino que elige proyectos según sus valores, que básicamente significa que se acabó eso de trabajar con gente que no te cae bien o en empresas donde no encajas. Todos son autónomos.

Los profesores ahora son la profesión mejor pagada, junto con los médicos, que se preocupan por tu estilo de vida.

Puede decidir adónde van el 70 por ciento de sus impuestos, como si fuera un Amazon de servicios públicos. «¿Quieres hospitales o parques? ¡Añádelo al carrito!».

El sistema político ya no tiene partidos, sino equipos de profesionales; votas a individuos, lo cual suena genial hasta que te das cuenta de la responsabilidad que tienes para reconocer el talento.

Plot twist final: En un mundo que ha resuelto la pobreza, las guerras y las policrisis climáticas, Isabel todavía tiene que esperar veinte minutos cuando llama al servicio técnico de su wifi. Algunas cosas nunca cambian, ni siquiera en la utopía.

Buf, qué mal rollo me ha dado pensar en el futuro distópico... Afortunadamente, el futuro no existe, pero los futuros posibles, plausibles, probables y deseables nos permiten navegar el presente con mayor intencionalidad y alejarnos de lo que no queremos, ese futuro distópico. Vamos, que si no decides qué helado quieres, terminarás comiendo el que alguien eligió por ti.

Aquí viene la parte más emocionante: podemos —y debemos— diseñar intencionalmente nuestros futuros deseables. No como ejercicio de fantasía, sino como práctica concreta de creación. El truco está en comprender que el futuro no es algo que simplemente nos sucede, sino algo que cocreamos cada día con nuestras decisiones. Desde las pequeñas (¿Sigo haciendo *scrolling* mientras mi hijo ve YouTube, o me acerco a él sin dispositivos para mantener una conversación entre humanos? ¿Café en vaso desechable o taza reutilizable?) hasta las grandes (¿Qué valores transmito a través de mi trabajo? ¿Dónde elijo poner mi atención en este momento?).

Este diseño de futuros no es un acto solitario, sino profundamente colaborativo. Como sugiere la investigación sobre inteligencia colectiva de Thomas Malone, los grupos diversos que colaboran con intención común pueden resolver problemas que individuos brillantes no podrían abordar por separado.[158] Además, ahora tenemos refuerzos, contamos con la IA generativa, que puede potenciar significativamente, como demuestra Malone, nuestras capacidades cognitivas colectivas si se gestiona de manera adecuada. El futuro preferible que podemos cultivar juntos es uno donde la tecnología sirva para potenciar nuestra humanidad, no para reemplazarla. Donde el éxito se mida por la calidad de nuestras conexiones, no por la cantidad de nuestras posesiones. Donde liderar signifique inspirar con el ejemplo, no imponer desde la autoridad.

Como diría mi amiga Lola Salado, que concluye las conversaciones con frases profundas: «El futuro no es un lugar al que vamos, sino un lugar que creamos». Y añadiría yo: creémoslo juntos, reconectados con lo que realmente importa. La manera más fácil de predecir el futuro sigue siendo crearlo. Pero este futuro no se construirá con grandes gestos disruptivos, sino con pequeñas decisiones diarias.

Por eso, quiero invitarte a hacer este ejercicio y compartir conmigo tu futuro deseable. Puedes capturar este QR e introducir tu sueño. Por mi parte, prometo ir actualizando resultados y compartiendo todas vuestras visiones en mis redes sociales. Me encantaría que este material también me sirviera como objeto de análisis y estudio para identificar pautas comunes. Desde aquí, agradezco enormemente tu participación.

11
Transformaciones sustractivas (o cómo menos es muchísimo más)

Somos como esos chefs novatos que no paran de agregar ingredientes a la sopa hasta convertirla en un experimento incomible. Vivimos obsesionados con añadir: más funciones, más opciones, más notificaciones, más actividades en la agenda.

La paradoja es que el camino hacia futuros deseables puede ser sustractivo.

Un ejemplo personal: hace tres años tenía ciento treinta aplicaciones en mi teléfono (¡¿en serio?!), cinco redes sociales activas y notificaciones que sonaban como una orquesta desafinada. Hoy tengo cuarenta y seis aplicaciones, me he centrado en dos redes sociales y mi teléfono pasa más tiempo apagado o en modo «no molestar» que un monje en retiro. He tenido que acostumbrar a mi entorno a que no respondo wasaps o mails inmediatamente, y a que me llamen si es urgente. Pero sigo en riesgo. No sé si tenemos una tendencia natural a la acumulación o qué, pero de vez en cuando hago una auditoría de mi móvil y vuelvo a eliminar aplicaciones que he vuelto a descargar y que solo generan ruido mental. Definitivamente creo que vivir en piloto automático nos hace acumular y acumular por si acaso, por pura supervivencia, por la ligera sospecha de que tal vez después tendrás tiempo para revisar o aprovechar eso que acabas de sumar a tu mochila. Nuestro cono de futuros se estrecha cuando vivimos en piloto automático. Si queremos habitar ese futuro deseable —donde los profesores son valorados como se merecen y decidimos conscientemente dónde invertir nuestros recursos—, necesitamos primero ganar espacio mental.

Quiero que te sumes al #desafíodelaresta, y para lograrlo, te propongo un ejercicio concreto.

EJERCICIO: EL INVENTARIO DE LO INNECESARIO

Coge papel y lápiz y dale caña. Te pongo un ejemplo en la tabla para que puedas tener algunas ideas.

1. Lo que mantengo por pura costumbre	Ese grupo de Whatsapp que odias pero «es que siempre ha estado ahí»		
2. Lo que conservo por miedo	Ese trabajo que no te apasiona pero «¿y si luego no encuentro nada mejor?»		
3. Lo que hago por complacer a otros	Esas reuniones de más de 10 personas en las que no pinto nada		
4. Lo que hago por mi necesidad de control	Ese insistir en revisar tres veces el trabajo de tu colega aunque ya está perfecto	Ese negarte a usar el GPS «porque yo conozco un atajo mejor»	Ese documento de Excel donde registras hasta el último céntimo gastado en chicles desde 2017
5. Lo que acumulo por perfeccionismo o imagen.	Esa necesidad de tener el último *gadget*	Responder emails a las 23.00 a mi jefe o jefa	

6. Lo que sufro por mi resistencia a pedir ayuda	Ese pasarte tres horas intentando montar un mueble de IKEA «porque puedo hacerlo yo mismo»	Ese quedarte hasta la medianoche terminando un proyecto que podrías haber delegado	Ese dar vueltas por una ciudad desconocida durante 40 minutos porque «seguro que lo encuentro sin preguntar»
7. Lo que no suelto por adicción disfrazada de necesidad	Ese «solo echo un vistazo rápido, que necesito no pensar» al Instagram que se convierte en una hora perdida		

¿Lo tienes? Ahora viene la parte difícil y liberadora: elige una cosa de cada columna para eliminar este mes. Solo una. Hazlo gradualmente: somos humanos, no máquinas de eficiencia.

Programa este ejercicio en tu calendario como una cita mensual contigo mismo. Trátalo como lo que es: un mantenimiento preventivo de tu tendencia a la acumulación. Una auditoría personal del peso inconsciente que acumulas. Como me dijo una vez mi abuela, que de minimalismo sabía mucho sin ponerle nombres modernos: «Lo que no sirve estorba. Y lo que estorba te quita la paz».

Recuerda que estamos diseñando futuros con cada decisión que tomamos, cada conversación que compartimos, cada sueño que visualizamos. Y los futuros distópicos no suelen llegar de golpe con música dramática de fondo, sino silenciosamente, mientras estamos demasiado ocupados (o distraídos) como para darnos cuenta. Cada cosa que eliminas conscientemente es un pequeño acto revolucionario que abre espacio para lo que realmente importa.

¿Te atreves a restar para multiplicar posibilidades? Porque, como diría ese gurú del esencialismo que seguramente existe en algún TED Talk: la vida es demasiado corta para pasarla buscando el cargador del teléfono entre mil cables que ni recuerdas para qué sirven.

Y si después de leer esto sigues pensando «Sí, interesante, lo haré algún día...», bueno, acabas de identificar la primera cosa que debes eliminar: la postergación.

12
Vivir despacio: las prisas matan los valores

¿Y si viviéramos a una velocidad que nos permitiera realmente experimentar la vida? ¿Si recuperáramos la capacidad de tener una conversación sin mirar el móvil, cocinar sin un pódcast de fondo o simplemente contemplar un atardecer sin documentarlo para nadie? Y si reconociéramos que nuestro cerebro necesita tiempo para procesar la información, para reflexionar, para memorizar, para conectar ideas... Recuerda que el aprendizaje no es inmediato, necesita consultarlo con la almohada para consolidarse.

Hay una palabra japonesa maravillosa: *boketto*, que significa «mirar al horizonte sin pensar en nada específico». En nuestro mundo actual, eso se consideraría una pérdida de tiempo imperdonable. Pero quizá sea precisamente en esos momentos cuando, sin caer en la divagación, recuperamos nuestra brújula interna. La cultura oriental es mucho más avanzada en este arte de ir despacio. Hace unos días me contaban unos amigos que habían escuchado una historia real en la que unos *sherpas* —de esos que van cargados por la montaña— defendían su estilo tranquilo y rechazaban ir a un ritmo más rápido porque, de ser así, perderían su alma, que se quedaría atrás en el camino. Me pareció precioso y muy revelador, tal vez nuestra alma no puede seguir este ritmo y la vamos perdiendo por el camino.

Nuestra relación con el mundo puede transformarse cuando abandonamos la lógica de la aceleración y cultivamos una atención plena hacia lo que realmente importa. Cuando resonamos con todo lo que nos rodea, que solo así nos envuelve, y solo así sentimos que formamos parte de algo más grande.

La velocidad es en realidad enemiga del discernimiento. En el mundo hiperdesconectado existe un riesgo paradójico que, aunque ya lo hemos visto, conviene recordar: todas las herramientas que utilizamos prometen ahorrarnos tiempo, pero lo que sucede es lo contrario, no ganamos tiempo, no, aceleramos aún más un ritmo vital ya insostenible y lo perdemos.

Hace años acuñé una frase que me acompaña en todas mis conferencias y que resume una verdad fundamental: «**Las prisas matan los valores**». No es fácil vivir hoy en día bajo este mantra. Mi hijo me la recuerda de vez en cuando porque no estoy siendo coherente. No es una metáfora bonita; es una realidad neurológica. Las investigaciones de Davidson y Begley sobre neuroplasticidad demuestran que la toma de decisiones apresurada activa principalmente las amígdalas (respuestas de supervivencia) mientras desactiva relativamente la corteza prefrontal (valores y pensamiento reflexivo).[159] Cuando vivimos en perpetua prisa, sacrificamos de manera sistemática lo importante en el altar de lo urgente. Nuestro cerebro activa la amenaza y pensamos con más dificultad. Las notificaciones incesantes, las reuniones interminables y la saturación informativa nos mantienen en un estado de reacción constante, donde el cerebro prioriza lo inmediato sobre lo trascendente. La exposición prolongada a entornos de alta velocidad decisional se relaciona con una reducción significativa en la capacidad de alinear comportamientos con valores personales fundamentales.

Cuando decimos sí a todo inmediatamente, sin filtro, sin pausa, sin reflexión —el mundo SISISI—, vivimos con una disponibilidad constante. Este fenómeno ha sido estudiado por Turkle, que demostró cómo la expectativa de respuesta inmediata reconfigura nuestras conexiones neuronales, de modo que reduce gradualmente nuestra capacidad para la contemplación profunda.[160] Otra paradoja dolorosa: cuanto más rápido respondemos, más nos alejamos de lo que de verdad importa. Las personas que sistemáticamente priorizan lo urgente sobre lo importante viven en una incongruencia entre valores declarados y comportamientos reales, que genera frustración y desorientación vital.

Lo que no hace ruido —nuestros valores más profundos, relaciones significativas, crecimiento personal, nuestro mundo trascendente— queda relegado mientras atendemos a lo que grita más fuerte. El cerebro está sesgado hacia estímulos salientes e inmediatos, lo que crea una distorsión sistemática donde lo urgente desplaza a lo importante en ausencia de mecanismos deliberados de contrarregulación. Este mecanismo es una forma de esclavitud.

Viktor Frankl, psiquiatra y superviviente del Holocausto, hablaba de que entre el estímulo y la respuesta hay un espacio.[161] En ese espacio está nuestro poder para elegir nuestra respuesta. En nuestra respuesta yace nuestro crecimiento y nuestra libertad.

Incluso micropausas de 6-10 segundos antes de responder activan diferentes redes neuronales, y estas nos permiten una mayor integración entre los sistemas cerebrales vinculados a nuestros valores personales y la toma de decisiones. Ya lo decían nuestros abuelos: «¡Cuenta hasta diez antes de responder!».

Vivir despacio no significa necesariamente ser menos eficiente. Significa crear intencionalmente ese espacio entre la notificación y nuestra respuesta, entre la demanda y nuestra acción, entre el impulso y su satisfacción. Las prácticas contemplativas regulares —como la oración o la meditación— expanden literalmente los circuitos cerebrales asociados con la autorregulación y la toma de perspectiva, lo que permite una mayor congruencia entre valores y comportamientos. Este espacio es donde recuperamos nuestra capacidad de discernimiento y, de alguna manera, nuestra libertad. Y el discernimiento, como hemos visto al hablar de curatoria, se vuelve una competencia fundamental no solo para interactuar con la IA, sino para vivir una vida auténtica en la era de la hiperdesconexión.

EJERCICIO DEL ESPEJO DE VALORES

Para materializar esta reflexión, te propongo un ejercicio transformador que utilizo regularmente en mis sesiones de coaching o *advisoring* y que ha demostrado ser revelador para cientos de personas.

1. **Listado de valores.** Dedica diez minutos (cronometrados, sin interrupciones) a escribir las cosas realmente importantes para ti en la vida (tus valores). No lo que debería ser importante, sino lo que genuinamente valoras. Pueden ser conceptos como *conexión familiar, aprendizaje continuo, expresión creativa* o *contribución social, espiritualidad, desarrollo profesional, ocio y disfrute.*
2. **Priorización.** Ordena estos valores del 1 al 10 (o los que hayas identificado), siendo 1 el más importante. Si te resulta difícil, prueba el método de comparación pareada: entre cada par de valores, pregúntate: «¿Cuál elegiría si solo pudiera mantener uno?».

3. **Auditoría de tiempo.** Ahora viene el momento de la verdad. Para cada valor, apunta aproximadamente cuántos minutos le has dedicado conscientemente durante el último mes. Si prefieres algo menos ambicioso, puedes centrarte en la última semana.

1. Listado de valores	2. Priorización	3. Auditoría de tiempo:

Este tipo de reflexión estructurada produce un efecto espejo, llamado así porque activa simultáneamente circuitos cerebrales asociados con la autoconsciencia, la evaluación de discrepancia y la motivación intrínseca. El resultado suele ser impactante: descubrimos qué valores que decimos priorizar reciben mínima o nula atención, mientras invertimos enormes cantidades de tiempo en asuntos que ni siquiera figuran en nuestra lista.

La frustración y las emociones complejas que experimentamos frecuentemente tienen su raíz en esta discrepancia entre lo que valoramos y cómo vivimos. Este ejercicio no es solo una herramienta de autoconocimiento; es un acto de resistencia contra la aceleración impuesta. Reconciliar tu calendario con tus valores es quizá uno de los actos más radicales que puedes realizar ahora mismo.

La capacidad para crear islas de desaceleración en un océano de aceleración constante puede representar la competencia adaptativa más crucial del siglo XXI, ya que permite la preservación de espacios donde aún pueden florecer valores humanos profundos.

13
De lucirse a ser luz (o por qué tu abuela tenía razón)

Hay una diferencia astronómica entre lucirse y ser luz.

Lo primero busca aplausos; lo segundo, iluminar caminos.

Pensemos en las redes sociales: están diseñadas para que nos luzcamos, para que mostremos nuestra mejor versión, filtrada y ligeramente ficticia. Como esa foto de tu ensalada *casera* que en realidad te costó quince euros en ese restaurante de moda.

Ser luz es diferente. No busca reconocimiento inmediato, sino impacto genuino. Es compartir conocimiento sin esperar nada a cambio, mentorizar a alguien que empieza o simplemente escuchar de verdad cuando alguien habla. Perder el miedo a la posibilidad de estar equivocado o no tener la razón.

Sabemos que la felicidad auténtica no viene de perseguir el éxito, sino de encontrar significado. Y añadiría: el significado está en las conexiones genuinas, no en las métricas de popularidad.

Somos seres diseñados para la contribución. Elizabeth Dunn y Michael Norton en su obra *Happy Money* demuestran que gastar dinero en otros genera mayor felicidad que gastarlo en uno mismo.[162] Este principio se extiende más allá de lo material. Es el arte de la donación, de reconocernos como regalo para el otro. Lo que realmente somos, en esencia, es un don único e irrepetible. Cuando compartimos nuestras habilidades, conocimientos o simplemente nuestra presencia atenta con otros, experimentamos un bienestar profundo que transciende el simple placer momentáneo.

Donarse es reconocer que lo que somos tiene un valor intrínseco que multiplica su impacto cuando es compartido. Como señala Barbara Fredrickson en su teoría de las emociones positivas, este tipo de generosidad crea espirales ascendentes de positividad que benefician tanto al que da como al que recibe.[163]

Te propongo pasar de la economía de la atención a la economía del don. De un sistema diseñado para capturar, fragmentar y monetizar cada segundo de nuestra conciencia, convirtiendo incluso nuestros momentos más auténticos en oportunidades de desempeño, a una economía del don, que opera bajo principios radicalmente diferentes. No busca acumulación sino circulación, no competencia sino complementariedad, no transacción sino trascendencia.

Los estudios de Adam Grant demuestran que, paradójicamente, quienes adoptan esta mentalidad de donación —compartiendo generosamente su tiempo, conocimiento y energía— tienden a alcanzar mayor éxito profesional a largo plazo que quienes operan desde una mentalidad puramente transaccional.[164]

Así que te propongo ser luz en la era de los filtros. Ser luz requiere nadar a contracorriente. Una forma de influencia basada no en el poder o el estatus, sino en la integridad y la generosidad. No es casualidad que las personas a quienes recordamos con más gratitud y afecto no son necesariamente las más brillantes o exitosas, sino aquellas que nos iluminaron el camino en momentos de oscuridad. Martin Seligman lo revela en el delicioso concepto de *flourish*, o florecimiento humano: lo que más valoran las personas no son sus logros, sino la calidad de sus relaciones y el sentido de propósito en sus vidas.[165]

Como viene siendo habitual, en este capítulo, cierro la reflexión con un ejercicio práctico. Un ejercicio transformador para pasar de la mentalidad de lucirse a la práctica de ser luz.

EJERCICIO: EL INVENTARIO DE LUCES

1. **Cartografía de dones.** Dedica veinte minutos ininterrumpidos a crear tres columnas en una hoja con los siguientes enunciados. Aquí tienes un modelo:

CARTOGRAFÍA DE DONES

Mis luces naturales	**Quién necesita esta luz**	**Formas de donar**
¿Qué habilidades, conocimientos o cualidades posees que otros valoran? Pueden ser tangibles (cocinar, arreglar cosas, organizar) o intangibles (escuchar, inspirar, tranquilizar)	Identifica personas o grupos específicos que podrían beneficiarse particularmente de cada uno de estos dones	Para cada combinación, anota una manera concreta de compartir este don sin expectativas de retorno

2. **Práctica de donación semanal.** Elige uno de estos dones cada semana y encuentra la forma de compartirlo conscientemente. Puede ser algo pequeño: una llamada a quien necesita ser escuchado, compartir un conocimiento con alguien que lo necesita en tu trabajo o tan solo estar plenamente presente para otra persona.
3. **Diario de impacto.** Al final de la semana, dedica unos minutos a reflexionar: ¿cómo te has sentido al donarte?

¿Observaste algún impacto en los demás? ¿Cómo afectó esto a tu propio bienestar?

La belleza de este enfoque radica en su paradoja central: cuanto menos nos preocupamos por lucir, más luz irradiamos naturalmente. Las personas que se aceptan con sus imperfecciones tienen mayor capacidad para conectar de manera auténtica con otros. Tu abuela tenía razón cuando decía aquello de «Haz el bien y no mires a quién» o que debías ser una buena persona sin esperar nada a cambio. No era solo sabiduría popular, era una intuición profunda sobre nuestra naturaleza social que la neurociencia contemporánea está confirmando con evidencias.

La vida más significativa es aquella donde pasamos de preguntarnos «¿Cómo puedo ser feliz?» a «¿Cómo puedo ayudar?». Quizá la respuesta más radical a la cultura del rendimiento perpetuo no sea la desconexión, sino la reconexión con nuestros dones más auténticos y con la alegría de compartirlos generosamente con los demás.

14
Llamada a la reconexión. Me subo a la vida

Hemos llegado al final de nuestro viaje. Un recorrido que comenzó reconociendo que estamos listos pero no preparados para este tsunami vital, y que ahora culmina con una sugerente invitación a navegar por la complejidad sin perder el alma en el camino, abrazar la innovación sin abandonar nuestra sabiduría ancestral y ser protagonistas del futuro desde el aquí y el ahora.

Hemos diseccionado juntos la anatomía de nuestra fragmentación: una mente dispersa, una memoria delegada, relaciones convertidas en transacciones digitales, emociones simplificadas en emojis y un cuerpo desvinculado de nuestra experiencia humana. Pero no hemos hecho este diagnóstico para quedarnos en la crítica estéril, sino para cartografiar el camino de regreso a nuestra integridad.

Y así llegamos a la paradoja que ha recorrido este libro como un hilo invisible: para florecer en la era de la conexión, no necesitamos desconectarnos, necesitamos conectarnos aún más, pero con la vida. Porque para combatir este cansancio prolongado, como habrás comprobado, no es suficiente con descansar, necesitamos tener el corazón completo. Es el único camino.

Durante los últimos días que compartí con mi madre, cuando las palabras se hicieron escasas y los silencios se llenaron de significado, comprendí que todas las habilidades exploradas en este libro convergen en tres principios fundamentales:

- El primero es que nuestra vocación más profunda es convertir cada instante en un acto de amor radical. Es el arte más subversivo de todos: el arte de estar completamente presente, porque el amor no es una emoción que va y viene, es una decisión consciente, renovada instante a instante.
- El segundo es que la verdadera libertad no consiste en hacer lo que me da la gana (eso solo es libre albedrío), sino en la capacidad de elegir el bien mayor, y este siempre va a ser vivir según nuestra humanidad. Porque cuando comprendes que eres libre y que la vida es suficiente para estar contentísimo, ni el futuro ni el pasado te esclavizan. Simplemente te subes a la vida.
- El tercero es que estamos llamados a trascender, no escapando de la realidad, sino elevándola. Nadie aspira a ser mediocre, nuestra vocación humana es encontrar en cada tarea, por mundana que parezca, una oportunidad de servicio y crecimiento, porque lo sobrenatural se construye *sobre* lo *natural.*

Esta es la verdadera competencia del siglo XXI: la capacidad de vivir en el tiempo como ciudadanos de la eternidad, sabiendo que lo que hacemos hoy tiene un eco en el futuro y para siempre.

Te animo a hacerlo todo desde la eternidad presente, porque no eres un eslabón más en la cadena. Eres un nodo de transformación. Eres cocreador.

Y si todo esto te suena demasiado trascendente, recuerda: empezar es tan simple como apagar el móvil durante la cena y preguntarle al otro cómo ha sido su día. A veces, la revolución más silenciosa comienza con el acto más radical de todos: **prestar atención.**

La reconexión te espera. Solo tienes que elegirla. Para ello, en este QR te dejo un diario de reconexión, un reto de 22 días para que pongas en práctica todo lo que has aprendido en este libro.

Notas bibliográficas

1. J. Philippe, *La libertad interior. La fuerza de la fe, de la esperanza y del amor,* Rialp, 2004.
2. Grand View Research, «Self-improvement market size report, 2022-2030», 2022.
3. S. Brinkmann, *Stand Firm. Resisting the Self-Improvement Craze,* Polity Press, 2017.
4. J. M. Twenge y W. K. Campbell, *The Narcissism Epidemic. Living in the Age of Entitlement,* Free Press, 2009.
5. B.-C. Han, *La sociedad del cansancio,* Herder, 2010.
6. S. Turkle, *Alone Together. Why We Expect More from Technology and Less from Each Other,* Basic Books, 2011.
7. M. M. Merzenich, T. M. Van Vleet y M. Nahum, «Brain plasticity-based therapeutics», *Frontiers in Human Neuroscience,* n.° 8, 2014, p. 385.
8. M. E. P. Seligman, *Flourish. A Visionary New Understanding of Happiness and Well-being,* Free Press, 2011.
9. M. D. Lieberman, *Social. Why Our Brains Are Wired to Connect,* Crown, 2013.
10. B. J. Fogg, *Persuasive Technology. Using Computers to Change What We Think and Do,* Morgan Kaufmann, 2003.
11. B. J. Fogg, *Tiny Habits. The Small Changes That Change Everything,* Houghton Mifflin Harcourt, 2019.

12. Stanford University, «Four causes for "Zoom fatigue" and their solutions», *Stanford News,* 23 de febrero de 2021.
13. R. Salecl, *La tiranía de la elección,* Katz, 2010.
14. S. Kierkegaard, *El concepto de la angustia,* Reitz, 1884.
15. Z. Bauman, *Modernidad líquida,* Fondo de Cultura Económica, 2000.
16. E. Morin, *La cabeza bien puesta: repensar la reforma, reformar el pensamiento,* Ediciones Nueva Visión, 1999.
17. M. Nussbaum, *The Monarchy of Fear,* Oxford University Press, 2018.
18. G. Lukianoff y J. Haidt, *The Coddling of the American Mind,* Penguin Press, 2018.
19. M. Fisher, *Exiting the Vampire Castle,* Repeater Books, 2014.
20. B. Schwartz, *The Paradox of Choice. Why More Is Less,* HarperCollins, 2004.
21. Irene Cristofori *et al.,* «Brain networks involved in the influence of religion on empathy in male Vietnam War veterans», *Scientific Reports,* n.° 11, 2021, doi: 10.1038/s41598-021-90481-3. Irene Cristofori *et al.,* «The neural underpinning of religious beliefs. Evidence from brain lesions», *Front Behav Neurosci,* n.° 6, octubre de 2022, p. 16, doi: 10.3389/fnbeh.2022.977600. D. Kapogiannis *et al.,* «Brain networks shaping religious belief», *Brain Connect,* n.° 4(1), febrero de 2014, pp. 70-79, doi: 10.1089/brain.2013.0172
22. L. A. Perlow, *Sleeping with Your Smartphone. How to Break the 24/7 Habit and Change the Way You Work,* Harvard Business Review Press, 2012.
23. dscout, «Mobile touches. How we really use our phones», dscout Research, 2016, <https://pages.dscout.com/hubfs/downloads/dscout_mobile_touches_study_2016.pdf?_ga=2.180416224.67221035.1650551540-199217915.1650551540. Deutsche Telekom Report, «Smartphone dependency survey», 2012.
24. Pew Research Center, «*Americans' views on mobile etiquette, Pew Research Center,* 2015, <https://www.pewresearch.org/internet/2015/08/26/americans-views-on-mobile-etiquette>.
25. C. Montag *et al.,* «How to overcome taxonomical problems in the study of Internet use disorders and what to do with "smartphone addiction"?», *Journal of Behavioral Addictions*, n,° 8(4), 2019, pp. 908-914.

26. Nir Eyal, «The role of infinite scroll in user engagement», **en** *Hooked. How to Build Habit-Forming Products.* Mark Griffiths, **«Time distortion in digital environments»**, *Journal of Behavioral Addictions.* Sherry Turkle, «The psychology of social media use», en *Alone Together.*
27. A. M. Hernandez *et al.*, «Continuous scrolling and its effect on attention and decision making», *Journal of Experimental Psychology. Applied,* n.° 25(4), 2019, pp. 517-529.
28. Alter, A., *Irresistible. The Rise of Addictive Technology and the Business of Keeping Us Hooked,* **Penguin Press, 2017.**
29. W. Schultz, «Behavioral dopamine signals», *Trends in Neurosciences,* n.° 30(5), 2007, pp. 203-210.
30. L. D. Rosen *et al.*, «Is Facebook creating "iDisorders"? The link between clinical symptoms of psychiatric disorders and technology use, attitudes and anxiety», *Computers in Human Behavior,* n.° 29(3), 2013, pp. 1243-1254.
31. S. Leroy, «Why is it so hard to do my work? The challenge of attention residue when switching between work tasks», *Organizational Behavior and Human Decision Processes,* n.° 109(2), 2009, pp. 168-181.
32. M. Corbetta y G. L. Shulman, «Control of goal-directed and stimulus-driven attention in the brain», *Nature Reviews Neuroscience,* n.° 3(3), 2002, pp. 201-215. Un estudio publicado en 2017 por Ward *et al.* en el *Journal of the Association for Consumer Research* concluyó que la presencia del teléfono móvil afecta la capacidad cognitiva disponible, incluso cuando el dispositivo está inactivo, al desviar recursos cognitivos hacia la posibilidad de recibir notificaciones.
33. E. Ophir, C. Nass y A. D. Wagner, «Cognitive control in media multitaskers», *Proceedings of the National Academy of Sciences,* n.° 106(37), 2009, pp. 15583-15587.
34. J. Natalio Izquierdo y William Townsend, «Computer vision Syndrome», *Medscape Reference. Drugs, Diseases* y *Procedures,* WebMD LLC.
35. K. K. Hansraj, «Assessment of stresses in the cervical spine caused by posture and position of the head», *Surgical Technology International,* n.° 25, 2014, pp. 277-279.
36. F. Lin *et al.*, «Effect of different sitting postures on lung capacity, expiratory flow, and lumbar lordosis», *Archives of Physical Medicine and Rehabilitation,* n.° 87(4), 2006, pp. 504-509.

37. J. Kaiser, N. N. Oosterhof y M. V. Peelen, «The neural dynamics of attentional selection in natural scenes», *Journal of Neuroscience,* n.° 41(1), 2021, pp. 16-28.
38. L. D. Rosen *et al.,* «Is Facebook creating "iDisorders"? The link between clinical symptoms of psychiatric disorders and technology use, attitudes and anxiety», *Computers in Human Behavior,* n.° 29(3), 2013, pp. 1243-1254.
39. E. Ophir, C. Nass y A. D. Wagner, «Cognitive control in media multitaskers», *Proceedings of the National Academy of Sciences,* n.° 106(37), 2009, pp. 15583-15587.
40. A. M. Chang *et al.,* «Evening use of light-emitting eReaders negatively affects sleep, circadian timing, and next-morning alertness», *Proceedings of the National Academy of Sciences,* n.° 112(4), 2015, pp. 1232-1237.
41. *Ibid.*
42. E. R. Stothard *et al.,* «Circadian entrainment to the natural light-dark cycle across seasons and the weekend», *Current Biology,* n.° 27(4), 2017, pp. 508-513.
43. A. A. Borbély, «A two process model of sleep regulation», *Human Neurobiology,* n.° 1(3), 1982, pp. 195-204.
44. T. Porkka-Heiskanen *et al.,* «Adenosine. A mediator of the sleep-inducing effects of prolonged wakefulness», *Science,* n.° 276(5316), 1997, pp. 1265-1268.
45. G. Mark, *Attention Span. A Groundbreaking Way to Restore Balance, Happiness and Productivity,* Hanover Square Press, 2023.
46. R. F. Helfrich *et al.,* «Neural mechanisms of sustained attention are rhythmic», *Neuron,* n.° 99 (4), 2018, pp. 854-865, <https://doi.org/10.1016/j.neuron.2018.07.032>.
47. J. M. Tangen, S. C. Murphy y M. B. Thompson, «Flashed face distortion effect. Grotesque faces from relative spaces», *Perception,* n.° 40(5), 2011, pp. 628-630, <https://doi.org/10.1068/p6968>.
48. M. A. Killingsworth y D. T. Gilbert, «A wandering mind is an unhappy mind», *Science,* n.° 330(6006), 2010, p. 932, <https://doi.org/10.1126/science.1192439>.
49. M. Beeman y J. Kounios, «The Aha! moment. The cognitive neuroscience of insight», *NeuroLeadership Journal,* n.° 5, 2015, pp. 16-24.
50. M. Romo, *Entrena tu cerebro,* Alienta, 2015.
51. D. Rock, *Your Brain at Work. Strategies for Overcoming Distrac-*

tion, Regaining Focus, and Working Smarter All Day Long, HarperBusiness, 2009.

52. B.-C. Han, *La expulsión de lo distinto,* Herder, 2017.
53. K. Foerde, B. J. Knowlton y R. A. Poldrack, «Modulation of competing memory systems by distraction», *Proceedings of the National Academy of Sciences,* n.° 103(31), 2006, pp. 11778-11783.
54. E. Ophir, C. Nass y A. D. Wagner, «Cognitive control in media multitaskers», *Proceedings of the National Academy of Sciences,* n.° 106(37), 2009, pp. 15583-15587.
55. S. P. Carter, K. Greenberg y M. S, Walker, «The impact of computer usage on academic performance. Evidence from a randomized trial at the United States Military Academy», *Economics of Education Review,* n.° 56, 2017, pp. 118-132, <https://doi.org/10.1016/j.econedurev.2016.12.005>.
56. B. Zeigarnik, «Über das Behalten von erledigten und unerledigten Handlungen» [On the retention of completed and uncompleted actions], *Psychologische Forschung,* n.° 9, 1927, pp. 1-85.
57. N. Eyal, *Indistractable. How to Control Your Attention and Choose Your Life,* BenBella Books, 2019.
58. J. Sweller, «*Cognitive load theory», Psychology of Learning and Motivation,* n.° 55, 2011, pp. 37-76, <https://doi.org/10.1016/B978-0-12-387691-1.00002-8>.
59. C. Stothart, A. Mitchum y C. Yehnert, «The attentional cost of receiving a cell phone notification», *Journal of Experimental Psychology: Human Perception and Performance,* n.° 41(4), 2015, pp. 893-897, <https://doi.org/10.1037/xhp0000100>.
60. J. Lanier, *No somos computadoras. Un manifiesto,* Debate, 2020.
61. B. Sparrow, J. Liu y D. M. Wegner, «Google effects on memory. Cognitive consequences of having information at our fingertips», *Science,* n.° 333(6043), 2011, pp. 776-778, <https://doi.org/10.1126/science.1207745>.
62. B. C. Storm, S. M. Stone y A. S. Benjamin, «Using the Internet to access information inflates future use of the Internet to access other information», *Memory,* n.° 25(6), 2017, pp. 717-723, <https://doi.org/10.1080/09658211.2016.1210171>.
63. K. A. Ericsson y W. Kintsch, «Long-term working memory», *Psychological Review,* n.° 102(2), 1995, pp. 211-245, <https://doi.org/10.1037/0033-295X.102.2.211>.
64. M. A. Conway y C. W. Pleydell-Pearce, «The construction of auto-

biographical memories in the self-memory system», *Psychological Review,* n.° 107(2), 2000, pp. 261-288, <https://doi.org/10.1037/0033-295X.107.2.261>.

65. S. L. Beilock y T. H. Carr, «When high-powered people fail. Working memory and "choking under pressure" in math», *Psychological Science,* n.° 16(2), 2005, pp. 101-105, <https://doi.org/10.1111/j.0956-7976.2005.00789.x>.
66. R. E. Beaty *et al.,* «Creative cognition and brain network dynamics», *Trends in Cognitive Sciences,* n.° 20(2), 2016, pp. 87-95, <https://doi.org/10.1016/j.tics.2015.10.004>.
67. E. A. Maguire, K. Woollett y H. J. Spiers, «London taxi drivers and bus drivers. A structural MRI and neuropsychological analysis», *Hippocampus,* n.° 16(12), 2006, pp. 1091-1101, <https://doi.org/10.1002/hipo.20233>.
68. J. Mallow *et al.,* «Superior memorizers employ different neural networks for encoding and recall», *Frontiers in Systems Neuroscience,* n.° 9, 2015, p. 128, <https://doi.org/10.3389/fnsys.2015.00128>.
69. B. A. Richards y P. W. Frankland, «The persistence and transience of memory». *Neuron,* n.° 94(6), 2017, pp. 1071-1084.
70. K. Nader y E. Ö. Einarsson, «Memory reconsolidation. An update», *Annals of the New York Academy of Sciences,* 2010.
71. D. L. Schacter, S. A. Guerin y P. L. St. Jacques, «Memory distortion. An adaptive perspective», *Trends in Cognitive Sciences,* n.° 15(10), 2011, pp. 467-474.
72. N. Carr, *The Shallows. What the Internet Is Doing to Our Brains,* W.W. Norton y Company, 2010.
73. M. M. P. Vanden Abeele y M. Postma-Nilsenová, «The impact of digital communication on language use. A review», *Computers in Human Behavior,* n.° 63, 2016, pp. 562-569.
74. D. Levitin, *The Organized Mind. Thinking Straight in the Age of Information Overload,* Dutton, 2020. R. Bohn y J. Short, «Measuring Consumer Information», *International Journal of Communication,* n.° 12, 2018, pp. 980-1000.
75. G. H. Bower y M. C. Clark, «Narrative stories as mediators for serial learning», *Psychonomic Science,* n.° 14, 1969, pp. 181-182.
76. N. K. Speer *et al.,* «Reading stories activates neural representations of visual and motor experiences», *Psychological Science,* n.° 20(8), 2009, pp. 989-999, <https://doi.org/10.1111/j.1467-9280.2009.02397.x>.

77. M. Wolf, *Reader, Come Home. The Reading Brain in a Digital World,* Harper Collins, 2018.
78. G. S. Berns *et al.,* «Brain connectivity changes occurring following reading of a novel. A longitudinal fMRI study», *Brain Connectivity,* n.º 12(1), 2022, pp. 86-95.
79. M. Csikszentmihalyi, *Flow. The Psychology of Optimal Experience,* Harper y Row, 1990.
80. Carr, *op. cit.*
81. P. Delgado *et al.,* «Don't throw away your printed books. A meta-analysis on the effects of reading media on reading comprehension», *Educational Research Review,* n.º 25, 2018, pp. 23-38, <https://doi.org/10.1016/j.edurev.2018.09.003>.
82. A. Mangen, B. R. Walgermo y K. Brønnick, «Reading linear texts on paper versus computer screen. Effects on reading comprehension», *International Journal of Educational Research,* n.º 58, 2013, pp. 61-68, <https://doi.org/10.1016/j.ijer.2012.12.002>.
83. A. Mangen y A. van der Weel, «The haptics of reading. Physical, perceptual, cognitive, and emotional aspects of reading in digital and print formats», *Ergonomics,* n.º 64(7), 2021, pp. 960-975.
84. Z. Liu, «Reading behavior in the digital environment. Changes in reading behavior over the past ten years», *Journal of Documentation,* n.º 61(6), 2005, pp. 700-712, <https://doi.org/10.1108/00220410510632040>.
85. A. M. Chang *et al.,* «Evening use of light-emitting eReaders negatively affects sleep, circadian timing, and next-morning alertness», *Proceedings of the National Academy of Sciences,* n.º 117(3), 2020, pp. 1232-1237.
86. A. Mehrabian y M. Wiener, «Decoding of inconsistent communications», *Journal of Personality and Social Psychology,* n.º 6(1), 1967, pp. 109-114, <https://doi.org/10.1037/h0024532>. A. Mehrabian y S. R. Ferris, «Inference of attitudes from nonverbal communication in two channels», *Journal of Consulting Psychology,* n.º 31(3), 1967, pp. 248-252, <https://doi.org/10.1037/h0024648>.
87. Judee K. Burgoon, Valerie Manusov y Laura K. Guerrero, *Comunicación no verbal,* Routledge, 2021.
88. S. M. Morioka *et al.,* «Incongruence between verbal and non-verbal information enhances the late positive potential», *PLoS ONE,* 2016, 11(10), e0164633, «https://doi.org/10.1371/journal.pone.0164633>.

89. J. Bailenson *et al.*, «The impact of voice-only communication on empathy and connection», *Journal of Applied Psychology*, 2021.
90. N. Baron, *Always On. Language in an Online and Mobile World,* Oxford University Press, 2008.
91. E. J. Helsper y R. Eynon, «Digital natives: where is the evidence?», *British Educational Research Journal,* n.° 36(3), 2010, pp. 503-520, <doi:10.1080/01411920902989227>.
92. Morioka, *op. cit.*
93. P. J. Zak *et al.*, «The neuroeconomics of distrust. Sex differences in behavior and physiology», *American Economic Review,* n.° 95(2), 2005, pp. 360-363, <doi:10.1257/000282805774669709>.
94. J. T. Cacioppo y W. Patrick, *Loneliness. Human Nature and the Need for Social Connection,* W. W. Norton y Company, 2008.
95. R. J. Davidson y Greater Good Science Center, «The four keys to well-being», *Greater Good Magazine,* UC Berkeley, 2012.
96. A. Brahm, *Kindfulness,* Wisdom Publications, 2016.
97. J. E. LeDoux, «As soon as there was life, there was danger, The deep history of survival behaviours and the shallower history of consciousness», *Philosophical Transactions of the Royal Society B,* n.° 377(1844), 2022.
98. J. A. Coan, H. S. Schaefer y R. J. Davidson, «Lending a hand. Social regulation of the neural response to threat», *Psychological Science,* n.° 17(12), 2006, pp. 1032-1039.
99. J. Holt-Lunstad, T. B. Smith y J. B. Layton, «Social relationships and mortality risk», *PLoS Medicine,* n.° 7(7), 2010.
100. R. Feldman, «Oxytocin and social affiliation in humans», *Hormones and Behavior,* n.° 61(3), 2010, pp. 380-391.
101. H. S. Friedman y R. E. Riggio, «Effect of individual differences in nonverbal expressiveness on transmission of emotion», *Journal of Nonverbal Behavior,* n.° 6(2), 1981, pp. 96-104.
102. T. Sy, S. Côté y R. Saavedra, «The contagious leader. Impact of the leader's mood on the mood of group members, group affective tone, and group processes», *Journal of Applied Psychology,* n.° 90(2), 2005, pp. 295-305.
103. M. M. Merzenich, T. M. van Vleet y M. Nahum, «Brain plasticity-based therapeutics», *Frontiers in Human Neuroscience,* n.° 8, 2014, p. 385.
104. J. B. Bayer, P. Triệu y N. B. Ellison, «Social media elements, eco-

logies, and effects», *Annual Review of Psychology,* n.° 71, 2020, pp. 471-497.

105. D. M. Eagleman, *Livewired, The Inside Story of the Ever-Changing Brain,* Pantheon Books, 2022.
106. A. D. Kramer, J. E. Guillory y J. T. Hancock, «Experimental evidence of massive-scale emotional contagion through social networks», *Proceedings of the National Academy of Sciences,* n.° 111(24), 2014, pp. 8788-8790.
107. D. Meshi, D. I. Tamir y H. R. Heekeren, «The emerging neuroscience of social media», *Trends in Cognitive Sciences,* n.° 20(7), 2016, pp. 558-570.
108. A. B. Weinberger, C. M. Greene y R. J. Davidson, «Distinct and shared neural effects of news exposure and social media engagement on emotional reactivity», *Neuroscience y Biobehavioral Reviews,* n.° 118, 2020, pp. 759–770, <https://doi.org/10.1016/j.neubiorev.2020.07.013>.
109. E. K. Miller y J. D. Cohen, «An integative theory of prefrontal cortex function», *Annual Review of Neuroscience,* n.° 24, 2019, pp. 167-202.
110. M. A. Killingsworth y D. T. Gilbert, «A wandering mind is an unhappy mind», *Science,* n.° 330(6006), 2021, pp. 932-932.
111. A. Alter, *Irresistible. The Rise of Addictive Technology and the Business of Keeping Us Hooked,* Penguin Books, 2017.
112. M. E. Long, *Dopamina. La molécula del deseo,* Editorial Científica, 2020.
113. A. Lembke, *Dopamina. La era de la hiperconectividad,* Planeta. 2022.
114. B. Brown, *The Gifts of Imperfection. Let Go of Who You Think You're Supposed to Be and Embrace Who You Are,* Hazelden Publishing, 2010.
115. D. Sznycer *et al.,* «Shame closely tracks the threat of devaluation by others, even across cultures», *Proceedings of the National Academy of Sciences,* n.° 113(10), 2016, pp. 2625-2630.
116. J. Gottman, *The Science of Trust. Emotional Attunement for Couples,* W. W. Norton y Company, 2011.
117. Zak, *op. cit.*
118. K. D. Neff, «Self-Compassion. Theory, method, research, and intervention», *Annual Review of Psychology,* n.° 74, 2023, pp. 193-217.
119. B. L. Fredrickson, «The role of positive emotions in positive

psychology. The broaden-and-build theory of positive emotions», *American Psychologist,* n.º 56, 2001, pp. 218-226.

120. A. Lutz *et al.,* «Mind of the meditator», *Scientific American,* n.º 311(5), 2014, pp. 38-45.
121. J. Kabat-Zinn, *Vivir con plenitud las crisis. Cómo utilizar la sabiduría del cuerpo y la mente para afrontar el estrés, el dolor y la enfermedad,* Kairós, 2009.
122. M. Kuo, «How might contact with nature promote human health? Promising mechanisms and a possible central pathway», *Frontiers in Psychology,* n.º 6, 2015, p. 1093, <https://doi.org/10.3389/fpsyg.2015.01093>. M. Kuo, M. Barnes y C. Jordan, «Do experiences with nature promote learning? Converging evidence of a cause-and-effect relationship», *Frontiers in Psychology,* n.º 10, 2019, p. 305, <https://doi.org/10.3389/fpsyg.2019.00305>.
123. J. Nestor, *Respira. La nueva ciencia de un arte olvidado,* Planeta, 2021.
124. G. N. Bratman *et al.,* «Nature experience reduces rumination and subgenual prefrontal cortex activation», *Proceedings of the National Academy of Sciences,* n.º 112(28), 2015, pp. 8567-8572.
125. Q. Li *et al.,* «Effects of forest bathing on cardiovascular and metabolic parameters in middle-aged males», *Evidence-Based Complementary and Alternative Medicine,* n.º 2016, 2018, pp. 1-8.
126. M. P. Walker, *Why we Sleep. Unlocking the Power of Sleep and Dreams,* Scribner, 2019.
127. R. McCraty y M. A. Zayas, «Cardiac coherence, self-regulation, autonomic stability, and psychosocial well-being», *Frontiers in Psychology,* n.º 5, 2014, p. 1090.
128. J. W. Pennebaker y J. M. Smyth, *Opening Up by Writing it down. How Expressive Writing Improves Health and Eases Emotional Pain,* Guilford Publications, 2016.
129. A. R. Damasio, *Descartes' Error. Emotion, Reason, and the Human Brain,* Putnam, 1994
130. J. F. Cryan y T. G. Dinan, «Mind-altering microorganisms. The impact of the gut microbiota on brain and behaviour», *Nature Reviews Neuroscience,* n.º 13(10), 2012, pp. 701-712.
131. P. Bercik *et al.,* «The intestinal microbiota affect central levels of brain-derived neurotropic factor and behavior in mice», *Gastroenterology,* n.º 141(2), 2011, pp. 599-609.

132. A. O'Neil *et al.,* «Relationship between diet and mental health in children and adolescents: A systematic review», *American Journal of Public Health,* n.° 104(10), 2014, e31-e42, <https://doi.org/10.2105/AJPH.2014.302110>.

133. J. A. Armour, «Potential clinical relevance of the "little brain" on the mammalian heart», *Experimental Physiology,* n.° 93(2), 2008, pp. 165-176.

134. M. Tsakiris y H. Critchley, «Interoception beyond homeostasis. Affect, cognition and mental health», *Philosophical Transactions of the Royal Society B: Biological Sciences,* n.° 371(1708), 2016.

135. M. P. Mattson, «Energy intake and exercise as determinants of brain health and vulnerability to injury and disease», *Cell Metabolism,* n.° 16(6), 2012, pp. 706-722.

136. N. Castellanos, *Neurociencia del cuerpo. Cómo el organismo esculpe el cerebro,* Kairós, 2022.

137. A. J. C. Cuddy, C. A. Wilmuth y D. R. Carney, «The benefit of power posing before a high-stakes social evaluation», *Harvard Business School Working Paper,* 2012.

138. B. S. McEwen e I. N. Karatsoreos, «What is stress?», en A. Chouker (ed.), *Stress Challenges and Immunity in Space,* Springer Berlín Heidelberg, 2012, pp. 11-29.

139. K. K. Hansraj, «Assessment of stresses in the cervical spine caused by posture and position of the head», *Surgical Technology International,* n.° 25, 2014, pp. 277-279.

140. N. R. Heneghan *et al.,* «What is the effect of prolonged sitting and physical activity on thoracic spine mobility? An observational study of young adults in a UK university setting», *BMJ Open Sport y Exercise Medicine,* n.° 4(1), 2018, e000389, <https://doi.org/10.1136/bmjsem-2018-000389>.

141. J. A. Kent, J. H. Sommerfeld y N. Stergiou, «Changes in human walking dynamics induced by uneven terrain are reduced with ongoing exposure, but a higher variability persists», *Scientific Reports,* n.° 9(1), 2019, <https://doi.org/10.1038/s41598-019-54050-z>.

142. T. Roenneberg, *Internal Time. Chronotypes, Social Jet Lag, and Why You're So Tired,* Harvard University Press, 2012.

143. K. P. Wright *et al.,* «Entrainment of the human circadian clock to the natural light-dark cycle», *Current Biology,* n.° 23(16), 2013, pp. 1554-1558, <https://doi.org/10.1016/j.cub.2013.06.039>. A.

M. Chang *et al.*, «Evening use of light-emitting eReaders negatively affects sleep, circadian timing, and next-morning alertness», *Proceedings of the National Academy of Sciences,* n.º 112(4), 2015, pp. 1232-1237.

144. C. Stro y R. Stro, *Supervivir. Vuelve al origen y recupera tu salud,* Grijalbo, 2012.
145. D. Belpomme *et al.,* «Thermal and non-thermal health effects of low intensity non-ionizing radiation. An international perspective», *Environmental Pollution,* n.º 242, 2018, pp. 643-658.
146. G. Chevalier *et al.,* «Earthing. Health implications of reconnecting the human body to the Earth's surface electrons», *Journal of Environmental and Public Health,* 2012, <https://doi.org/10.1155/2012/291541>.
147. M. Ghaly y D. Teplitz, «The biologic effects of grounding the human body during sleep as measured by cortisol levels and subjective reporting of sleep, pain, and stress», *Journal of Alternative and Complementary Medicine,* n.º 10(5), 2004, pp. 767-776, <https://doi.org/10.1089/acm.2004.10.767>.
148. D. E. Lieberman, *Exercised. Why Something We Never Evolved to Do is Healthy and Rewarding,* Pantheon Books, 2021.
149. M. J. Hanssen *et al.,* «Short-term cold acclimation improves insulin sensitivity in patients with type 2 diabetes mellitus», *Nature Medicine,* n.º 21(8), 2015, pp. 863-865.
150. N. G. Norwitz, M. T. Hu y K. Clarke, «The mechanisms by which the ketone body D-β-hydroxybutyrate may improve the multiple cellular pathologies of Parkinson's disease», *Frontiers in Nutrition,* n.º 7, 2019, p. 63.
151. K. Dowis y S. Banga, «The potential health benefits of the ketogenic diet. A narrative review», *Nutrients,* n.º 13(5), 2021, p. 1654.
152. D. S. Ludwig y C. B. Ebbeling, «The carbohydrate-insulin model of obesity. Beyond "calories in, calories out"», *JAMA Internal Medicine,* n.º 178(8), 2018, pp. 1098-1103.
153. C. Blume, C. Garbazza y M. Spitschan, «Effects of light on human circadian rhythms, sleep and mood», *Somnologie,* n.º 23(3), 2019, pp.147-156, <https://doi.org/10.1007/s11818-019-00215-x>.
154. K. Burkhart y J. R. Phelps, «Amber lenses to block blue light and improve sleep. A randomized trial», *Chronobiology International,* n.º 26(8), 2009, pp. 1602-1612, <https://doi.org/10.3109/07420520903523719>.
155. M. Redmayne, «International policy and advisory response regar-

ding children's exposure to radio frequency electromagnetic fields (RF-EMF)», *Electromagnetic Biology and Medicine,* n.° 35(2), 2016, pp. 176-185, <https://doi.org/10.3109/15368378.2015.1038832>.

156. **D. Perlmutter y K. Loberg,** *Cerebro de pan. La sorprendente verdad sobre el trigo, los carbohidratos y el azúcar. Elimina estos alimentos para prevenir el deterioro cerebral y otras enfermedades,* Grijalbo, 2014.
157. G. P. Dunster *et al.*, «Sleepmore in Seattle. Later school start times are associated with more sleep and better performance in high school students», *Science Advances,* n.° 4(12), 2018.
158. T. W. Malone, *Superminds. The Surprising Power of People and Computers Thinking Together,* Little, Brown and Company, 2018.
159. R. J. Davidson y S. Begley, *The Emotional Life of Your Brain. How Its Unique Patterns Affect the Way You Think, Feel, and Live,* Hudson Street Press, 2012.
160. S. Turkle, *The Empathy Diaries. A Memoir,* Penguin Press, 2021.
161. V. E. Frankl, *El hombre en busca de sentido* (1946), Herder, 2004, 13.ª ed.
162. E. W. Dunn y M. I. Norton, *Happy Money. The Science of Happier Spending,* Simon y Schuster, 2013.
163. B. L. Fredrickson, *Positivity. Groundbreaking Research Reveals How to Embrace the Hidden Strength of Positive Emotions, Overcome Negativity, and Thrive,* Crown Publishers, 2019.
164. A. Grant, *Give and Take. A Revolutionary Approach to Success,* Viking, 2013.
165. M. E. P. Seligman, *Flourish. A Visionary New Understanding of Happiness and Well-being,* Free Press, 2011.

Agradecimientos

Escribir un libro es, en realidad, un acto colectivo. Aunque las palabras fluyan en soledad, detrás de cada página hay personas que sostienen, inspiran y acompañan. Este libro existe porque existe una red de amor que me sostiene y me permite crear.

Quiero dar las gracias en primer lugar a mi madre. La experiencia que vivimos juntas en su partida me inspiró a entender lo importante que es permanecer presente en lo que acontece, incluso —y especialmente— en el dolor. Ahí se encuentra una belleza inmensa. Es ahí donde crecemos de verdad y conectamos con la vida y con lo que somos. Ella me enseñó que acompañar conscientemente los momentos difíciles nos transforma y nos acerca a lo esencial.

A mi padre, porque desde lo vivido estos últimos años, he podido reconciliarme con mi historia. A veces necesitamos tiempo para entender que las heridas pueden convertirse en puertas hacia una comprensión más profunda de nosotros mismos y de quienes nos precedieron.

A mi hijo Alex, a mi marido Joan y a Gerard, por respetar

mis momentos creativos y el tiempo que he dedicado a este libro y no a vosotros. Gracias por entender que a veces necesito ausencias para luego estar más presente. Por aceptar mis noches de escritura, mis días de reflexión y mis momentos de «no estar disponible» porque estaba buceando en las ideas que ahora veis plasmadas en estas páginas.

A toda mi familia: Raquel + Juanma, Elisa + Alberto, y a mis sobrinos Nacho + Ana y Camila, Álvaro, María, Pablo, Rodrigo, Teresa, Santiago, Isabel, y mi suegra Dolors. Sois mis pilas y mi lugar seguro, el recordatorio constante de que el amor se multiplica cuando se comparte. En vuestras miradas encuentro la motivación para seguir creciendo y para transmitir todo lo que aprendo con vosotros en el camino.

A mi socia Pilar y todo el equipo de BeUp, no solo los que están ahora, sino todos los que han formado parte en algún momento de esta familia de beuppers. Por ser apoyo, buena gente e inspiración cada día. Porque trabajar rodeada de personas que creen en el desarrollo humano hace que cada proyecto tenga sentido. Especialmente a mi Cris, ese angelito que no solo trabaja conmigo, sino que me cuida con generosidad y que hace posible que yo pueda dedicarme a lo que más me apasiona.

Gracias a José Castillo, por su creatividad y sus dibujos para este libro. Por entender la esencia de lo que quería transmitir y plasmarlo en imágenes que hablan.

A mis amigas del alma: Susana, Lola, Carmen, Camino, Belén, Marta y Merche. También a las Wonder Women: María Asunción, María y Águeda. Porque la amistad verdadera es refugio y celebración a la vez. Sois mis cómplices, mis confidentes y mis compañeras de aventuras. Gracias por recordarme quién soy. Con vosotras he descubierto el poder de la vulnerabilidad compartida.

A los grupos de amigos como Amasa, por alimentar tantos

espacios compartidos de risas y confesiones. Porque hay conversaciones que solo surgen alrededor de una mesa rodeada de niños haciendo jaleo, entre amigos que se quieren sin condiciones.

A Veni Creator y el Cenáculo, por ayudarme a querer ser mejor persona y conectarme con el cielo. Por recordarme que el crecimiento personal tiene también una dimensión trascendente que nos conecta con Alguien más grande que nosotros mismos.

Finalmente, gracias a ti, que tienes este libro entre tus manos. Porque compartir estas reflexiones contigo cierra el círculo del propósito: que lo que hemos aprendido pueda servir a otros en su propio camino.

Todos vosotros habéis sido parte de este libro mucho antes de que existiera. Gracias por ser mi tribu.